김상봉 철학이야기

김상봉 철학이야기

HOMO ETHICUS

호모 에티쿠스

윤리적 인간의 탄생

한길사

김상봉 철학이야기
Philosophical Lectures of Sang-Bong Kim

Homo Ethicus
The Birth of Ethical Man

by Kim, Sang-Bong

Published by Hangilsa Publishing Co., Ltd.
Seoul, Korea, 1999

평생을 정직과 청빈으로 살아오신
아버님, 어머님께
깊은 감사와 존경의 마음으로
이 책을 드립니다

호모 에티쿠스, 윤리적 인간의 탄생을 위하여

"빛의 자녀들처럼 행하라.
빛의 열매는 모든 착함과
의로움과 진실함에 있느니라."
• 『신약성서』, 「에베소서」 5 : 9.

어떤 민족도 윤리와 도덕을 포기한 채 오로지 행복과 쾌락만을 추구하면서 그들이 바라던 대로 즐겁고 행복한 삶을 산 예는 일찍이 없었다. 그 이유는 분명하다. 플라톤에 따르면 도둑의 무리라 하더라도 여럿이 더불어 무엇인가를 할 수 있으려면, 그들 사이에 단순한 탐욕과 이기심의 원리를 뛰어넘는 선의 원리가 조금이라도 살아 있지 않으면 안 된다. 만약 어떤 집단의 구성원들이 철저히 악하고 이기적인 행위원리에 따라 오로지 눈앞의 자기 이익을 위해서만 행위한다면, 그런 집단은 구성원 서로간의 불신과 불화로 인해 안으로부터 해체되고 붕괴될 수밖에 없다. 따라서 인간의 삶을 국가나 시민사회적 단위에서 고찰할 때, 인간의 행복은 우리가 행복에 대해 적당히 거리를 두는 법을 배울 때에만 우리 곁에 가까이 온다. 다시 말해 내가 나 자신의 행복을 삶의 최고 목표로 삼지 않을 때, 행복이나 욕망이 아니라 선과 도덕을 행복보다 더 중요한 가치로 숭상할 때, 도리어 행복은 우리 모두에게 보다 가까이 오는 것이다.

그러나 우리는 너무 오래 이익에 대해서만 말해왔다. 돈에 대해 권력에 대해 또는 그 모든 것들이 가져다주는 쾌락에 대해. 아마도 우리가 겪어온 고통의 기억이 우리를 더 그렇게 만들었을 것이다. 고통은 때때로 인간을 깊게 만들기도 하지만 때로는 인간을 메마르고 이기적이 되게 만들기도 한다. 하지만 이것이 우리의 천박한 이기심을 설명해줄 수는 있다 하더라도, 그것을 정당화시켜줄 수는 없다. 고통 앞에서 인간이 깊어지느냐 아니면 천박하고 이기적이 되느냐는 고통 그 자체에 달려 있다기보다는 우리들 자신에게 달려 있는 일이다. 어리석고 비열한 사람은 사소한 고통 앞에서도 자기의 무사 안일만을 염려하지만, 지혜롭고 선량한 사람은 큰 고통 속에서도 자기보다 이웃의 고통을 염려하는 것이다. 사실 참된 선이란 이처럼 고통 속에서만 검증될 수 있다. 사람들이 큰 염려 없이 안락한 삶을 사는 곳에서는 모두가 비슷하게 친절하고 선량해 보이지만, 막상 위험과 고통이 닥쳐오면 참으로 선한 사람만이 인간의 긍지와 양심을 지킬 수 있다. 그런 까닭에 비범(非凡)하고 위대한 선은 언제나 그만큼 큰 고통 속에서만 자기를 드러내는 것이다.

일제 식민지 시대의 좌절과 절망, 6·25전쟁이 남긴 지울 수 없는 상처, 풀뿌리 나무껍질로 목숨을 부지해야 했던 오랜 가난의 세월, 국가권력에 의해 조직적으로 가해진 시민에 대한 폭력, 그 폭력의 절정인 80년 광주에서의 학살 그리고 최근의 IMF에 이르기까지 우리의 현대사는 비범한 선이 출현하지 않을 수 없을 정도로 절망적인 고통으로 얼룩져 있다. 그러나 어찌하여 우리의 정신은 그 큰 고통 속에서 지혜를 통해 깊어지고 선을 통해 숭고해지지 못하고 더욱 천박하고 더욱 이기적이 되어가기만 하는가.

하기야 우리가 도덕과 윤리를 포기하고 오직 자기 하나의 이익을 좇아 산다 한들, 뉘라서 그것을 나쁘다 탓하겠는가? 아무튼 세상에 선하게 살아야 할 이유 같은 것은 없으니, 어디서 와서 어디로 가는지 알 수 없는 덧없는 삶 속에서, 필연적인 자연의 법칙에 예속된 보잘것없는 생물학적 종의 하나로서, 인간인들 적자생존과 약육강식의 법칙에서 예외일 수도 없을 터이다. 그런즉 예를 들어 사자가 토끼를 잡아먹는 것과 강한 사람이 약한 사람을 착취하는 것 사이에 무슨 본질적인 차이가 있겠는가. 우리가 토끼를 잡아먹는 사자를 보고 도덕적인 비난을 하지 않는 것은 그것이 자연이기 때문이다. 그와 마찬가지로 강한 자가 약한 자를 착취하고 학대한다 하더라도, 그것이 무슨 상관이란 말인가? 강한 자가 약한 자를 먹고 사는 것은 자연의 순리인 것을.

게다가 박정희가 신처럼 숭배되고, 전두환이 도통한 도사인 양 염주 굴리며 설법을 늘어놓는 이 요상한 시대에 도대체 악하다 비난받아야 할 사람이 어디 있단 말인가? 예나 지금이나 우리 사회에서 정의나 선은 강한 자의 권리다. 선이란 권력에 부수된 장식에 지나지 않는 것이다. 그러므로 내가 선하게 살지 않는다 해서 누가 나를 비난할 수 있겠는가? 어차피 모든 도덕이 위선인 사회에서.

그러나 선하게 살아야 할 아무런 까닭도 이유도 없는 이 무의미하고 덧없는 세상에서도 선하게 살기 위해 고뇌하는 사람들이 어느 시대에나 있는 법이다. 우리가 사는 세상이 아무리 깊은 어둠 속에 있을지라도, 세상에는 남에게 선하게 보이려 애쓰는 것이 아니라 참으로 선하게 살기 위해 애쓰는 사람들, 윤동주의 시에서처럼 타인의 비난 때문이 아니라, 단지 하늘을 우러러 한 점 부끄럼 없기를 바라는 마음 때문에 잎새에 이는 바람에도 괴로워하는 사람들이 있다. 그리고 추수에 대한 희망 없이 선의 씨앗을 뿌리는 사람들, 보상에 대한 기대 없이 세계에 대한 의무를 다하는 사람들이 있다. 그들이 아무리 약하고 어리석은 것처럼 보인다 하더라도, 사실 인간의 역사는 이런 사람들 때문에 멸망하지 않고 지속되는 것이다.

이 책은 그런 사람들을 위한 것이다. 그것은 어느 시대에나 보이지 않게 인간의 역사를 이끌어가는 '호모 에티쿠스'(homo ethicus), 즉 '윤리적 인간'을 위해 씌어진 책이다. 그리고 그것은 우리들 가운데서 새롭게 태어나야 할 윤리적 인간의 탄생을 위하여 씌어진 책이기도 하다. 도덕이 자연의 필연성이 아니라 인간의 근원적인 자유에 뿌리박고 있는 것인 한에서, 모든 시대는 도덕의 의미를 스스로 정립하지 않으면 안 된다. 그런 까닭에 오늘 우리가 추구해야 할 윤리적 인간의 이상은 예전의 그것과 같을 수는 없을 것이다. 그러나 우리 시대에 요구되는 새로운 도덕적 이념을 정립하기 위해, 우리는 먼저 지나간 시대의 정신과 대화하지 않으면 안 된다. 그것은 한편에서 참된 새로움이 근원적으로 낡은 것들 속에 숨어 있기 때문이요, 다른 한편에서 모든 비판의 깊이는 언제나 이해의 깊이이기 때문이다. 이런 까닭에 새로운 시대는 언제나 지나간 시대와의 대화를 통해 도래하는 것이다.

이 책은 그렇게 낡은 것 속에서 새것을 길어내기 위해 그리고 타자 속에서 나를 다시 발견하기 위해 소크라테스부터 칸트에 이르기까지 서양 정신이 추구해온 윤리적 삶의 이상을 오늘 우리의 자리에서 반추해본 기록이다. 그러나 이 책은 선에 대한 이론을 탐구하는 윤리학자를 위해서 씌어진 책이 아니다. 도리어 이것은 선에 대한 이론이 아니라 오로지 선 그 자체가 무엇인지 고민하는 모든 사람들을 위해 씌어진 책이다. 아니 보다 정확히 말하자면, 이것은 책이 아니라 강의록으로 씌어진 것이다.

1998년 봄에서 1999년 봄까지 이른바 IMF 1년을 나는 대학에서 해직되어 실업자로 보냈다. 이 책은 그 해 봄과 여름에 걸쳐 내가 두고두고 잊지 못할 아름다운 사람들 앞에서 강의했던 내용을 다듬어 묶은 것이다. 물론 그것은 대학에서 한 강의는 아니었다. 그렇다고 해서 무슨 문화강좌 같은 데서 했던 강의도 아니다. IMF 한파 아래서 갑작스럽게 일터를 빼앗긴 사람들이 다 그랬겠지만, 내가 학교에서 해직된 것도 예상 밖의 일이었던지라, 1998년 봄학기에 나는 어디 다른 학교에서 시간강의 하나 얻지 못한 채 수많은 IMF 실업자들과 함께 세상 한가운데 빈 손으로 서 있었다. 또한 나처럼 보잘 것없는 사람에게 10번씩이나 연이어 강의를 하라고 제의할 문화강좌나 무슨 아카데미가 있을 리도 없었다.

그런데 내가 그렇게 아무 데도 붙박지 못하고 세상을 떠돌아다니던 그때, 나에게 철학 강의를 듣겠다고 가깝고 먼 곳에서 모여든 사람들이 수십 명 있었다. 강의는 두 주에 한 번 일요일마다 있었는데, 학교에서 나와서 딱히 할 일도 없었던 나는 매시간 강의할 내용을 미리 글로 쓸 수 있었다. 그렇게 씌어진 원고를 다듬고 보태어서 묶은 것이 이 책이다.

그렇게 만들어진 이 책을 세상에 펴내는 지금 가장 어려웠던 시간에 힘이 되어주셨던 분들을 기억한다. 내가 처한 어려움을 늘 나보다 먼저 염려해주셨던 동료 허미화, 김태수 그리고 고(故) 장현섭 교수님, 학교 문제로 어려운 일이 있을 때마다 자상한 후견인이 되어주셨던 광운대학교의 박영식 총장님, 나와 세 해직교수의 복직을 위해 애써주신 국민회의 설훈 의원과 김광호 비서관님, 부당하게 해직된 교수들의 온전한 복직과 학교의 정상화를 위해 애쓰시는 그리스도신학대학교의 김진건 총장님 그리고 나와 세 명의 동료교수가 해직되었을 때, 이 문제에 대해 지속적 관심을 가져주었던 한겨레신문의 이상수 기자, 이 모든 분들께 깊이 감사드린다.

일년 전 나의 강의에 참여했던 모든 분들께도 이 자리를 빌려 특별한 감사의 인사를 전한다. 그분들이 없었더라면, 이 책도 없었을 것이다. 그분들은 나의 강의를 듣고 또 질문함으로써 이 책이 세상에 나오게 한 이 책의 같이쓴이(共著者)들이었다. 특히 아무 대가 없이 궂은 일들을 맡아 수고했던 국영숙 선생님 그리고 강의를 듣기 위해 멀리 군산에서 먼길을 싫다 않고 달려오셨던 오미자 선생님께 대표로 감사드리면서 60여 명 모든 분들에 대한 감사의 인사를 대신하려 한다.

그분들 덕분에 강의안이 씌어지고 또 한길사 식구들의 수고로 그 글이 이처럼 한 권의 책으로 세상에 나오게 되었다. 그리고 한길사 김언호 사장님의 적극적인 권유로 이 책에 이어서 비슷한 형식의 강의안을 '김상봉 철학이야기'라는 이름 아래 계속 펴내게 되었다. 신지식인이라는 이름 아래 학문도 이름하여 부가가치, 즉 돈버는 데 소용이 되어야 한다는 압박에 시달리는 지금, 철학 강의를 그것도 나처럼 보잘것없는 사람의 철학 강의를 출판해서 어쩌자는 것인지 세상물정에 어두운 나는 잘 알지 못한다. 다만 처음 만났을 때부터 지금까지 내게 물심양면으로 후원을 아끼지 않았던 김언호 사장님께 이 자리를 빌려 감사드리고 기왕에 계속 이런 강의를 하지 않을 수 없게 되었으니 다음번에는 더 좋은 강의, 더 좋은 책으로 그 기대에 보답하려 한다.

이제 머리말을 마무리지으며 마지막으로 나의 사랑하는 아내와 아이들에게 감사한다. 가진 것 없는 백면서생과 살면서 내 사랑의 모자람을 슬퍼할지언정, 한 번도 삶의 어려움 때문에 짜증내거나 탄식하지 않던 사랑하는 아내에게 감사한다. 그리고 어려움 속에서도 동요하지 않고 언제나 쾌활했던 나의 믿음직한 딸들 수진, 수미, 수정에게 감사한다. 내 사랑하는 아가씨들, 우리의 인생은 어차피 불행한 것이니 삶을 너무 심각하게 생각하지 말아라. 너희들은 영원한 빛의 딸들이니, 잠시 머무르는 이 땅에서 무엇으로 살든, 다만 선하게 살기 위해 애쓰라.

그리고

하늘에 계신 우리 아버지,
하늘에 계신 우리 어머니,
우리가 우리에게 죄지은 자를 사하여 준 것같이

우리의 죄를 사하여 주옵시고,

아니 나의 죄를,

사하여 주옵시고,

다만 악에서 구하소서.

아멘.

1999년 8월
지은이 김상봉

호모 에티쿠스 · 차례

호모 에티쿠스 · 차례

일러두기

1. 본문에서 따다쓴 원전의 번역은 시중에서 손쉽게 구할 수 있는 번역서의 번역문을 따르는 것을 원칙으로 하였으나, 필요할 때에는 번역문을 고치기도 하였다.

2. 따옴글(引用文) 가운데 오는 큰묶음표〔=　〕는 따옴글의 의미를 부연 설명하기 위한 말들을 표시한다.

3. 따옴글 가운데 쐐기묶음표〈　〉는 본딧글(原文)에는 없는 말이지만 본딧글의 의미를 분명히 하기 위하여 글쓴이가 보충해준 말들을 표시한다.

SOKRATES

너 자신을 알라
소피스트와 소크라테스

"빼어난 자여,
그대는 재물에 대해서는 되도록 많았으면 하고 관심을 쏟으면서도,
세평과 명예에 대해서는 마음을 쓰면서도,
지혜와 진리에 관해서,
자신의 영혼이 온전해지게끔 영혼에 관해서
마음을 쓰거나 생각해보지 않는 것을 부끄러워하지 않는가?"
●소크라테스

소피스트와 그의 시대

일반적 서론

무엇이 선(善)인가? 이것이 윤리학의 근본물음입니다. 우리는 선이라는 말의 뜻을 이해하고 있고 아무런 어려움 없이 그 말을 사용할 줄 압니다. 그것은 땅 위에서 인간만이 가지는 독특한 능력인 도덕적 능력, 즉 도덕성의 실체를 가리키는 말입니다. 그러나 막상 선 그 자체가 무엇인지 정의하려 하면, 우리는 선을 정확하게 정의하고 규정하는 일이 결코 쉬운 일이 아니라는 것을 금세 깨달을 수 있습니다. 특히 우리의 경우 선(善)이란 말은 한자말이기 때문에 직접적인 생생함을 어느 정도 결여하고 있다고 말할 수 있습니다. 그렇다고 해서 선이란 말 대신에 '착함'이라는 우리말을 쓸 경우에는 선의 범위가 너무 좁아지는 것이 아닌가 생각됩니다. 또한 '좋음'이라는 말도 생각해볼 수 있겠으나, 이 말은 윤리적 선(착함)과 무관한 가치들을 표시하는 말일 수도 있기 때문에 인간의 도덕성을 표현하기에는 어딘지 부적절한 것처럼 보입니다. 이처럼 선이라는 한자말을 통해 인간의 도덕성을 표현하자니, 선이라는 것이 더욱 추상적이고 모호한 것으로 보이는 것입니다.

그런데 어려움이 개념정의에만 있는 것은 아닙니다. 우리는 삶에서 끊임없이 행위하는데, 모든 행위는 선택의 행위이기도 합니다.

어떤 일을 행한다는 것은 다른 것이 아닌 바로 그 일을 행한다는 것이며 이것은 언제나 선택의 행위를 전제하는 것이기 때문입니다. 그런데 선택에는 가치판단이 개입되게 마련입니다. 즉 어떻게 행위하는 것이 더 좋은가, 더 선한가 혹은 더 정의로운가, 우리는 선택에 있어서 많은 경우 이런 윤리적 물음에 부딪히게 됩니다. 그러나 과연 우리는 어떤 기준에 따라 우리의 행위를 선택해야 할까요? 이것은 우리가 삶에서 늘 부딪히는 현실적인 문제입니다. 윤리학이 공리공담이 아니라 실천적인 의미를 갖는 학문인 까닭이 바로 여기 있습니다. 우리의 행위와 실천이 아무런 일관성과 원칙 없는 맹목적인 것이 되지 않도록 하기 위해 우리는 선이 무엇인지 과연 정의가 무엇인지 스스로 묻지 않으면 안 되는 것입니다.

그런데 우리가 이렇게 말할 때, 우리는 선이 무엇이든지 간에, 우리는 선하고 정의롭게 살아야 한다는 것을 마치 자명한 공리처럼 전제하고 말하는 것처럼 보입니다. 그러나 엄밀하게 말하자면 왜 우리가 선하게 살아야 하고 악하게 살아서는 안 되는가 하는 것은 그 자체가 반성을 요구하는 과제입니다. 선하든 악하든, 왜 나는 내 마음대로 나의 욕망대로 살면 안 되는 것인가요? 왜 굳이 선한 삶을 살기 위해 애를 써야 하는 것인가요? 사실은 이것부터가 대답해야 할 물음입니다. 어쩌면 이 물음이야말로 윤리학에서 가장 어렵고 가장 중요한 문제일 것입니다. 사람들이 아무리 선과 정의를 설교한다고 한들, 나 자신이 선하게 살아야 할 아무런 이유도 느끼지 못한다면, 그 모든 선에 대한 가르침이 무슨 의미가 있겠습니까? 따라서 윤리학은 마지막에는 이 물음, 즉 왜 내가 선하게 살기 위해 애써야 하는가라는 물음에 대답하지 않으면 안 됩니다. 다시 말해 우리는 인간의 도덕성과 선한 의지가 우리의 삶에서 갖는 본질적 의미가 무엇인지 말할 수 있어야만 할 것입니다.

윤리학의 어원

서양철학에서 윤리학(ethics)이라는 말을 처음 쓴 사람은 아리스토텔레스(Aristoteles)였습니다. 그는 윤리학을 '에티케 테오리아'(ethike theoria)라고 불렀는데,[1] 이것은 직역하자면 에토스(ethos)에 대한 이론(theoria)이라는 뜻입니다. 그런데 여기서 '에토스'라는 말은 원래 습관이나 관습이라는 뜻입니다. 그러니까 윤리학은 관습에 관한 이론이었던 것입니다. 여기에는 그럴 만한 내력이 있었습니다. 기원전 5세기에 그리스는 두 차례의 큰 전쟁을 통해 여러 가지 변화를 겪게 됩니다. 그런데 전쟁 때에 늘 그렇듯이 그 당시 그리스인들도 전쟁과 역사적 혼란 속에서 처음으로 전통적인 관습과 규범을 비판적으로 바라보기 시작하였습니다.

고대 사회로 거슬러올라가면 어디서나 비슷하게 볼 수 있는 일입니다만, 그리스인들 역시 처음에는 사회적 관습과 규범 그리고 실정법을 신성한 것이라 생각했고 또 어느 정도 계몽된 뒤에는 자연적인 것이라고 보았었습니다. 그러니까 관습을 당연하고 자명한 것이라 생각하고 거기에 대해 비판적 의문을 제기할 생각을 하지 않았던 것입니다.

그러나 기원전 5세기에 들어와 사람들은 더 이상 사회관습과 규범을 자연적인 것이라 보지 않게 되었습니다. 그도 그럴 것이 법과 규범이 시대에 따라 바뀌고 또 장소에 따라 달라질 수 있다는 것을 사람들이 깨닫게 되었기 때문입니다. 그리하여 그들은 관습이 자연적인 것이 아니라 인간이 만든 법에 불과하다는 것을 인식하게 되었습니다. 그리고 인간이 만든 법이 언제나 자연의 원리에 일치하는 것은 아니라는 자각이 생겨난 것입니다. 이와 더불어 자연(physis)과 법률(nomos)의 대립이 첨예한 문제로서 제기되었습니다.

전승된 관습에 대한 비판은 이런 상황 속에서 발생했습니다. 관습적 규범의 정당성이 질문되기 시작했던 것입니다. 마치 이제 사춘기에 접어든 소년이 그동안 무조건 부모의 지시에 순종하던 태도를 버리고 사사건건 이유를 따지고 드는 것처럼, 그리스인들 역시 아버지인 신과 어머니인 자연으로부터 물려받았다고 믿었던 모든 관습과 규범들에 대해 반항하기 시작했습니다.

소피스트

기원전 5세기 그리스인들의 반항적 정신의 대변자가 바로 소피스트(sophistes)들이었습니다. 소피스테스란 지혜를 뜻하는 그리스말인 소피아(sophia) 또는 그것의 형용사형인 소포스(sophos)에서 유래한 말인데 문자 그대로 '지혜를 가진 사람'을 뜻했습니다. 이들은 그리스 사회에서 처음으로 돈을 받고 학생들을 가르쳤던 사람들로 잘 알려져 있습니다.

이들은 전통적인 학문과 교육방식을 비판하면서 새로운 지혜를 가르치고 학생들을 훌륭한 사람으로 교육하노라 선전하면서 온 그리스를 돌아다녔는데, 특히 부유하고 교육열이 높은 아테네에는 그리스 각처에서 온 내로라 하는 소피스트들이 언제나 끊이지 않았습니다. 그런데 이들이 말하는 지혜와 지식이란 '아무것에도 쓸모없는' 형이상학적인 지식이 아니라 인간의 구체적인 삶에 대한 지식과 지혜였습니다. 요컨대 '잘사는 것'(eu zen/to live well)에 대한 지혜, 그것이 소피스트가 팔고 다녔던 지혜였습니다.

그런데 여기서 잘산다는 것은 행복하게 사는 것 또는 삶에서 성공하고 출세하는 것을 뜻합니다. 어느 시대나 사람들이 비슷하게 생각하는 것이겠지만, 소피스트들 역시 행복하게 잘산다는 것이나 삶에서 성공한다는 것을 권력을 얻는다는 것과 같은 뜻으로 이해했습니다. 그리하여 그들은 자기 학생들에게 정치의 광장에서 성공할 수 있는 기술을 가르치노라고 선전하고 다녔던 것입니다.

그 기술이 바로 변론술(rhetorike), 또는 웅변술이었습니다. 그리스는 자유로운 시민에 의해 지배되는 사회였으므로 정치적 광장에서 성공하느냐 아니냐는 거의 전적으로 공공적인 장소에서 시민들을 얼마나 잘 설득할 수 있느냐에 달려 있었다고 해도 과언이 아닙니다. 개방된 말과 논리가 아니라 야만적인 폭력이나 비열한 권모술수를 통해 권력이 찬탈되는 것을 보아온 우리들에게는 부러운 일이기는 합니다만, 2천 500년 전 그리스 사회에서 권력은 총끝에서 나오는 것이 아니라 입에서 그리고 말에서 나오는 것이었습니다. 그리하여 당시의 그리스 젊은이들은 정치의 광장에서 성공하기 위해 말하는 기술을 가르치는 소피스트들에게로 돈을 싸들고 모여들었던 것입니다.

그런데 모든 것은 자신의 그림자를 갖게 마련입니다. 사람이 주먹이 아니라 말을 숭상하는 것은 훌륭한 일입니다만, 말을 절대화시키고 그것만을 지나치게 숭배한다면, 그것은 어리석은 일일 것입니다. 그런데 소피스트들은 말의 진리가 말의 그럴듯함만으로 결정될 수 있다고 주장하는 것을 서슴지 않았습니다. 쉽게 말해서, 그들은 말이 객관적으로 옳든 그르든 간에, 사람들이 말을 어떻게 하느냐에 따라 옳은 말을 틀린 말로 만들 수도 있고 틀린 말을 옳은 말로 만들 수도 있다고 떠벌리고 다녔던 것입니다. 더 나아가 사람에 따라서는 아예 진리의 객관성이라는 것을 전적으로 부정하기까지 한 것이 소피스트들이었습니다. 말하자면, 어차피 객관적 진리는 없으며, 있는 것은 우리의 주관적 판단일 뿐이라는 것입니다. 그러니까 우리가 관심을 가져야 할 것은 어떻게 해야 옳은 말을 할 수 있는가 하는 것이 아니라, 오로지 어떻게 해야 옳은 것처럼 보이는 말을 할 수 있는가라는 것일 뿐이라는 것이 이들의 주장이었습니다.

이것이 소피스트들의 상대주의입니다. 이들에 따르면 객관적이고 절대적인 진리는 허구일 뿐입니다. 단지 그때그때마다 사람들의 의견이 있을 뿐입니다. 그러나 우리의 삶과 행위를 위해 객관적인 진리나 기준이 없다면, 우리는 무엇을 우리의 행위와 선택의 척도로 삼을 수 있겠습니까? 그것은 자신의 욕망 이외에는 아무것도 아닐 것입니다. 사실 욕망의 자기주장, 그것이 바로 소피스트의 철학이었습니다.

소피스트와 윤리학의 근본물음

상대주의 그리고 욕망의 자기주장, 이것은 모든 도덕성의 무덤입니다. 구체적으로 살펴보자면, 소피스트의 윤리학설은 크게 두 가지로 요약할 수 있습니다. 첫째, 개인의 차원에서 소피스트적 도덕의 제1원리는 쾌락주의입니다. 이들에게 선이란 쾌락을 주는 것일 뿐입니다. 그 외의 다른 어떤 고상한 가치도 이들에겐 부차적인 것일 뿐입니다. 둘째로 사람들 사이의 사회적 관계의 제1원리는 약육강식(弱肉强食)입니다. 강하고 우월한 사람이 약하고 저능한 사람을 지배하는 것, 그들에 따르면 이것이 자연의 법칙입니다.

이와 같은 생각에 사로잡힌 사람들에게 전승되어오는 도덕규범이란 위선에 지나지 않았습니다. 플라톤은 대화편 『고르기아스』(Gorgias)에서 소크라테스와 여러 소피스트들의 대화를 통해 예로부터 전승되고 또 일반적으로 받아들여져 온 도덕적 규범에 대하여 당시의 소피스트들이 얼마나 냉소와 경멸에 가까운 적개심을 보였는지를 생생하게 그려 보이고 있습니다. 『고르기아스』에 등장하는 칼리클레스라는 사람은 자연적 정의에 대해 말한다면서 이렇게 주장합니다.

"인간이 올바로 살려면, 자기의 욕망을 억제할 것이 아니라 이것을 최대한으로 허용하고 용기와 지혜로 이 욕망에 봉사하여 욕망이 원하는 것이면 무엇이든지 충족시킬 만한 힘을 가지고 있어야만 합니다. 그러나 이것은 일반대중에겐 절대로 불가능한 일입니다. 그래서 대중은 여기에 열등감을 갖기 때문에 이런 능력이 있는 사람들에게 비난의 화살을 던지지만, 여기에는 결국 자기의 무능함을 감추려는 심정이 숨어 있는 것입니다. 그리하여 이들은 입만 열면 무절제한 행위를 추악한 일이라고 주장하면서, 아까 말했듯이 재능이 뛰어난 사람들을 억압해 노예화하려는 것입니다. 그리고 자기들은 쾌락을 충분히 누릴 수 없으므로 절제나 정의를 찬양하지만 이것은 자기가 그만큼 비겁하기 때문입니다."[2]

이런 의견에 따르면 올바르게 산다는 것은 욕망을 절제하는 것이 아니라 자유분방하게 욕망을 추구하는 것이며, 반대로 우리가 찬양해 마지않는 절제의 덕은 비겁함(anandreia)에 지나지 않습니다. 그러니까 도덕이나 사회적 규범이란, 이런 의견에 따르면 무능한 사람들이 탁월한 사람들을 두려워하고 시기하여 만들어낸 억압의 장치에 지나지 않습니다. 도덕의 뿌리가 열등감과 비겁함이라면 그것은 결국 위선일 뿐이겠지요.

도덕에 중독되어 사는 우리는 이런 소피스트적 주장에 대해 혐오감을 먼저 느낍니다. 그러나 역설적인 말이지만 도덕에 대한 소피스트적 비판과 냉소가 없었다면 소크라테스와 플라톤의 윤리학도 없었을 것입니다. 왜냐하면 소피스트들이 도덕의 기초를 그렇게 철저히 파괴하지 않았더라면, 소크라테스나 플라톤 역시 윤리학의 기초를 그렇게 철저히 물어들어가지 않았을 것이기 때문입니다.

소피스트의 미덕은 그들이 던진 질문의 정직함에 있습니다. 우리는 막연히 우리가 교육받은 여러 규범들을 당연한 것이라고 생각하면서 삽니다. 그리고 사람이 도덕적으로 사는 것이 마땅하다고 믿습니다. 그러나 이때 우리는 왜 우리가 도덕적으로 살아야 하는지 되묻지 못합니다. 그것은 그냥 익숙한 것이니까요. 그러나 철학적인 사유의 대상들이 대개 그렇지만 가장 익숙한 듯이 보이는 것 속에 사실은 가장 이해하기 어려운 신비가 있습니다. 인간의 도덕성도 마찬가지입니다.

생각해봅시다. 우리는 TV에서 사자가 토끼를 잡아먹는 장면을 보면서 아무런 도덕적 분노도 느끼지 않습니다. 우리는 그것을 자연이라 생각합니다. 그러나 우리는 인간의 세계에서 일어나는 약육강식에 대해서는 불의하고 부도덕한 일이라고 비판합니다. 그러나 왜 그래야 합니까? 인간 역시 자연의 일부입니다. 힘있는 사람이 가난하고 약한 사람을 억압하고 자신의 이익과 쾌락을 위하여 착취한다고 한들 그것이 왜 문제가 된다는 것입니까? 다윈(C. Darwin)의 진화론에 따르면 인간 역시 자연의 일부로서 진화의 법칙에서 예외일 수 없습니다. 약육강식과 적자생존의 논리는 인간의 경우에도 마찬가지로 적용되는 것입니다.

소피스트의 물음이 바로 이것이었습니다. 도덕의 요구는, 언제나 그런 것은 아니라 하더라도, 자주 우리의 자연적 욕망과 충돌합니다. 많은 경우 우리는 도덕의 요구에 따르기 위해 우리의 자연적 욕망을 억제하지 않으면 안 됩니다. 그러나 왜 그래야만 합니까? 왜 우리는 있는 그대로 자연의 요구와 자연적 욕망을 따라 살면 안 되는 것입니까? 소피스트는 우리에게 이렇게 물음으로써 우리로 하여금 도덕의 본질적 의미를 되묻게 합니다. 그런 점에서 돌팔이 지식인이었다고 비난받는 소피스트들은 도덕을 위한 위대한 반면교사(反面教師)였던 것입니다.

소크라테스

선이란 무엇인가

│ 소피스트들이 도덕의 반면교사였다면, 소크라테스는 적극적인 의미에서 도덕의 가치와 선의 의미를 물었던 최초의 사람이었습니다. 소크라테스는 그리스 아테네 사람으로서 기원전 470년에 태어나 399년 사형선고를 받고 감옥에서 독배(毒杯)를 마시고 죽었습니다. 시대적으로 볼 때 그는 소피스트의 시대를 산 사람입니다. 그리고 돈을 받고 젊은이들을 가르치지는 않았으나, 평생 한 일이 젊은이들과 어울리며 철학을 가르치고 논하는 것이었으므로, 사람들은 그를 소피스트와 별반 다를 것이 없는 사람이라 보기도 하였습니다.

사실 우주나 자연의 신비를 캐묻는 철학이 아니라 오로지 인간의 삶을 반성한 철학자였던 점에서 소크라테스와 소피스트는 유사한 데가 있습니다. 그러나 똑같이 삶에 대해 물었다 하더라도 소크라테스는 소피스트들과는 전혀 다른 관점에서 삶의 문제에 접근했습니다. 소크라테스의 경우에도 문제는 '잘사는 것'이었습니다. 우리 역시 잘살기를 바랍니다. 누구도 억지로 못사는 것을 바라지는 않을 것입니다. 소피스트는 사람에게 잘살기 위해 필요한 지혜를 준다고 약속했습니다. 오늘날에도 사람들은 잘살기 위해 현대판 소피스트들의 문을 두드리고 가르침을 청합니다. 그러나 도대체 무엇이 잘사는 것입니까?

소피스트들은 도덕의 뿌리를 비판적으로 추궁할 때에는 비범한 논리적 철저성을 보여주었습니다만, 정작 매우 중요한 문제에서는 반성 없는 소박함에 빠져 있었습니다. 즉 그들은 잘산다는 것을 너무나 일상적이고도 통속적으로 이해했던 것입니다. 도대체 잘산다는 것은 무엇을 뜻하는 것입니까? 대다수 사람들은 삶에서 쾌락을 누리고 재산과 권력을 얻으면 잘사는 것이라고 생각합니다. 소피스트 역시 마찬가지였습니다. 그들은 대중의 이러한 통속적 견해에 대해 어떠한 의문도 제기하지 않았습니다. 도리어 그들은 사람들의 그러한 통속적 욕망에 아첨하면서, 수단과 방법을 가리지 말고 욕망을 추구할 것을 선동하기까지 했던 것입니다.

소크라테스의 공적은 바람직한 삶(잘사는 것)에 대한 사람들의 소박한 통념에 의문을 제기한 데 있습니다. 과연 무엇이 바람직한 것이며, 무엇이 삶에서 진정으로 좋은 것(the good)입니까? 그리고 무엇이 진정으로 행복한 삶입니까? 사람들은 막연히 행복한 삶과 잘사는 삶이 추궁해 물을 필요가 없을 만큼 모두가 잘 알고 있는 자명한 상태라고 생각합니다. 그러나 왜 우리가 굳이 자연적 욕망을 거스르면서까지 도덕적으로 살아야 하는가가 자명한 것이 아니듯이, 마찬가지로 행복한 삶이나 바람직한 삶의 형상도 자명하게 주어지는 것이 아닙니다. 다시 말해 굳이 좁은 의미의 도덕적 선(the morally good)이 아니라 행복이나, 잘사는 것이라는 의미에서 좋은 삶이나 훌륭한 삶을 문제삼는다 하더라도 과연 무엇이 행복이냐, 무엇이 훌륭한 삶(a good life)이냐 하는 것은 결코 쉽게 대답될 수 있는 물음이 아닙니다.

소크라테스는 바람직한 삶, 훌륭한 삶 그리고 행복의 참된 의미를 되물음으로써 윤리학의 창시자가 되었습니다. 왜냐하면 그의 물음은 결국, 한마디로 요약하자면, 삶에서 좋은 것(the good)이 무엇이냐 하는 것이었기 때문입니다. 그리고 이 물음이야말로 윤리학의 근본물음인 것입니다.

여기서 약간의 부연설명을 해야겠습니다. 서양언어에서 좋음과 착함은 늘 같은 낱말로 표시되었습니다. 영어의 good은 좋다는 것을 뜻할 수도 있고 선하다는 것을 뜻할 수도 있습니다. 둘은 늘 같은 것은 아니지만 말입니다. 예를 들어 '가난한 사람을 돕는 것은 좋은 일이다'라고 할 때에도 우리는 it is good이라는 표현을 쓸 수 있고, '이를 자주 닦는 것은 좋은 일이다'라고 할 때에도 우리는 it is good이라는 표현을 쓸 수 있습니다. 그러나 이 두 경우에 good의 쓰임은 같지 않습니다. 처음의 good은 윤리적 가치를 표시하는 것이지만 두번째 good은 건강을 위한 유익함을 뜻할 뿐입니다. 그러나 서양언어에서 이 두 종류의 가치, 즉 윤리적 선함과 유익함을 표현하는 말은 똑같이 good입니다. 따라서 '무엇이 좋은 것인가?'라는 물음과 '무엇이 선한 것인가?'라는 물음은 서양언어에서는 원칙적으로 구별되지 않습니다. 둘 다 'what is the good?'이라고 표현되는 것입니다.

이런 사정은 비단 영어뿐만 아니라 독일어도 마찬가지이고 거슬러올라가 라틴어와 그리스어의 경우에도 마찬가지입니다. 따라서 서양 윤리학에서는 처음부터 좋음에 대한 물음과 착함에 대한 물음이 근본적으로 구별되지 않았습니다(물론 이 말은 서양 윤리학의 역사 속에서 유익함과 도덕적 선함 사이에 전혀 아무런 긴장이 없었다는 것을 뜻하지는 않습니다. 이 문제는 칸트에 가서 자세히 다루게 될 것입니다). 그런 까닭에 소크라테스가 '무엇이 삶에서 좋은 것이냐?'라고 물었다 할 때, 그것은 동시에 무엇이 삶에서 선한 것이냐를 물은 것이기도 합니다. 이 점에서 그는 처음으로 선의 본질을 물었던 사람이며, 그런 한에서 윤리학의 진정한 창시자인 것입니다.

너 자신을 알라

그런데 소크라테스에 따르면 무엇이 훌륭한 삶인지 그리고 무엇이 잘사는 것인지 알기 위해 우리는 먼저 "우리 자신이 무엇인지"를[3] 알아야만 합니다. 잘살든 못살든, 삶을 영위하는 주체는 우리들 자신입니다. 그리고 우리가 잘살기를 바라는 것도 추상적 의미에서 삶 일반을 위해서가 아니라 삶을 사는 우리 자신을 위해서입니다. 따라서 우리가 잘사는 것에 관심을 갖는 것은 오로지 우리 자신에 대한 관심, 즉 "자기 자신에 대한 관심과 염려"[4] 때문인 것입니다. 그러나 만약 우리가 우리 자신이 누구인지 모르고 있다면, 어떻게 우리가 우리 자신을 올바르게 돌볼 수가 있겠습니까? 예를 들어 인간의 몸을 돌보고 염려해야 할 의사가 몸이 무엇인지를 전혀 알지 못한다면, 그는 결코 몸을 잘 돌볼 수 없을 것이며, 따라서 좋은 의사일 수도 없을 것입니다.

이런 사정은 비단 의사의 경우뿐만 아니라 자기 자신을 염려하는 우리들 모두의 경우에도 마찬가지입니다. 만약 우리가 우리 자신이 무엇인지 알지 못한다면 우리는 자기 자신을 돌본다 하면서도 결과적으로는 자기에게 해로운 일을 할 수도 있는 것입니다. 따라서 우리는 자기를 바르게 돌보고 참으로 잘살기 위해서는 우리 자신이 누구인지를 먼저 알지 않으면 안 됩니다. 그리고 이런 자기인식이야말로 가장 중요한 지혜(sophrosyne)인 것입니다.[5]

소크라테스는 델포이 신전의 벽면에 새겨져 있었다고 하는 "너 자신을 알라"는 격언을 이런 문맥에서 이해합니다.[6] 이 격언은 이른바 '자기인식'(to gnonai heauton)에 대한 요구입니다. 그런데 이것이 중요한 까닭은 우리가 누구인지를 바르게 알 때에만 우리는 무엇이 자신을 위해 좋은 것이고 또 무엇이 나쁜 것인지를 알 수 있기 때문입니다.

"만약 우리가 우리 자신을 알지 못하고, 〈따라서〉 지혜롭지 않다면 우리 자신을 위하여 무엇이 나쁘고 무엇이 좋은지를 과연 알 수 있겠는가?"[7]

따라서 우리는 무엇이 우리에게 좋은 것이고 무엇이 나쁜 것인지를 알기 위해 먼저 우리 자신이 누구인지를 물어야만 합니다. "너 자신을 알라"는 요구는 이런 의미에서 인간의 자기인식에 대한 요구였던 것입니다.

영혼을 돌보라

그러나 인간이란 무엇입니까? 그때나 지금이나 비슷한 일이지만 대개 눈에 보이는 것에 사로잡혀 사는 사람들은 자기 자신을 자기의 육체로 이해합니다. 이런 사람들의 경우에 자기에 대한 관심과 염려는 자신의 몸에 대한 관심과 염려로 나타납니다. 무엇을 입을까, 무엇을 마실까 염려하는 것이 이들에게는 곧 자기에 대한 관심과 염려인 것입니다.

그러나 소크라테스는 육체를 인간의 본체라고 보지 않았습니다. 한마디로 말해 그에 따르면 오로지 "영혼이 인간입니다."[8] 다시 말해 생각하고 판단하며 결단하는 정신이야말로 인간의 본체요 주인인 것입니다.[9] 따라서 그는 인간의 삶에서 가장 중요한 것은 육체의 안녕이나 쾌락이 아니라 영혼의 탁월함이라고 생각하였습니다. 육체를 위하여 좋은 것이 아니라 영혼을 위하여 좋은 것이 삶에서 정말로 좋은 것이고 또 중요한 것이라는 말입니다. 그러나 사람들은 대개 눈에 보이는 것에 대하여 먼저 마음을 쓰는 까닭에 영혼을 위하여 좋은 것을 구하기보다는 몸을 위해 좋은 것을 먼저 찾는 경우가 많습니다. 이런 고정관념을 깨고 우리가 추구해야 할 좋은 것 (the good)은 몸의 일이 아니라 마음의 일이라는 것을 가르친 사람이 소크라테스였습니다.

 "빼어난 자여 그대는 가장 위대하고 슬기와 힘으로 가장 이름
이 나 있는 나라인 아테나이의 시민이면서도, 그래 재물에 대해서
는 되도록 많았으면 하고 관심을 쏟으면서도 그리고 세평(世評)
과 명예에 대해서는 마음을 쓰면서, 지혜와 진리에 관해서 그리고
자신의 영혼이 온전해지게끔 영혼에 관해서 마음을 쓰거나 생각
해보지 않는 것을 부끄러워하지 않는가?"[10]

 이것이 소크라테스가 동료 시민들에게 늘 던진 질문이었습니다.
요컨대 소크라테스가 평생을 통해 행한 일은 동료 시민들이 "자신
들의 영혼이 온전해지게끔 영혼에 관해서 마음을 쓰는 것에 앞서 또
는 그만큼 많이 신체나 재물에 관해 마음을 쓰는 일이 없도록"[11] 설
득하는 것이었습니다.
 그의 설득이 얼마나 성공적이었는지는 잘 알려져 있지 않습니다.
아무튼 여러 기록을 종합해 볼 때, 보통 사람이 보기에 그가 매우 이
해하기 어려운 사람이었다는 것은 의심의 여지가 없습니다. 그러나
비록 모든 사람을 설득하지는 못했다 하더라도 '영혼을 돌보라'는
그의 가르침은 서양 윤리학의 영원한 초석이 되었습니다. 모든 사람
은 좋은 것을 얻기를 바랍니다. 그러나 불행하게도 우리는 무엇이
좋은 것인지를 언제나 분명히 아는 것은 아닙니다. 여기서 모든 불
행 모든 어려움이 생겨납니다. 스스로 좋은 것을 추구한다고 하면서
자기에게 해가 되는 것만을 골라가며 행하는 사람이 우리 주위에는
많이 있습니다. 윤리적 반성이 필요한 까닭도 바로 여기에 있습니
다. 무엇이 진정으로 좋은 것인가를 말해주는 것, 그것이 윤리학의
과제인 것입니다.
 그런데 소크라테스에 따르면 우리의 삶에서 참으로 선한 것 그리

고 참으로 좋은 것은 영혼의 온전함입니다. 이것이야말로 우리가 삶에서 염려하고 추구해야 할 삶의 궁극적 목표입니다. 그러나 그 이유가 무엇입니까? 왜 우리는 몸이 아니라 마음의 온전함을 더 중요한 것이라 생각해야 합니까? 그 까닭은 우리의 삶에서 좋은 것을 누리고 나쁜 일을 겪는 궁극적인 주체는 몸이 아니라 우리의 마음이기 때문입니다. 물론 좋은 일이든 나쁜 일이든 모든 일들은 몸을 통해서 일어나고 몸을 통해 체험됩니다. 그러나 엄밀하게 말하자면 몸은 언제나 매개물이지 주체일 수 없습니다. 좋은 일을 행하는 주체도 마음이며, 나쁜 일을 행하는 주체도 마음입니다. 그리고 좋은 것을 느끼는 주체도 마음이고 나쁜 것 즉 고통을 느끼는 마지막 주체도 마음입니다. 우리가 행위하고 경험하는 삶의 일들이 마지막에는 모두 마음의 일인 것입니다.

따라서 우리가 삶에서 추구하는 모든 좋은 것은 언제나 좋은 마음을 위한 것입니다. 마음의 건강과 마음의 기쁨 그리고 마음의 평화, 요컨대 마음이 좋은 상태에 있는 것이야말로 진정한 선이며, 삶에서 참으로 좋은 것이라는 말입니다. 그리고 그 밖의 모든 좋고 나쁜 일들은 오직 이것을 척도로 삼아 그 가치를 평가해야만 합니다. 우리가 아무리 많은 재산을 얻었다 하더라도, 우리가 아무리 큰 명예를 얻었다 하더라도, 그리고 우리가 아무리 큰 권력을 얻었다 하더라도 우리의 마음이 좋지 않은 상태에 있다면, 그 모든 것들은 좋은 것일 수 없습니다. 마음을 좋게 하는 것, 즉 마음을 온전하게 하는 것들이야말로 좋은 것들입니다. 반대로 마음을 좋지 못하게 하는 것은 나쁜 것입니다.

쾌락주의에 대한 비판 | 그러나 여기서 좀더 자세히 살펴보아야 할 것이 있습니다. 좋은 마음이란 무엇을 뜻하는 것입니까? 다시 말해

마음이 좋은 상태에 있다는 것은 무엇을 뜻하는 말입니까? 쉽게 말해서 그것은 기분이 좋은 것일 수도 있습니다. 기분 역시 마음의 상태를 나타내는 것이니까요. 그리하여 우리는 기분이 좋은 상태가 좋은 마음이고 기분이 나쁜 상태가 나쁜 마음의 상태라고 말할 수도 있겠습니다.

따지고 보면 이런 것이 쾌락주의자들의 태도입니다. 쾌락주의자들 역시 삶에서 좋고 나쁜 것이 마지막에는 모두 마음의 일이라는 데 대해 반대하지 않을 것입니다. 왜냐하면 쾌락 역시 마음속에서 느껴지고 의식되지 않으면 아무런 소용이 없기 때문입니다. 그런 한에서 그들 역시 삶에서 좋은 것은 마음에 좋은 것이라는 사실을 아무런 주저 없이 인정할 것입니다. 그러나 그들은 좋은 마음의 상태를 단순히 기분의 문제라고 생각합니다. 기분이 좋은 것, 그것이 마음의 좋은 상태라는 것입니다.

그러나 소크라테스의 생각은 이와는 전혀 달랐습니다. 앞에서 소개했던 『고르기아스』에 나오는 칼리클레스라는 극단적인 쾌락주의자가 소크라테스에게 뭐니뭐니해도 쾌락이 가장 좋은 것이라고 말할 때, 소크라테스는 이렇게 되묻습니다.

"우리가 옴에 걸려 가려움을 참지 못해 한평생 몸을 긁적거리며 살아야 한다면 이것 역시 행복한 생활이라고 할 수 있을까?"[12]

가려운 곳을 긁는 것은 시원한 일입니다. 그것은 기분 좋은 일이지요. 즉 하나의 쾌락입니다. 그러나 가려운 것을 시원하게 긁어주는 것이 아무리 기분 좋은 일이라고 하더라도, 그것은 아예 가려움증이 없는 상태보다 좋지는 않을 것입니다. 만약 우리가 평생을 가려움증에 시달리며 온몸을 긁으면서 살아야 한다면, 그 얼마나 끔찍한 일이겠습니까?

우리의 몸이 느끼는 쾌락은 언제나 결핍의 반대급부입니다. 우리가 맛있는 음식을 먹으면서 쾌락을 느끼는 것은 우리가 배고픔을 알기 때문입니다. 그러나 차라리 우리가 배고픔을 모르고 살 수 있었더라면 우리의 삶은 얼마나 단정했을까요. 배고픔 때문에 눈물 흘려 보지 못한 사람이라면, 맛있는 음식을 먹지 못한다면 무슨 재미로 사느냐고 반문할 수 있을 것입니다. 그러나 그것은 괴테의 말처럼 눈물과 함께 빵을 먹어야 하는 땅 위의 모든 가난한 사람들 앞에서 우리가 할 수 있는 말은 결코 아닐 것입니다. 모든 쾌락은 결핍으로부터 충족으로의 이행에서 생겨납니다. 그러나 그것은 아예 처음부터 결핍이 없는 상태의 지복(至福)에 비할 바가 아닌 것입니다. 우리의 모든 슬픔과 고통은 바로 그 결핍에서 생겨납니다. 소크라테스는 우리가 육체의 감옥에 갇혀 있는 한 영원히 채울 수 없는 결핍을 채우기 위해 애쓰는 것보다 결핍과 충족의 굴레 그 자체를 초월하는 것이 영혼의 온전함을 위해 진정으로 필요한 일이라는 것을 깨달았던 사람입니다. 그리고 이 초월은 쾌락에 대한 집착 그 자체를 버림으로써만 가능한 것입니다.

좋은 쾌락과 나쁜 쾌락

쾌락을 좋은 영혼과 동일시할 수 없는 보다 중요한 이유는 쾌락에 좋은 것도 있고 나쁜 것도 있기 때문입니다. 만약 칼리클레스가 주장하듯이 쾌락과 선이 같은 것이라면,[13] 쾌락을 느끼는 사람은 누구든지 선한 사람이며, 고통을 느끼는 사람은 모두 악한 사람이 되고 말 것입니다.[14] 왜냐하면 쾌락은 무조건 좋은 것, 선한 것이고, 고통은 무조건 나쁜 것, 악한 것이기 때문입니다. 만약 칼리클레스의 주장대로 쾌락 그 자체가 아무런 구별 없이 선(좋음)이라고 간주될 수 있다면, 사실 우리는 매우 간단하게 최고의 선을 실현할 수 있을 것입니다. 왜냐하면 그때 우리는 마약 같은 것에 취하기만 하면 최고의 쾌락을 누릴 수 있을 것이기 때문입니다. 그러나 누가 마약에 취해 사는 삶을 이상적인 삶이라고 말할 수 있겠습니까?

따라서 어떤 경우에도 쾌락 그 자체가 삶의 좋고 나쁨의 척도, 즉 좋은 삶의 척도일 수는 없습니다. 왜냐하면 쾌락들 중에서도 좋지 않은 것이나 선하지 않은 것들이 있고, 반대로 고통스런 일 중에서도 나쁘지 않은 것 악하지 않은 것들이 있기 때문입니다.[15]

입에 쓴 약이 몸에는 좋다는 말처럼, 당장에 고통스런 일이라도 삶을 위해 유익하고 좋은 일이 있으며 반대로 당장에는 큰 쾌락을 주는 일이라도 우리의 삶을 파멸로 이끄는 일도 있습니다. 삶을 위해 유익하고 좋은 쾌락도 있고 해롭고 나쁜 쾌락도 있는 것입니다. 예를 들어 맛있는 음식을 먹는 것은 참으로 즐거운 일입니다만, 입의 쾌락만 생각하고 무절제하게 먹는 것은 몸에 해로운 일입니다. 이때 몸에 이로우냐 해로우냐를 결정하는 척도는 몸의 온전함, 즉 몸의 건강일 것입니다.[16] 몸의 건강을 위해 좋은 것은 좋은 쾌락이고 그렇지 않은 것은 나쁜 쾌락인 것입니다. 마찬가지로 영혼의 경우에도 영혼의 온전함을 위해 좋은 것은 좋은 쾌락이고 그렇지 않은 것은 나쁜 쾌락일 것입니다. 따라서 모든 쾌락이 무조건 좋은 것이 아닌 한, 쾌락이 정신적으로나 육체적으로나 좋은 삶의 궁극적 척도일 수는 없습니다. 오직 삶의 온전함 그 자체가 쾌락을 좋은 것이 되게도 하고 또 나쁜 것이 되게도 하는 것입니다.

앎과 덕

소크라테스는 마음의 좋음이 우리가 직접적으로 느끼는 기분의 문제가 아니라, 마음의 온전함에 존립하는 것이라고 생각하였습니다. 소크라테스는 마음의 온전함 혹은 영혼의 온전함이 무엇인지 분명히 정의를 내리고 있지는 않습니다. 그러나 분명한 것은 영혼의 온전함이 우리 마음의 주관적 기분이 아니라 어떤 본질적이고도 객관적인 마음의 본성이 실현된 상태를 뜻한다는 것입니다. 다시 말해 마음이 자기 자신의 본성에 합치해 있는 상태, 그리하여 자기 자신과 일치해 있는 상태가 마음의 온전함이라 볼 수 있겠습니다. 그렇게 우리의 영혼이 객관적으로 온전한 상태에 있을 때, 우리는 주관적으로 참된 기쁨과 행복을 누릴 수도 있다는 것이 소크라테스의 원칙적 입장이었습니다. 그러나 어리석은 사람들은 자신의 영혼을 위해 좋은 것을 멀리하고 도리어 나쁜 것을 가까이합니다. 소크라테스는 이것이 무지(無知) 때문이라고 보았습니다. 자기에게 좋은 것과 쾌락을 주는 것을 추구하고 반대로 자기에게 나쁜 것과 고통을 주는 것을 회피하는 것은 모든 사람들의 자연적인 본성이라 할 수 있습니다. 소크라테스는 이런 자연적 경향성을 탓하지는 않습니다. 그러나 문제는 사람들이 자기에게 무엇이 참으로 좋은 것인지를 언제나 명석하게 인식하지는 않는다는 데 있습니다.

쾌락의 문제만 해도 그렇습니다. 우리는 할 수 있는 한 쾌락을 취하고 고통을 피하려 하며, 그리고 같은 쾌락이라도 보다 큰 쾌락이 있고 보다 작은 쾌락이 있을 때, 보다 큰 쾌락을 취하려 합니다. 그러나 보다 가까이 있는 것이 보다 멀리 있는 것보다 더 커보이는 것은 쾌락이나 고통의 경우에도 마찬가지여서, 사람들은 멀리 있는 큰 쾌락보다 가까이 있는 작은 쾌락을 더 소중히 여기며, 또는 나중에 그것이 얼마나 큰 고통을 초래할 것인지를 미처 깨닫지 못하고 눈앞의 쾌락에 빠져들기도 하는 것입니다. 그러나 그들이 자신의 행위에 따르는 현재와 미래의 쾌락과 고통의 크기를 정확히 측정하고 인식할 수 있다면, 그들은 결코 나중의 큰 쾌락을 포기하고 현재의 사소한 쾌락을 선택하지는 않을 것입니다.

우리가 이런 어리석음에 빠지지 않으려면, 쾌락과 고통의 객관적 크기를 정확히 측량할 수 있는 능력을 가져야만 할 것입니다. 이런 것을 가리켜 소크라테스는 쾌락의 '측량술'(metretike techne)이라[17] 불렀습니다. 소크라테스에 따르면 이런 측량술은 앎의 문제입니다. 유럽에 담배가 처음 수입되었을 때, 사람들은 담배를 매우 건강에 좋은 기호품이라 여겼습니다. 영국의 유명한 철학자 토머스 홉스는 담배가 수명을 연장해준다 믿고 하루 종일 파이프를 물고 살다시피 했다고 전해집니다. 이런 것이 무지에 기인한 잘못된 선택입니다. 그러나 만약 우리가 담배가 나중에 우리 몸에 끼치는 해악을 지금 눈앞에 보듯 생생하게 느끼고 알 수 있다면 우리는 누구도 담배를 가까이하지 못하리라는 것이 소크라테스의 생각이었습니다. 요컨대 우리가 행하는 일의 객관적 결과에 대한 참된 인식이 결여되어 있기 때문에 우리가 어리석은 선택이나 방종한 행위에 빠져든다는 것입니다.

이런 의미에서 소크라테스는 악덕과 방종을 무지(amathia)의 소산이라 보았으며 절제를 앎(sophia)이나 인식(episteme)과 같은 것이라 보았습니다.[18] 그리고 이런 의미에서 윤리적 덕의 본질은 곧 앎이었던 것입니다.

배움에의 권유

앎이 곧 덕이라는 소크라테스의 주장은 나중에 아리스토텔레스에 의해 비판받았습니다. 무엇이 좋은 것이고 무엇이 나쁜 것인지를 우리가 아무리 분명히 인식한다 하더라도 좋은 것이나 나쁜 것을 선택하는 것은 또 다른 문제라는 것이 아리스토텔레스의 주장이었습니다. 굳이 아리스토텔레스를 끌어들이지 않는다 하더라도 앎이 곧 그 자체로서 덕이 아니라는 것을 깨닫는 것은 어려운 일이 아닙니다. 아마도 어떤 경우이든 앎은 덕을 위한 필요조건일 뿐 충분조건은 될 수 없다고 하는 것이 온당한 평가일 것입니다.

그럼에도 불구하고 행복하고 선한 삶을 살기 위해서는 참된 앎이 요구된다는 소크라테스의 주장은 귀담아 들을 만한 교훈임에는 틀림없습니다. 선을 이루는 것은 쉽지 않은 일입니다. 이를 위해서는 많은 정성과 노력이 요구됩니다. 소크라테스의 주장은, 선을 향한 우리의 노력이 먼저 선이 무엇인지를 바르게 인식하려는 노력에서 시작되어야 한다는 것을 말해주는 것이라 하겠습니다. 우리의 삶은 열려 있는 가능성으로서 발생합니다. 그런 한에서 삶에 관해 자명(自明)한 것은 없습니다. 행복과 불행 그리고 선과 악도 마찬가지입니다. 우리는 무엇이 참으로 행복한 삶인지 또 무엇이 참된 선인지를 스스로 물으며 나아가지 않으면 안 됩니다. 그러나 만약 우리가 우리가 무엇인지 그리고 우리를 위하여 무엇이 좋은 것이며 무엇이 선한 것인지 아예 물으려 하지도 않는다면 언제, 어떻게 우리는 행복하고 선한 삶에 도달할 수 있겠습니까?

주

1) Aristoteles, *analytica posteriora*, 89 b 9.
2) 플라톤 지음, 최민홍 옮김, 『소피스트, 고르기아스, 서간집』, 상서각, 1983, 186쪽(491 e 6 아래).
3) Platon, *Alkibiades I*, 128 e.
4) 같은 책, 127 e.
5) 같은 책, 133 c.
6) 같은 책, 132 c.
7) 같은 책, 133 c.
8) 같은 책, 130 c.
9) 같은 책, 130 d.
10) 플라톤 지음, 박종현 옮김, 『소크라테스의 변명』(『소크라테스의 최후』, 박영사, 1990), 42쪽 아래(29 d 아래).
11) 『소크라테스의 변명』, 44쪽(30 a).
12) 『고르기아스』, 190쪽(494 c).
13) 같은 책, 190쪽 아래(495 a).

14) 같은 책, 198쪽(498 e).

15) 플라톤 지음, 최현 옮김, 『프로타고라스』, 범우사, 1989년, 110쪽
(351 d).

16) 『고르기아스』, 207쪽(504 e).

17) 『프로타고라스』, 121쪽 아래(356 d).

18) 같은 책, 126쪽(358 c).

P L A T O N

한 이상주의자의 절망과 동경

플라톤

"만약 철학자들이 여러 나라에서 왕이 되든가
또는 우리가 오늘날 왕이나 통치자라고 부르는 사람들이
진심으로 그리고 충분히 철학을 하든가 해서
이것들, 즉 정치적 권력과 철학이 한 곳에서 만나지 않는다면,
여보게 글라우콘, 내가 생각하기에는
여러 국가나 인류에게 재앙이 그치지 않을걸세."

● 플라톤

이상과 현실

현실에 대한 절망과 존재의 완전성에 대한 동경

영어로 이상주의는 idealism이라고 합니다. 이 말은 플라톤(Platon)이 처음 사용했던 이데아(idea)라는 말에서 유래했습니다. 이 어원만 놓고 본다면 이상주의란 플라톤의 이데아론과 같은 말입니다. 그러니까 플라톤주의는 이상주의의 원형인 것입니다.

모든 이상주의는 현실을 넘어선 곳에서 존재의 진리를 추구합니다. 이처럼 이상주의자가 주어진 현실을 끊임없이 뛰어넘으려 하는 까닭은 그가 현실에 대해 절망하기 때문입니다. 존재의 이상적 완전성에 대한 열망과 동경은 오직 현실의 불완전성에 대한 깊은 절망이 드리우는 그림자입니다. 이상주의자가 추구하는 이상이 크고 높은 것은 그가 현실에서 체험하는 절망과 좌절이 그만큼 크고 깊기 때문입니다. 그리하여 우리가 참으로 빛을 동경하게 되는 것은 언제나 우리가 어둠 속에 있을 때입니다. 존재의 어둠에 대한 예민한 감수성을 잃어버린 사람도 빛에 대해 말할 수는 있겠지만, 그때 빛을 향한 열광은 정신의 허영이나 공허한 자기도취에 지나지 않습니다. 오직 실존의 고통에 대한 예민한 감수성만이 정신의 동경의 참됨을 증명해줄 수 있는 것입니다.

플라톤 철학도 마찬가지입니다. 그의 이데아론은 눈에 보이는 현실을 참된 현실로 인정하지 않습니다. 플라톤에게 현실은 참된 존재의 그림자, 즉 이데아의 그림자에 지나지 않았습니다. 그가 발딛고 살아 숨쉬는 이 세계를 한갓 그림자라고 생각할 만큼 그는 현실에 대해 깊이 절망하였습니다. 그리고 그의 절망이 깊은 만큼 존재의 이상적 완전성을 향한 그의 동경은 더욱 높아갔던 것입니다.

현실주의자 트라시마코스

『국가』(Politeia)의 제1권에서 우리의 이야기를 시작하도록 합시다. 거기 등장하는 소피스트인 트라시마코스(Thrasymachos)는 '정의는 강한 자의 이익이요, 불의는 자기를 위한 이익'이라고 선언합니다. 법이나 도덕규범은 그의 주장에 따르면 착취와 억압의 도구에 지나지 않습니다. 모든 나라에서 지배자는 자기의 이익에 맞게 법을 제정하고 그것을 피지배자, 즉 약자에게 강요합니다. 그리고 그런 법을 지키는 사람은 의롭다고 인정받고, 법을 어기는 사람은 불의한 사람으로 처벌받습니다.

> "각각의 권력은 자기 자신의 이익을 위하여 법을 제정합니다. 민주주의적 정권은 민주주의적 법률을 제정하고 참주(僭主)정권은 참주적 법률을 제정하며, 다른 모든 정권도 이와 같습니다. 일단 법을 제정하고 나면 그들은 자기들에게 이로운 것을 피지배자들에게 의로운 것이라 선언합니다. 그리고 이를 어기는 사람은 범법자요 불의한 사람이라 하여 처벌합니다. 그러니까 보십시오. 이것이 내가 말하는 것인데, 모든 나라에서 의로운 것은 똑같은 것으로서, 그것은 이미 수립된 정권의 이익입니다. 어떻든 정권이 지배하기 때문에, 올바르게 말하자면 어디에서나 의로운 것은 동일한 것으로서 그것은 보다 강한 자의 이익인 것입니다."[1]

우리는 이 말이 무엇을 뜻하는지 아무런 설명 없이도 잘 이해할 수 있습니다. 우리 나라에서 제 몇 공화국 하고 숫자가 바뀌어갈 때마다 법이 바뀌고 그에 따라 할 수 있는 일과 해서는 안 되는 일이 다르게 정해지던 것을 너무도 자주 보아왔기 때문입니다. 그러나 때마다 법이 어떻게 바뀌든 한 가지는 언제나 같습니다. 법을 제정하는 것은 권력을 소유한 자들, 즉 '보다 강한 자'이고, 이들은 자신들의 권익을 지키기 위해 법을 제정한다는 사실입니다. 이런 의미에서 법과 정의는 강한 자의 이익을 대변한다고 트라시마코스는 말하는 것입니다.

트라시마코스는 현실주의자입니다. 그는 행위의 원칙을 현실의 원리에 맞추려 합니다. 그가 보는 현실 속에서 의로운 사람은 언제나 손해보는 사람이며 남에게 좋은 일만 하는 사람입니다.[2] 그리고 이런 사람은 남을 행복하게 해줄 뿐이며, 자기 자신을 행복하게 만들지는 못합니다. 반면에 불의한 사람은 언제나 자기 자신의 이익을 추구하기 때문에 그렇지 않은 사람보다 더 많은 것을 얻고 더 행복한 삶을 살 수 있다는 것이 트라시마코스의 주장입니다.

이런 주장은 우리가 이미 살펴보았던 소피스트적 인생관의 반복입니다. 그러나 그것은 어쩌면 플라톤 자신의 비극적 현실인식일 수도 있습니다. 우리가 경험하는 현실 속에서 트라시마코스의 주장을 반박할 수 있는 반증사례를 찾는 것은 어떻든 쉬운 일은 아닐 것입니다. 현실 역사 속에서 우리는 정의가 불의를 이기는 것을 보기보다는 불의가 정의를 이기는 것을 보는 때가 더 많습니다. 그리고 선한 사람이 행복하게 사는 것보다 악한 사람이 행복하게 사는 것을 보는 것이 훨씬 더 흔한 일입니다. 그리하여 주어진 현실이 문제라면 어쩌면 트라시마코스의 말은 있는 그대로의 진실일 수도 있습니다.

하나의 현실과 또 다른 현실

현실에 대한 절망은 종종 우리를 퇴폐로 이끕니다. 어차피 절망적인 현실 속에서라면 사람들은 애써 정의와 선을 추구하려 하지 않을 것이기 때문입니다. 우리는 이것을 너무도 잘 알고 있습니다. 친일파를 제대로 처단하지도 못했고, 독재권력에 빌붙어 불의를 행하던 자들을 제대로 처벌하지도 못한 우리에게 정의란 하나의 관념적 사치품으로 보입니다. 의로운 사람이 박해받고 불의한 사람이 행세하는 사회에서 정의와 선이 냉소에 부쳐지는 것은 어찌 보면 너무도 당연한 일입니다. 트라시마코스는 그렇게 불의한 사회 속에 사는 사람들의 평균적 의식을 대변하는 것입니다.

어쩌면 그런 트라시마코스는 현실에 대하여 절망하는 플라톤 자신의 다른 모습인지도 모릅니다. 그러나 똑같이 현실에 대하여 비관적 태도를 취한다 하더라도 이상주의자는 본질적으로 두 가지 점에서 현실주의자와 다릅니다. 첫째로 이상주의자는 현실에 대하여 절망하되, 결코 불의한 현실을 정당하고 필연적인 것으로 승인하고 받아들이지 않습니다. 현실에 대해 절망한다는 것은 여기서 현실을 부정한다는 것을 뜻합니다. 둘째로 이상주의자는 불의가 현실을 지배한다는 것을 사실로서 인정한다 하더라도 불의가 현실의 존립을 가능케 하는 유일한 존재원리라고는 생각하지 않습니다. 다시 말해 불의가 지배하는 현실은 어디까지나 왜곡된 현실이지 참된 현실이 아닙니다. 이리하여 이상주의자에게 현실은 평면이 아니라 깊이입니다. 그리고 이상주의자는 눈앞에 드러난 불의한 현실 너머에 있는 참된 현실을 향한 초월을 끊임없이 시도하는 것입니다.

트라시마코스가 정의는 강한 자의 이익이라고 선언했을 때, 소크라테스는 되묻습니다.

"한데 각 나라에서 통치하는 이들은 전혀 실수를 하지 않는 이들이겠소, 아니면 어떤 점에서는 실수를 할 수도 있는 이들이겠소?"[3)

여러분, 현실은 하나가 아니라 여럿입니다. 트라시마코스는 여러 가지 현실 가운데서 한 가지를 일반화시켰습니다. 그런데 그의 현실 인식에 대하여 소크라테스는 현실을 넘어선 이념을 통해 대응하지 않았습니다. 도리어 소크라테스 역시 하나의 현실에 호소합니다. 그 현실이란 때때로 실수에 빠질 수밖에 없는 인간의 불완전성입니다. 트라시마코스는 소크라테스의 질문에 대하여 당연히 통치하는 사람들도 실수를 할 수 있는 인간임에 틀림없다고 대답합니다. 그러나 만약 지배자가 실수할 수 있는 사람이라면 그들은 때때로 자신에게 해가 되는 것을 법률로 제정할 수도 있을 것이 아니겠느냐고 소크라테스는 추궁합니다. 트라시마코스도 마지못해 그럴 수 있는 가능성을 인정합니다만, 그 결과 정의는 강자의 이익이라는 주장은 보편적 효력을 상실한 위기에 처하게 되었습니다. 왜냐하면 때때로 지배자가 실수할 경우 정의(법률)는 더 이상 강자의 이익을 대변하는 것이 아니겠기 때문입니다.

소크라테스와 트라시마코스의 첫번째 대화는 현실주의가 어디서 좌초하는지를 극명하게 보여주는 좋은 실례입니다. 사실 현실을 반박하는 것은 이념이 아니라 또 다른 현실 그 자체입니다. 이완용도 현실이지만 안중근도 현실입니다. 박정희도 현실이지만 장준하나 함석헌도 그와 똑같은 현실인 것입니다. 그러나 두 종류의 현실은 대립합니다. 그리고 현실 그 자체는 자기 속에서 발생하는 대립적 계기들을 화해시킨다거나 아니면 둘 가운데 한쪽 편을 들어줌으로써 대립을 종식시킬 힘을 갖고 있지 않습니다. 왜냐하면 현실의 모든 계기들은 서로에게 대등한 권리를 주장할 수 있기 때문입니다.

그럼에도 불구하고 트라시마코스와 같은 통속적 현실주의자는 현실을 자신들의 취향에 따라 일면적으로 추상화시킵니다. 그리하여 무한히 다양한 현실의 여러 계기들 가운데서 한 가지만을 일방적으로 강조하고 부각시키면서 그것이 마치 전체 현실의 일반화인 양 말하는 것입니다. 소크라테스는 그런 트라시마코스에게 정반대의 현실을 보여줌으로써 통속적 현실주의의 독선을 견제하려 합니다.

현실과 이념의 매개

그렇게 소크라테스가 지배자의 실수 가능성을 들어 트라시마코스의 주장을 반박하려 할 때, 트라시마코스는 소크라테스의 논리를 일종의 악의적인 말장난에 지나지 않는 것이라 취급합니다. '우리가 의사를 의사라고 부르는 까닭은 의사가 때때로 실수를 해서가 아니라 그가 병을 고치기 때문입니다. 그런데 왜 소크라테스 당신은 의사의 의료기술에 주목하지 않고, 의사의 실수를 가지고 의사를 규정하려 하시오?' 이것이 트라시마코스의 반문입니다.

"가령 어떤 사람이 환자에 대해서 실수를 저지를 때, 선생님은 그가 실수를 저지른 바로 이 점과 관련해서 그를 의사라고 부르시겠습니까? 또는 계산에서 실수하는 사람을 그가 실수하는 때의 이 실수와 관련해서, 계산전문가라 부르시겠습니까? 하기야 저도 우리가 이런 식으로 몇 마디로, 즉 의사가 실수를 저질렀다든가 또는 계산전문가와 문법가가 실수를 저질렀다고 말한다고 생각합니다. 하지만 실은 이들 각자는, 적어도 우리가 그런 이름으로 부르는 그런 사람인 한, 결코 실수를 하지 않는다고 저는 생각합니다. 그러니까 엄밀한 뜻에 따라 말한다면, 더구나 선생께서도 엄밀한 표현을 하시려는 터이니 말씀입니다만, 그 어떤 전문가도 실수를 하지 않습니다. 실수를 하는 사람은 그의 지식이 모자랄 때 실수를 하므로, 이 실수와 관련해서는 그는 전문가가 아닙니다. 그러므로 전문가나 현자가 그렇듯, 그 어떤 통치자라도, 그가 통치자인 때에는 실수를 하지 않습니다."[4]

요컨대 어떤 통치라도 그가 참된 통치자인 한에서는 실수를 하지 않습니다. 물론 통치자가 인간인 한, 그도 실수를 할 수는 있겠지만 우리가 통치자를 통치자라고 부르는 것은 그가 통치행위에서 실수를 저지르기 때문이 아니라, 자신의 권력을 온전히 행사하는 한에서 그렇게 부르는 것입니다. 따라서 트라시마코스의 주장에 따르면 통치자가 실수하는 자로서가 아니라 진정한 의미의 통치자로 간주되는 한, 그는 실수를 하지 않을 것이며, 그런 한에서 그의 입법은 언제나 자신의 이익을 충실히 반영할 것입니다. 그리고 법률이 통치자 즉 강한 자의 이익을 반영하는 한에서, 정의는 강자의 이익이라고 말할 수 있는 것입니다. 그러나 트라시마코스가 이렇게 말할 때, 그는 직접적 현실 속의 통치자가 아니라 원칙적인 통치자, 즉 어떤 이념적 통치자에 대해 말하는 것입니다.

소크라테스는 이 점을 분명히 하기 위해 트라시마코스에게 되묻습니다. 과연 트라시마코스가 말하는 통치자가 "흔히 말하는 그런 사람인지, 아니면 엄밀한 뜻으로 말하는 그런 사람"인지를 되묻는 것입니다.[5] 그러자 트라시마코스는 서슴없이 자기가 말하는 통치자는 "가장 엄밀한 의미에서 통치자인 사람"을 뜻한다고 대답합니다.[6] 그러니까 트라시마코스가 말하는 통치자는 현실 속에서 우리가 흔히 볼 수 있는 실수하는 통치자가 아니라 가장 엄밀한 의미의 통치자, 즉 진정한 의미에서 통치자의 칭호를 얻기에 합당한 사람, 그러니까 어떤 실수도 하지 않는 이상적이고 완전한 통치자인 것입니다.

그러나 이렇게 함으로써 트라시마코스는 현실을 떠나 이념의 세계로 넘어가버리고 맙니다. 왜냐하면 실수 없이 자신의 이익을 추구하는 완벽한 통치자는, 다른 모든 완전한 것들이 그러하듯이, 현실이 아니라 오직 이념 속에서만 가능한 것이기 때문입니다. 그리하여 현실주의자 트라시마코스는 자신의 현실인식이 또 다른 현실에 의하여 반박당하는 사태를 피하기 위하여 현실을 버리고 이상적 통치자, 완벽한 통치자가 지배하는 이념의 나라로 도망치고 말았던 것입니다.

생각해보면, 우리가 현실에 대해 말할 때, 우리는 언제나 이념에 의해 매개된 현실을 말하는 것입니다. 예를 들어 초등학교에서 선생님이 삼각형을 설명하기 위해 칠판 위에 삼각형을 그립니다. 그리고 어린이들에게 삼각형의 원리와 특징들을 설명합니다. 그때 선생님은 칠판 위에 그려 놓은 삼각형을 가지고 여러 가지를 설명하게 되겠지만, 엄밀하게 말하자면 이때 문제가 되는 삼각형 그 자체는 칠판 위에 그려진 것이 아니라 우리가 오직 마음속에서만 생각할 수 있는 어떤 이념적 형상입니다. 그리고 우리가 이념적 형상으로서의 삼각형을 이해할 수 있는 한에서, 칠판 위에 그려진 현실적 삼각형도 삼각형이란 이름으로 불릴 수 있는 것입니다. 그러니까 칠판 위의 불완전한 삼각형이 그 불완전성에도 불구하고 삼각형이라고 불릴 수 있는 까닭은, 그것이 모두 순수하고 완전한 이념적 삼각형을 불완전하게나마 표현하고 있기 때문입니다.

기하학적 도형만 그런 것은 아닙니다. 모든 현실은 불완전합니다. 세상에는 완전한 의사도 없고 완전한 지배자도 없습니다. 모두가 실수할 수 있기 때문입니다. 그럼에도 불구하고 우리가 현실의 의사를 의사라고 부르고 통치자를 통치자라고 부르는 까닭은, 그들이 비록 불완전하게나마 순수하고 완전한 이념적 의사의 형상 혹은 이념적 통치자의 형상을 실현하고 있기 때문입니다. 플라톤적으로 표현하자면 현실의 의사는 이념적 의사, 즉 의사의 이데아(idea)에 참여함으로써 의사가 되고 또 의사라고 불리는 것입니다.

여기서 보듯, 현실은 평면이 아니라 깊이입니다. 눈에 보이는 현실은 눈에 보이지 않는 이념을 통해서만 그것으로 존재하는 것입니다. 오직 현실이 무엇인지 모르는 사람만이 눈에 보이는 현실의 표면에 집착하여 그것이 현실의 전부라고 생각합니다. 그러나 현실의 의미를 이해하길 원하는 사람은 언제나 보이지 않는 현실의 이념을 척도로 삼아야만 합니다. 트라시마코스 같은 극단적 현실주의자라도 마찬가지입니다. 도대체 그가 말하는 통치자가 현실의 통치자인지 이념적 통치자인지를 분명히 하라는 요구 앞에서 그도 어쩔 수 없이 순수하고 완전한 이념적 통치자를 말하지 않을 수 없었습니다. 왜냐하면 현실적 통치자를 이해하고 설명하기 위해 우리는 언제나 이념적 통치자에서 출발하지 않을 수 없기 때문입니다.

이념과 이념의 충돌

이렇게 하여 소크라테스와 트라시마코스의 대립은 눈에 보이는 현실을 떠나 이념적 현실의 지평으로 옮겨졌습니다. 여기서 문제되는 것은 현실 속의 특정한 의사나 통치자가 아니라 엄밀한 의미의 의사 혹은 참된 의미의 통치자, 즉 이념적 의사나 이념적 통치자입니다. 소크라테스는 이런 사정을 분명히 하고 난 다음 트라시마코스에게 묻습니다.

"앞서 선생이 말한 엄밀한 뜻의 의사는 돈벌이를 하는 사람인가요, 아니면 환자를 돌보는 사람인가요? 참으로 의사인 사람이 누구인지 말하시오."[7]

그러자 트라시마코스는 당연히 의사란 환자를 돌보는 사람이라고 대답합니다. 이것은 너무도 당연한 대답입니다. 의사는 자기 자신을 위하여 돈을 벌기 때문에 의사라고 불리는 것이 아니라, 오직 환자의 질병을 고칠 수 있는 한에서 의사라고 불리는 것이기 때문입니다. 이런 사정은 비단 의사뿐만 아니라 다른 모든 기술의 소유자에게도 마찬가지입니다. 모든 기술과 기능은 각각 수행하는 일이 있고, 그 일을 통해 누구에겐가 이익을 줍니다. 그러나 기술이 수행하는 일은 기술 그 자신이나 기술자가 아니라 기술이 적용되는 객체를 위하여 이익을 줍니다. 따라서 의사는 환자의 이익을 위해 있으며 선장은 선원과 승객의 이익을 위해 있고, 더 나아가 통치자의 경우에도 참된 통치자는 통치되는 시민의 이익을 위해 있다는 것이 소크라테스의 주장입니다.

물론 현실 속에서 의사는 병도 고치고 돈도 법니다. 그러나 의사가 의사인 까닭은 돈벌이 때문이 아니라 병을 고치는 능력 때문입니다. 마찬가지로 현실에서 통치자는 시민의 이익이 아니라 자신의 이익을 추구할 수도 있습니다. 그러나 그가 자신의 사사로운 이익을 추구할 때, 그는 통치자로서가 아니라 한 사람의 자연인으로서 자신의 이익을 추구하는 것입니다. 그가 엄밀한 의미에서 통치자인 한, 그는 자신의 이익이 아니라 시민의 이익을 추구해야 하기 때문입니다.[8]

트라시마코스는 완전한 통치자를 절대로 실수하지 않고 오직 자신의 이익을 추구하는 그런 이념적 지배자로 이해했습니다. 그러나 소크라테스는 정반대로 완전한 통치자를 오로지 통치받는 시민의 이익을 추구하는 그런 이념적 통치자로 이해합니다. 이리하여 트라시마코스적 현실과 소크라테스적 현실의 충돌은 이제 차원을 달리하여 이념의 지평에서 다시 재현됩니다. 한 지배자의 이념과 또 다른 지배자의 이념이 충돌하게 된 것입니다. 여러분, 이것이 역사의 본질입니다. 현실의 분열은 결코 눈에 보이는 현실적 계기들의 충돌에 존립하지 않습니다. 역사는 이념과 이념이 부딪치면서 만들어가는 과정인 것입니다.

완전한 불의의 이념

소크라테스가 이념적 지배자는 자신의 이익이 아니라 지배받는 자의 이익을 위해 봉사한다고 주장하지만 트라시마코스는 조금도 물러서지 않습니다. 소크라테스가 통치자의 이념에 대해 말한다면, 자신도 그에 못지않게 통치자의 또 다른 이념에 대해 말할 준비가 되어 있기 때문입니다. 예를 들어 세상에 어떤 양치기가 양떼 자체를 위해 양치기 노릇을 하겠습니까? 모든 양치기의 궁극적 목적은 양떼를 통해 자신의 이익을 얻는 데 있을 뿐입니다. 그와 마찬가지로 통치자 역시 자신의 이익을 위하여 통치한다는 것이 트라시마코스의 일관된 주장입니다. 그렇다면 누구의 통치자가 참된 통치자입니까? 사실 우리는 누구의 말이 옳은 말인지 쉽게 판단할 수 없습니다. 왜냐하면 각자는 현실 속에서 자기가 말하는 이념적 통치자의 참됨을 증명하기 위한 증거를 제시할 수 있기 때문입니다. 그도 그럴 것이 우리가 어떤 이념의 창을 통해 현실을 보느냐에 따라 현실은 이렇게도 보이고 저렇게도 보일 수 있기 때문입니다.

생각해보면, 현실의 역사 속에서 이념과 이념이 충돌할 때, 그것은 대부분의 경우 이론적 사실의 문제가 아니라 실천적 태도의 문제입니다. 참된 통치자가 시민의 이익을 추구하느냐, 아니면 자기 자신의 이익을 추구하느냐 하는 것은 마지막에는 이론적 관찰의 문제가 아니라 실천적 가치판단에 의해서만 결정될 수 있는 문제입니다. 시민의 이익을 추구하는 통치자는 그것이 선이요 또한 바람직한 일이라고 생각하는 반면에, 자기 자신의 이익을 추구하는 통치자는 그것이 자기에게 유익하고 좋은 일이라 판단하는 것입니다. 그리하여 이념과 이념이 충돌할 때, 그 밑바탕에는 결국 선과 악에 대한 우리의 가치판단이 대립하는 것입니다.

트라시마코스 자신이 이것을 분명히 알고 있었습니다. 그는 문제가 참된 통치자를 어떻게 이론적으로 정의하고 규정하느냐 하는 데 있는 것이 아니라는 것을 잘 알고 있었습니다. 본질적인 것은 선과 악 그리고 의로움과 불의함에 대한 우리의 가치판단이기 때문입니다. 그래서 그는 모든 문제의 근원으로 되돌아가서 처음부터 다시 논의를 전개시켜 나갑니다. 즉 그는 의로움과 불의함 그 자체를 직접 문제삼는 것입니다. 그런데 트라시마코스의 입장에 따르면, 의로움이란 삶에 아무런 유익을 가져다주지 않지만 불의한 삶은 도리어 인간에게 유익함과 행복을 가져다줍니다.

"정의나 정의로운 것은 실은 남에게 좋은 것, 즉 더 강한 자 및 통치자의 이익이되, 복종하며 섬기는 자의 경우에는 자신에게 해가 되는 것인 반면에, 불의는 그 반대의 것이어서 참으로 순진하고 올바른 사람들을 조종하거니와, 다스림을 받는 사람들은 저 강한 자에게 이익이 되는 것을 행하여, 그를 섬기며 그를 행복하게 만들지, 결코 자신들을 행복하게 만들지는 못합니다."[9]

이렇게 말한 뒤에 트라시마코스는 의로운 사람과 불의한 사람을 비교하여, "의로운 사람이 불의한 사람보다 어떤 경우에나 덜 가진다"고 말합니다.[10] 불의한 사람이 더 많은 것을 얻을 때 의로운 사람은 늘 더 적은 것을 얻을 수밖에 없다는 것입니다. 그런 까닭에 의로운 사람은 언제나 손해보고 사는 사람, 피해를 보고 사는 사람입니다. 그러니까 이런 사람은 남에게 좋은 일을 하고 남을 행복하게 만들 뿐, 자기 자신을 행복하게 하지는 못한다는 것이 트라시마코스의 주장입니다.

트라시마코스의 주장에 따르면 불의와 악은 행복의 원천이지만 의로움과 선은 도리어 불행의 씨앗일 뿐입니다. 그러니까 여기서는 악과 불의는 바람직하고 좋은 것이 되고 선과 의로움은 바람직하지 못하고 좋지 않은 것이 되어버립니다. 우리는 의로우면 의로울수록 손해만 보고 더욱더 불행해집니다. 반대로 우리가 불의하면 불의한 사람일수록 우리는 더욱더 행복한 삶을 살게 된다는 것입니다. 그리하여 만약 우리가 '완전한 불의'를 실현할 수 있다면, 우리는 최고로 행복한 삶을 살게 될 것입니다.

　　"그러나 선생께서 무엇보다도 제일 쉽게 이를 이해하시게 되는 것은, 가장 완벽한 상태의 불의를 생각하실 경우일 것입니다. 그것은 불의한 일을 한 사람을 가장 행복하게 만들지만, 반면에 그걸 당한 자들이나 불의한 일이라곤 아예 하려고 하지 않는 사람들을 가장 비참하게 만드는 것입니다."[11]

　　여러분, 트라시마코스가 여기서 말하고 있는 것이 무엇입니까? 그것은 불의의 이념, 악의 이데아입니다. 즉 완전한 불의, 절대적이고 순수한 악입니다. 물론 모든 이념이 그러하듯이 완전한 악의 이념도 현실 속에서 실현될 수 없을 것입니다. 그러나 원칙적으로 말해서, 만약 우리가 완전한 불의를 실현할 수 있다면, 우리는 참으로 최고의 행복, 즉 완전한 행복을 누릴 수 있다는 것이 트라시마코스의 주장입니다. 불의한 일이 비난의 대상이 되고 또 그로 인해 처벌을 받거나 다른 종류의 불이익을 당하는 것은 불의가 작고 부분적인 영역에 머무르기 때문입니다. 예를 들어 "신전 절도범이나 납치범, 가택침입강도나 사기꾼 또는 도둑이라 불리는 사람들"은 작은 불의를 행했기 때문에 비난도 받고 처벌도 받습니다.[12] 그러나 만약 누군가가 "전면적인 불의"를[13] 저지른다면, 다시 말해 일부 사람들의 재산 일부를 훔치는 것이 아니라 아예 나라 전체를 훔쳐서 모든 시민을 노예화시켜버린다면, 그는 행복한 사람이나 축복받은 사람이라는 찬사를 받습니다.[14] "따라서 불의한 일이 큰 규모로 저질러지는 경우에는, 그것은 의로움보다도 더 강하고 자유로우며 전횡적인 것입니다."[15]

누가 이 말을 쉽게 반박할 수 있겠습니까? 어린아이에게 먹일 분유를 훔친 어머니는 절도죄로 구속되지만, 박정희나 전두환처럼 권력을 찬탈하고 그 권력을 통해 수많은 악과 불의한 일들을 자행하는 사람들은 도리어 칭송받고 존경받는 것을 우리는 너무도 자주 보아왔습니다. 그러니까 부도덕한 현실 속에서 사는 사람들이 트라시마코스처럼, 악과 불의가 도리어 삶에 유익하고 행복을 가져다준다고 생각하는 것도 무리는 아닙니다. 그럼에도 불구하고 대다수 사람들은 입으로는 불의를 비난하겠지만, 그것은 "스스로 불의한 일을 행하는 것이 두려워서가 아니라 자신이 그 피해를 당하는 것이 두려워서"[16] 비난하는 것에 지나지 않을 수도 있습니다.

요컨대 트라시마코스의 생각에 따르면 악과 불의는 좋은 것이고 바람직한 것입니다. 그에 반해 선과 정의는 어리석은 것이고 나쁜 것입니다. 이렇게 하여 어디에 문제가 있는지가 오해의 여지 없이 분명해졌습니다. 한 사람은 선과 정의가 바람직한 것이라 생각하지만, 다른 사람은 도리어 악과 불의가 바람직하고 유익한 것이라 생각합니다. 그러나 만약 우리가 선의 힘에 대하여 아무런 신뢰도 가질 수 없다면, 그런 경우에도 우리가 포기하지 않고 선과 정의를 추구할 수 있을까요? 만약 우리가 선하게 살면 살수록 불행해지고, 반면에 악하게 살면 살수록 더 행복한 삶을 누리게 된다면 과연 우리는 어떻게 한결같이 선과 정의를 추구할 수 있을까요? 이것이야말로 플라톤이 『국가』의 제1권에서 트라시마코스와 더불어 묻지 않을 수 없었던 가장 절박한 물음이었습니다. 그리고 그것은 불의한 역사속에서 신음하는 모든 불행한 사람들, 모든 선량한 사람들이 수없이 되물었을 그런 물음일 것입니다.

악의 열매와 선의 열매

트라시마코스의 극단적 주장에 대한 소크라테스의 대응은 처음에는 그다지 적절해 보이지 않습니다. 그는 여전히 참된 통치자의 이념에 집착하여, 그것을 통해 트라시마코스를 설득하려 합니다. 그러나 참된 통치자의 이념이 무엇이든 그것이 트라시마코스에게 무슨 의미가 있겠습니까? 그런 통치자가 있다 하더라도 그런 사람은 트라시마코스의 눈으로 볼 때에는 어리석고 불행한 사람에 지나지 않을 것이기 때문입니다.

뒤늦게 이런 사정을 깨달은 소크라테스는 논의의 방향을 바꾸어 불의한 사람의 본질적 성격을 먼저 분명히 합니다. 그것은 모든 경우에 누구보다도 더 많이 가지고, 모든 면에서 이기려고 하는 욕구입니다. 불의한 사람은 결코 타인을 위하여 자기 몫을 양보하거나 포기하지 않을 뿐만 아니라, 할 수 있는 한, 타인의 소유를 빼앗아서 자신의 것으로 만들려 합니다. 세상의 모든 좋은 것을, 가능한 한 전부 자기의 것으로 만들려는 욕망이야말로 악하고 불의한 의지의 본질이기 때문입니다.

소크라테스와 트라시마코스가 이러한 것이 불의한 사람의 본성이라는 데 대해 분명히 합의를 보았을 때, 소크라테스가 트라시마코스에게 물었습니다.

> "선생은 나라나 군대, 강도단이나 도둑의 무리, 또는 다른 어떤 집단이 어떤 불의한 일을 공동으로 저지르려 할 때, 만약 그들이 서로서로에게 불의한 일을 행한다면, 그들이 그 일을 조금이라도 수행할 수 있으리라고 생각하시오?"[17]

그러자 트라시마코스는 물론 그럴 수 없노라고 대답합니다. 그 이유는 분명합니다. 우리가 싸구려 서부영화에서 흔히 볼 수 있는 줄

거리입니다만, 한 무리의 은행강도가 은행을 털어 같이 도망을 간다고 가정해봅시다. 그런데 그들 모두가 철저한 악한이어서 어떻게든 훔친 돈을 혼자 다 차지하기 위하여 음모를 꾸민다면, 그들은 서로 의심하고 불화하게 되고, 결국 강도행각은 실패로 끝나버릴 것입니다. 따라서 비록 악한 일을 하는 사람들이라 할지라도, 적어도 자기들 사이에 최소한의 선과 정의를 지킬 때에만 서로 합심해서 그 일을 할 수 있는 법입니다.[18] 그것은 불의가 서로간에 대립과 증오 및 다툼을 가져다주지만 의로움은 합심과 우애를 가져다주기 때문입니다.[19]

이것은 무엇을 뜻하는 것입니까? "전적으로 악하고 철저히 불의한 사람들은 또한 전적으로 아무 일도 할 수 없습니다."[20] 우리가 무슨 일을 행하든지 간에 우리가 어떤 일을 더불어 할 수 있는 까닭은 우리에게 일말의 선한 의지가 있기 때문입니다. 트라시마코스는 절대적 불의의 이념을 말하면서 완전한 불의야말로 모든 행복과 유익함의 원천이라고 주장했었습니다. 그러나 소크라테스에 따르면 우리가 불의한 일을 행할 때조차, 거기 선이 없다면 아무 일도 가능하지 않은 것입니다. 그리하여 깡패와 도둑들 사이에서도 의리가 있어야 하며, 더불어 악을 도모하는 무리들 사이에서도 신의가 있어야만 악한 일이라도 수행될 수 있습니다. 요컨대 악과 불의는 그 자체만으로는 아무것도 수행할 수 있는 능력이 없습니다. 절대적인 악과 완전한 불의는 행복의 원천이기는커녕, 아무것도 할 수 없고 아무것도 줄 수 없는 절대적 무능력일 뿐입니다. 악은 오직 선에 기생해서만 악일 수 있습니다. 아무런 선도 아무런 의로움도 없는 곳에서는 악과 불의조차도 있을 수 없는 것입니다.

따라서 우리가 행하는 모든 일은 좋은 일이든 나쁜 일이든 아니면 선한 일이든 악한 일이든지 간에, 선과 정의의 이념에 참여하고 있는 한에서 수행될 수 있습니다. 때때로 우리는 선과 의로움이 역사 속에서 쓸모없는 장식이요, 한갓 사치라고 느낄 때가 있습니다. 현실을 지배하는 힘은 악의 세력이요, 우리의 선한 의지는 무능하고 무기력하기 짝이 없다고 느끼는 때도 많습니다. 그러나 플라톤에 따르면 우리의 삶과 역사를 지탱하는 참된 힘은 오직 선과 의로움입니다. 인간의 역사가 아무리 절망적인 것처럼 보인다고 하더라도, 그 역사가 계속될 수 있는 까닭은 우리 가운데 선과 정의의 불씨가 아직도 완전히 꺼지지 않고 남아 있기 때문입니다. 그러므로 선한 사람들이 아무리 무능하고 쓸모없는 것처럼 보인다고 하더라도, 우리는 퇴폐에 빠져서는 안 됩니다. 왜냐하면 바로 그런 선한 사람들로 인하여 인간의 역사는 멸망하지 않고 지속하는 것이기 때문입니다.

영혼의 건강

영혼의 일과 탁월함

우리가 지금까지 살펴보았던 플라톤의 견해에 따르면, 악과 불의는 그것 자체만으로는 아무것도 할 수 없는 무능력한 성향에 지나지 않으며, 오직 선과 의로움만이 인간의 삶에서 무엇인가를 이룰 수 있게 하는 참된 힘입니다. 그러나 플라톤은 아직 선이 그 자체로서 무엇인지에 대해서는 말하지 않았습니다.

이것을 설명하기 위해 플라톤은 먼저 일(ergon/work)의 개념을 끌어들입니다. 플라톤적 사유에 따르면 존재하는 모든 것은 할 수 있는 일이 있습니다. 여기서 일이라고 하는 것을 너무 좁은 의미로만 이해하지 마시기 바랍니다. 그것은 사람이 의식적으로 행하는 활동만을 뜻하는 것이 아니라 어떤 사물이 실현할 수 있는 모든 가능성을 뜻한다고 볼 수 있습니다. 예를 들어 석유는 공장의 기계나 자동차를 움직일 수도 있고 옷감을 만들어낼 수도 있습니다. 또한 우리는 석유에서 도로를 포장하는 아스팔트를 얻을 수도 있습니다. 그 모든 것이 석유가 할 수 있는 일입니다. 그러나 석유가 할 수 없는 일도 있습니다. 우리는 석유를 먹고 살 수는 없습니다. 또한 우리는 석유를 마실 수도 없습니다. 이런 것들은 석유가 할 수 있는 일이 아닙니다. 이처럼 할 수 있는 일과 할 수 없는 일을 구별함으로써 우리는 각각의 존재자의 본성을 명확히 규정할 수 있게 됩니다.

그런데 각각의 존재자는 자기가 할 수 있는 일을 잘할 수도 있고 잘 못할 수도 있습니다. 예를 들어 어떤 석유는 열량이 낮아 기계를 돌리는 힘이 떨어질 수도 있습니다. 그에 반해 어떤 석유는 품질이 좋아서 같은 양으로도 매우 큰 힘을 낼 수도 있습니다. 이런 경우 우리는 일 잘하는 석유를 좋은 석유라 부르고 일을 잘 못하는 석유를 나쁜 석유라고 부릅니다.

이런 사정은 우리 몸의 경우에도 마찬가지입니다. 예를 들어 눈의 일은 보는 것입니다. 그러나 모든 눈이 똑같이 사물을 볼 수 있는 것은 아닙니다. 어떤 사람의 눈은 대상을 잘 보지만, 또 어떤 사람의 눈은 잘 보지 못합니다. 우리는 잘 보는 눈을 가리켜 눈이 좋다고 말하고 그렇지 않은 눈을 보고 눈이 나쁘다고 말합니다. 이것은 우리 몸의 모든 기관에 대해서 똑같이 할 수 있는 말입니다. 우리 몸의 모든 기관은 저마다 맡은 일이 있는데, 각 기관은 맡은 일을 잘할 수도 또 잘 못할 수도 있습니다. 그리고 우리는 어떤 기관이 맡은 일을 잘할 때에는 좋다고 말하고, 맡은 일을 잘 못할 때에는 나쁘다고 말합니다.

플라톤은 각각의 존재자가 자기가 맡은 일을 탁월하게 수행하는 상태를 가리켜 '아레테'(arete)라고 불렀습니다. 이 말은 그리스말에서 '좋다'의 최상급인 '가장 좋다'(the best)를 뜻하는 '아리스토스'(aristos)에서 온 말로서 탁월함(excellence)을 뜻하는 말입니다. 자기가 맡은 일을 잘하는 것은 탁월한 것입니다. 그리고 탁월한 것은 좋은 것입니다. 그런데 그리스적 사유 속에서 좋은 것과 선한 것은 같은 것이므로 탁월한 것은 동시에 선한 것이기도 합니다. 결론적으로 말하자면, 자기가 맡은 일을 잘하는 것이 바로 선이라고 할 수 있습니다.

그런데 우리 몸의 기관마다 맡은 일이 있는 것처럼, 우리의 영혼, 우리의 마음도 맡은 일이 있습니다. 예를 들어 "보살피거나 다스리는 것, 심사숙고하는 것", 이런 것들은 오직 우리의 영혼만이 할 수 있는 일입니다.[21]

그리고 오직 우리가 생각할 수 있는 한에서 우리가 살아 있다고 할 수 있기 때문에, 영혼의 가장 본질적인 일은 삶 바로 그 자체입니다. 따라서 우리가 잘사는 것은 오직 우리의 영혼이 자기가 맡은 일을 훌륭하게 수행할 때입니다. 오직 영혼이 자기 일을 잘하여 선한 상태에 있을 때, 우리는 좋은 삶, 선한 삶을 살 수 있는 것입니다.

영혼의 조화

그러나 언제 우리의 영혼은 자기가 맡은 일을 잘할 수 있습니까? 그것은 영혼의 각 부분들이 자기가 할 일을 온전히 수행하고 있을 때입니다. 우리의 영혼은 여러 부분으로 이루어져 있습니다. 플라톤에 따르면, 그것은 크게 세 가지로 이루어져 있습니다. 첫째는 욕망능력(epithymetikon), 둘째는 격정의 능력(thymoeides), 셋째는 이성능력(logistikon)입니다. 첫번째 능력은 영양과 성의 충동을 비롯하여 모든 감성적인 욕망의 능력입니다. 이 능력은 우리의 몸에서는 아랫배에 자리잡고 있습니다. 둘째 능력은 분노와 명예욕 혹은 용기와도 같은 모든 고상한 열정 혹은 격정의 능력으로서 우리의 몸에서는 가슴에 위치합니다. 마지막으로 이성능력은 순수한 사유와 인식의 능력인데, 그것의 자리는 머리에 있습니다.

플라톤에 따르면 이상적인 삶은 우리 영혼의 각 부분이 서로를 침해하지 않으면서 자기의 할일을 하되 전체로서 조화를 이룰 때 가능해집니다.

"따라서 우리가 기억하고 있어야 할 것은, 우리 각자의 경우에도 자신 안에 있는 부분들 각각이 제 일을 하게 되면 이 사람이 올바른 사람으로, 제 일을 하는 사람으로 될 것이라는 점일세."[22]

플라톤은 대화편 『파이드로스』(Phaidros)에서 우리의 영혼을 두 마리의 말이 끄는 마차를 한 사람의 마부가 조종하는 것에 비유하고 있습니다. 두 마리의 말 가운데 한 마리는 고귀하고 선한 것에서 태어났으나, 다른 한 마리는 그렇지 못한 것에서 태어났습니다. 당연히 고귀한 혈통의 말은 격정의 능력을 뜻하고, 나쁜 혈통의 말은 욕망능력을 뜻합니다. 그리고 마차를 모는 마부는 우리의 이성입니다. 그런데 영혼의 균형과 조화가 깨지는 것은 나쁜 혈통의 말이 마부의 말을 잘 듣지 않을 때, 그리하여 같은 말이지만 이성이 영혼의 각 부분에 대한 통제권을 상실할 때입니다. 영혼의 타락이 극에 달하면 이성에 의해 지배받아야 할 욕망이 도리어 이성을 욕망을 위한 도구로서 지배하는 일이 벌어지는데, 바로 이러한 영혼의 무질서와 혼란이 악인 것입니다.[23]

이런 일이 일어나지 않도록 하기 위해서는 영혼의 각 부분이 자기의 맡은 일을 잘 수행해야 합니다. 그것이 바로 영혼의 각 부분의 덕입니다. 욕망능력은 욕망을 추구하되 절제할 줄 알아야 합니다. 그리하여 절제야말로 욕망능력이 가져야 할 미덕입니다. 그러나 우리가 욕망을 절제할 수 있기 위해서는 우리의 마음이 욕망의 끝없는 유혹을 이길 수 있는 힘을 갖지 않으면 안 됩니다. 다시 말해 욕망의 힘을 이길 수 있는 용기를 갖지 않으면 안 됩니다. 그런데 욕망을 이기는 용기는 오로지 우리 마음의 모든 고귀한 열정에서 나오는 것입니다. 예를 들어 우리로 하여금 식욕과 성욕을 절제할 수 있게 하는 마음의 용기는 우리 마음속에 아름다움과 명예에 대한 고귀한 열정에서 비롯되는 것입니다. 이런 의미에서 용기는 격정의 미덕입니다. 즉 그것은 우리의 가슴이 지녀야 할 미덕인 것입니다. 그런데 용기는 지혜의 빛에 의해 인도되지 않을 때, 만용에 떨어집니다. 식욕을 절제하는 것은 좋은 일이지만 모든 욕망을 적대시하면서 전혀 아무것도 먹지 않겠다고 하는 것은 어리석은 만용입니다. 성욕을 절제하는 것도 좋은 일이겠지만 무조건 금욕적인 삶을 고집한다면 이 또한 만용일 수 있습니다. 이처럼 용기가 만용에 떨어지는 것을 막기위해 우리는 나아갈 때와 머무를 때를 지혜롭게 구별하지 않으면 안됩니다. 그 지혜의 주체가 곧 이성능력입니다. 즉 지혜는 이성의 미덕인 것입니다.

영혼의 정의와 선은 영혼의 각 부분이 이렇게 자신의 미덕에 따라 제 할일을 하면서 서로 조화로운 통일을 이루고 있는 상태를 말합니다.

"사실 정의란 그런 것이긴 한 것 같으이. 하지만 그것은 외적인 자기 일의 수행과 관련된 것이 아니라, 내적인 자기 일의 수행, 즉 참된 자기 자신 그리고 참된 자기의 일과 관련된 것일세. 자기 안에 있는 각각의 것이 남의 일을 하는 일이 없도록, 또한 영혼의 각 부분이 서로를 참견하는 일이 없도록 하는 반면, 참된 의미에서 자신에게 속한 것들을 잘 조절하고 스스로 자신을 지배하며 통솔하고 또한 자기 자신과 화목함으로써, 이들 세 부분을, 마치 영락없는 음계의 세 음정 즉 최저음 최고음 그리고 중간음처럼, 전체적으로 조화시키네. 또한 혹시 이들 사이의 것들로서 다른 어떤 것들이라도 있게 되면, 이들마저도 모두 함께 결합시켜서는, 여럿인 상태에서 벗어나 완전히 하나인 절제 있고 조화된 사람이 되네."[24]

여기서 보듯 플라톤에게 있어서 영혼의 정의와 선은 영혼의 여러 부분이 서로 조화를 이루어 하나가 되는 것에 존립합니다. 이런 의미에서 플라톤은 "선은 '하나'이다"라고 말했다고 전해집니다. 각각의 존재자가 하나를 이룰 때 그것은 온전하고 좋은 상태에 있다는 것입니다. 이것은 영혼의 경우에도 마찬가지입니다. 우리의 영혼이 분열과 무질서가 아니라 조화 속에서 하나의 통일을 이룰 때, 그것이 선이요 행복인 것입니다.

영혼의 건강과 아름다움

플라톤에게 선이나 정의는 그 본질적인 측면에서 보자면 단순히 인간의 의지와 행위에만 관계하는 좁은 의미의 윤리적 개념이 아니라 존재의 온전함을 뜻하는 객관적인 존재론적 개념입니다. 비단 인간의 의지나 행위뿐만 아니라 모든 존재하는 것들이 각자 맡은 일을 온전히 수행할 때, 그것은 선하고 좋은 상태에 있습니다.

그런데 각각의 존재자에게 있어서 그것이 해야 할 일은 그 존재자의 자연적 본성(physis) 그 자체에 의해 결정되어 있습니다. 따라서 어떤 존재자가 선하고 좋은 상태에 있다는 것은 그것이 자기의 자연적 본성을 왜곡이나 모자람 없이 온전히 실현하고 있다는 것을 뜻합니다. 생물학적으로 말하자면, 이런 상태가 다름 아닌 건강한 상태입니다. 눈이 눈의 본성을 온전히 실현할 때, 눈은 건강합니다. 심장이 심장의 본성에 따른 일을 온전히 수행할 때, 심장은 건강한 것입니다. 그리하여 어떤 존재자가 선하고 좋은 상태에 있다는 것은 그것이 건강한 상태에 있다는 것을 뜻합니다.

여기서 보듯이 플라톤에게 있어서 선과 정의란 존재의 기능적 완전성을 뜻합니다. 이런 의미에서 덕은 '탁월함'(arete/excellence)입니다. 존재하는 모든 것이 건강하게 자기 맡은 일을 온전히 수행하는 것이야말로 존재의 탁월함이며, 이것이 또한 인간의 경우에는 좁은 의미에서 윤리적 선이기도 합니다. 마치 일 잘하는 말이나 잘 달리는 말이 좋은 말이고, 글씨 잘 써지는 만년필이 좋은 만년필이 듯, 일 잘하는 사람, 즉 탁월한 사람이 훌륭한 사람이고 좋은 사람입니다. 그리고 아무 일에도 쓸모없는 사람은 나쁜 사람, 즉 악한 사람인 것입니다.

존재의 완전성과 탁월함은 내적으로 볼 때에는 존재자 자신의 자연적 본성과의 일치에 존립하지만, 그것이 외적으로 나타날 때에는 조화와 통일로서 나타납니다. 그런데 어떤 존재자의 내적 부분들이 조화와 통일을 이룰 때, 그것은 아름답습니다. 사물의 아름다움이란 다른 무엇보다 부분들의 조화와 통일에 존립하는 것이기 때문입니다. 따라서 플라톤에게 있어서 선과 정의는 존재의 기능적 탁월함과 완전성 그리고 아름다움과 같습니다. 추상적으로 말하자면, 진리(존재의 완전성 또는 사물의 자기 자신과의 일치)와 선(탁월함)과 아름다움이 하나요 같은 것입니다. 좁은 의미에서 윤리적 선, 즉 우리 영혼의 덕과 선함이 문제라 하더라도, 사정은 마찬가지입니다.

"그리고 보면 탁월함(arete)은 영혼의 건강의 일종이요 아름다움이며 좋은 상태인 반면, 악함은 영혼의 질병의 일종이요 추함이며, 허약함인 것 같네."[25]

여기서 보듯 영혼의 탁월함, 즉 영혼의 덕과 영혼의 건강 그리고 영혼의 아름다움은 모두 같은 상태를 지시하는 말입니다. 그리하여 미덕과 온전함 그리고 아름다움은 영혼의 경우에도 같은 것입니다.

탁월함에 대한 숭배와 매혹

플라톤의 윤리학은 그리스인들의 전형적 인생관과 세계관의 표현이라 할 수 있습니다. 그리스인들이 탁월한 것을 선하고 아름다운 것이라 생각했다는 것에서 우리는 그리스 문화의 건강함을 읽을 수 있습니다. 그들이 탁월한 것을 선하고 아름다운 것이라 생각했다는 것은 그들이 탁월한 것을 바람직한 것이라 보았으며, 더 나아가 탁월하고 뛰어난 것에 매혹되었다는 것을 뜻합니다. 왜냐하면 선하고 좋은 것은 바람직한 것이요, 아름다운 것은 보는 사람을 매혹시키는 것이기 때문입니다.

생각하면 이것이야말로 그리스 문명 아니 서양문명 일반의 힘이요 미덕입니다. 사람들이 탁월함을 바람직한 것이라 숭상하고 그것에 매혹되기까지 하는 사회는 분명 복된 사회입니다. 탁월한 사람을 보면서 시기하거나 질투를 느끼는 것이 아니라, 아름답다고 매혹되는 사람들이 모여 이루는 사회, 그런 사회에서는 탁월하게 일 잘하는 사람이 인정받고 숭배되기 때문에 모든 사람들이 탁월한 사람이 되기 위해 선의의 경쟁을 하며, 그것이 사회를 발전시키는 것입니다.

이 점에서 우리는 참으로 불행한 사람들입니다. 우리는 탁월한 사람들을 보고 매혹되기보다는 질투하고 시기하는 데 익숙합니다. 그리고 우리 사회의 각 부분에서 무능하고 쓸모없는 사람들이 유능하고 탁월한 사람을 지배하는 자리에 있는 것을 우리는 너무도 자주 목격하게 됩니다. 이것은 자연에 어긋나는 무질서로서 우리 사회가 건강한 사회가 되기 위하여 하루빨리 고쳐야 할 병폐입니다.

탁월한 사람은 아름답습니다. 그러나 탁월한 사람을 아름답다 인정할 줄 아는 사람 역시 그에 못지않게 지혜롭고 아름다운 사람입니다. 개인적인 우월감이나 열등감에 얽매이지 않고 탁월함을 객관적인 아름다움으로 관조할 수 있는 사람들은 그 자체로서 모두 성숙하고 지혜로운 사람인 것입니다. 그들은 개별자로서의 자기 자신에서 벗어나 보편적 가치에 참여하여 살아가기 때문입니다.

주

1) 플라톤 지음, 박종현 옮김, 『국가』, 338 e.

2) 같은 책, 343 c.

3) 같은 책, 339 c.

4) 같은 책, 340 d.

5) 같은 책, 331 b.

6) 같은 곳.

7) 같은 책, 341 c.

8) 같은 책, 342 e, 346 e, 347 d.

9) 같은 책, 343 c.

10) 같은 책, 343 d.

11) 같은 책, 344 a.

12) 같은 책, 344 b.

13) 같은 책, 344 c.

14) 같은 책, 344 b.

15) 같은 책, 344 c.

16) 같은 곳.

17) 같은 책, 351 c.

18) 같은 책, 351 d.

19) 같은 곳.

20) 같은 책, 352 c.

21) 같은 책, 353 d.

22) 같은 책, 441 d.

23) 같은 책, 444 b.

24) 같은 책, 444 c 아래.

25) 같은 책, 444 d.

ARISTOTELES

행복이란 무엇인가

아리스토텔레스

"그러므로 사람에게는
이성을 따르는 삶이 가장 좋고 즐거운 것이다.
이성은 다른 무엇보다도 인간을 인간되게 하기 때문이다.
그러므로 이러한 삶이 또한 가장 행복한 삶이다."

●아리스토텔레스

행복과 최고선

모든 행위의 목표인 좋은 것

아리스토텔레스는 플라톤의 제자입니다. 플라톤은 소크라테스의 제자였으니까, 아리스토텔레스는 학문적 계보에서 소크라테스의 손자뻘 되는 사람이라 하겠습니다. 소크라테스가 플라톤을 낳고 플라톤이 아리스토텔레스를 낳을 수 있었던 당시의 아테네는 참으로 놀라운 곳이 아닐 수 없습니다. 인류의 역사에서 그렇게 짧은 기간에 그렇게 천재적인 철학자들이 스승과 제자의 관계로 맺어져 연이어 나타난 일은 소크라테스와 플라톤 그리고 아리스토텔레스 이 세 사람의 경우를 제외하면 다시 찾아보기 힘들 것입니다.

아리스토텔레스가 플라톤의 아카데미아 학당에서 무려 20년 동안이나 배웠던 플라톤의 수제자이긴 했으나 그의 철학적 취향은 플라톤과는 많이 달랐습니다. 르네상스 시대의 화가 라파엘로는 두 사람의 차이를 「아테네 학당」이라는 유명한 그림에서 매우 적절하게 표현하고 있습니다. 이 그림에서 라파엘로는 아테네 학당으로 나란히 걸어 들어오는 플라톤과 아리스토텔레스를 그리면서, 플라톤은 오른손을 들어 하늘을 가리키는 백발의 노인으로 그린 반면, 아리스토텔레스는 그와는 반대로 땅을 가리키고 있는 젊은이로 그리고 있습니다. 그러니까 라파엘로는 이 그림에서 아리스토텔레스를 이상주의자인 플라톤에 대비시켜 땅 위의 경험적 현실을 중요시한 철학자로 그려 보이고 있는 것입니다.

과연 아리스토텔레스의 철학이 라파엘로가 표현했던 것처럼 플라톤 철학에 대하여 그렇게 대립적인 관계에 있느냐 하는 것은 철학사가들의 머리를 복잡하게 해왔던 골치 아픈 문제였습니다. 그러나 객관적 사실이 어떠했든지 간에 아리스토텔레스 자신이 적어도 주관적으로는 플라톤 철학에 대하여 비판적인 태도를 취했다는 데 대해서는 의심의 여지가 없습니다. 그리고 플라톤에 대한 아리스토텔레스의 비판이 다른 무엇보다 플라톤의 관념론과 이상주의적 경향성에 대한 것이었음은 분명한 일입니다.

트라시마코스적인 의미에서는 아니라 할지라도 아리스토텔레스는 플라톤의 이상주의에 동의하지 않았던 또 다른 현실주의자였습니다. 무엇보다도 그는 플라톤이 믿었던 내세(來世)를 믿지 않았습니다. 플라톤에 따르면 눈에 보이는 세계는 그림자의 세계이며 참된 세계는 눈에 보이지 않는 정신적 세계입니다. 그리고 우리들 인간은 육체의 옷을 입고 있는 동안에는 눈에 보이는 물리적 세계에서 살 수밖에 없지만, 죽음과 함께 육체의 옷을 벗어버리게 되면 영원한 정신적 세계로 다시 돌아가게 되는 것입니다. 따라서 우리가 살고 있는 이 세계는 결코 우리가 영원히 머무를 수 있는 우리의 고향이 아닙니다. 우리는 이 세상에 와서 잠시 머무르다 떠나는 손님에 지나지 않습니다. 그런 까닭에 플라톤에 따르면 이 세상의 일에 대하여, 특히 육체의 일에 대하여 지나치게 많은 관심을 가지는 것은 어리석은 일입니다. 우리가 염려해야 할 것은 이 세상에 속한 일들이 아니라, 우리의 고향인 영원한 세계에 속한 일들입니다. 즉 영혼의 순수함과 영혼의 온전함을 염려하는 것이야말로 우리가 참으로 관심을 기울여야 할 일이었던 것입니다.

물론 이 땅에서 살면서 배타적으로 영혼의 순수함을 추구하는 사람은 소크라테스처럼 고난과 박해를 받을 수도 있습니다. 그러나 플라톤은 우리가 선을 추구하다가 받는 박해와 고난을 두려워하지 않았습니다. 왜냐하면 어차피 우리가 살고 있는 이 세계는 우리가 영원히 살 곳이 아니라 때가 되면 떠날 곳이므로, 이 땅에서 우리가 어떤 대접을 받든 그것은 긴 안목으로 볼 때 별로 중요한 일이 아니기 때문입니다. 우리의 삶에서 참으로 중요한 것은 영원한 세계, 정신적인 세계의 척도에 비추어 우리가 과연 선한 삶을 사느냐 하는 것뿐입니다. 어차피 우리의 고향은 여기 이 세상이 아니라 내세이며 그곳에서 우리를 복되게 하는 것은 돈도, 권력도, 명예도 아니라 오직 마음의 선함일 뿐이기 때문입니다.

　그러나 아리스토텔레스는 내세를 믿지 않았습니다. 그는 이데아의 세계가 따로 있고 눈에 보이는 세계가 따로 있다고 생각하지 않았습니다. 존재하는 것은 우리가 살고 있는 오직 하나의 자연적인 세계밖에 없으며, 이데아든 감각적 사물이든 존재하는 모든 것은 하나의 세계 속에 같이 있다는 것이 아리스토텔레스의 생각이었습니다. 따라서 그는 인간이 죽으면 그것으로 우리의 삶도 끝이라고 생각했습니다. 오직 육체와 영혼이 결합되어 있는 한에서 인간은 살아 있는 것인데, 죽음은 영혼과 육체의 분리를 뜻하므로 죽고 난 다음에는 결코 인간이 존재할 수 없다는 것입니다. 그리하여 아리스토텔레스에 따르면 좋은 것이든 나쁜 것이든 또는 선한 일이든 악한 일이든, 그 모든 것은 우리가 살고 있는 이 세상의 일일 뿐입니다. 그런 까닭에 우리가 살고 있는 이 세상을 벗어난 곳에서 실현되는 선이나 좋은 것은 공허하고 무의미한 것에 지나지 않았습니다. 참으로 좋은 것 그리고 참으로 선한 것은 바로 지금 여기 우리가 사는 세계에서 실현되지 않으면 안 됩니다. 바로 이것이 아리스토텔레스의 현실주의였습니다.

좋은 것–모든 행위의 목적

무엇이 선인가? 이것이 윤리학의 근본물음입니다. 그런데 선을 규정할 때, 이상주의자는 현실적 가능성이나 불가능성을 고려하지 않은 채, 선을 그 자체로서 무조건적으로 추구되어야 할 가치라고 이해합니다. 그러나 아리스토텔레스 같은 현실주의자는 그런 종류의 선을 인정하지 않습니다. 그는 실현불가능한 선을 참된 선이라 인정하지 않으며, 또한 행위하는 인간에게 유익을 가져다주지 않는 선을 선이라 인정하지 않습니다. 우리의 삶은 한 번뿐인 삶입니다. 그리고 완전한 삶이든 불완전한 삶이든, 그 모든 것이 이 세상의 일입니다. 따라서 선이 참된 의미에서 삶의 완성과 삶의 온전함에 관계하는 것이라면, 그것은 모든 면에서 좋은 것이지 않으면 안 됩니다. 예를 들어 선하고 덕스럽기는 하지만 고통스런 삶은 결코 참된 의미에서 삶의 이상일 수 없습니다. 선이나 덕은 좋은 것이지만 고통은 결코 좋은 것이라 할 수 없기 때문입니다.

따라서 아리스토텔레스에 따르면 윤리학의 궁극적인 관심은 좁은 의미의 선이 아니라 보다 포괄적인 의미의 좋음입니다. 일면적인 선한 삶이 아니라 총체적으로 좋은 삶이 아리스토텔레스가 추구한 이상적 삶이었던 것입니다. 이리하여 소크라테스에게서부터 암암리에 전제되기는 하였으나 명백히 표현되지 않았던 그리스인들의 가장 근본적인 윤리적 견해가 아리스토텔레스를 통해 명확히 표현되었습니다. 그것은 윤리학의 근본적인 관심은 좁은 의미의 선이 아니라 총체적인 좋음이라는 것입니다. 아리스토텔레스의 『니코마코스 윤리학』은 이렇게 시작됩니다.

"모든 기술과 모든 학문적 연구, 마찬가지로 모든 행위와 선택은 어떤 좋은 것을 지향하는 것이라 여겨진다. 따라서 좋은 것이란 모든 것이 지향하는 것이라는 주장은 적절한 것이라 하겠다."[1]

여기서 좋은 것(the good)이나 좋음은 모두 선한 것이나 선으로 번역할 수도 있는 말입니다. 그러나 여기서 아리스토텔레스가 좁은 의미의 윤리적 선을 말하고 있지 않다는 것은 전체 문장에 비추어 의심할 여지가 없습니다. 왜냐하면 우리의 모든 행위가 각자에게 좋은 것이라 여겨지는 것을 지향하고 추구한다는 것은 너무도 당연한 일이지만, 그렇다고 해서 우리의 모든 행위가 언제나 선한 것을 추구하는 것은 아니기 때문입니다. 따라서 위의 인용문에서 좋음이나 좋은 것을 선이나 선한 것으로 바꾼다면, 그 말은 비현실적인 말이 되고 말 것입니다.

좋음에 대한 위의 정의에서 또 한 가지 눈에 띄는 것은 아리스토텔레스가 좋음을 다분히 주관적으로 정의하고 있다는 사실입니다. '무엇이 좋은 것인가?'라는 물음에 대해 아리스토텔레스는 객관적인 규정을 먼저 들이대기 전에 각자가 추구하고 각자가 욕구하는 것이 좋은 것이라고 말하고 있습니다. 이 점에서 아리스토텔레스의 윤리학설은 매우 인간적인 데가 있습니다. 그는 인간이 원하든 원하지 않든 그 자체로서 선한 것을 말하기보다는, 소박하게 우리가 얻기를 원하는 좋은 것을 윤리적 탐구의 대상으로 삼았던 것입니다.

우리가 어떤 종류의 선이나 좋은 것을 말하든지 간에, 만약 그것이 우리가 바랄 만하지 않고 우리가 동의할 만하지도 않은 것이라면, 선이든 좋은 것이든 모든 것은 우리와는 아무런 상관도 없는 소외된 가치에 지나지 않을 것입니다. 그리고 그런 경우에 선이나 좋은 것이란 우리의 삶을 밖으로부터 억압해 들어오는 타율적 강제의 핑계에 지나지 않는 것입니다. 그런 점에서 아리스토텔레스가 좋은 것을 정의하면서 각자가 바라는 것이라 한 것은 뜻깊은 일이라 하겠습니다. 선이든 좋은 것이든 그 모든 것은 마지막에는 우리 자신의 승인을 받을 수 있는 것이어야만 합니다. 오직 그런 경우에만 선은 우리의 자발적 의욕의 대상일 수 있기 때문입니다.

좋은 것들 사이의 위계

우리가 추구하는 것, 그것이 좋은 것입니다. 그러나 거꾸로 말해도 마찬가지입니다. 즉 우리의 모든 행위는 어떤 좋은 것을 지향합니다. 그리고 때마다 우리가 지향하는 것이 우리의 행위의 목적입니다. 정상적인 상황에서 수행되는 모든 행위는 지향하는 목적을 가지고 있습니다. 그에 반해 아무런 목적도 없이 행해지는 행위는 맹목적인 행위입니다. 그러나 그런 행위는 비정상적이고 병적인 상황에서만 있을 수 있는 일일 것입니다. 따라서 일반적인 의미에서 그리고 정상적인 의미에서 인간의 행동을 고찰한다면, 우리의 모든 행위는 언제나 어떤 좋은 것을 목적으로 삼는다고 말할 수 있을 것입니다.

그러나 우리가 추구하는 좋은 것들은 한 가지가 아닙니다. 우리가 어떤 일을 하든, 때마다 우리는 어떤 좋은 것을 행위의 목적으로 추구하지만, 우리의 행위가 다양하듯 우리가 목적으로서 추구하는 좋은 것들 역시 여러 가지입니다. 예를 들어 우리는 어떤 행위를 통해 돈을 추구하지만 또 다른 행위를 통해서는 명예를 추구하기도 합니다. 이처럼 우리의 행위의 목표는 하나가 아니라 여럿입니다.

그런데 우리가 추구하는 좋은 것은 때마다 행위의 목표이지만 대개의 경우 동시에 또 다른 목표를 위한 수단이기도 합니다. 예를 들어 어떤 고등학생이 열심히 공부를 한다 할 때, 그 행위의 목표는 우선 수능시험에서 좋은 성적을 받는 일이라 할 수 있습니다. 즉 수능시험에서 좋은 성적을 얻는 것은 열심히 공부하는 행위의 목표입니다. 그러나 수능시험에서 좋은 성적을 얻는 것은 열심히 공부하는 고등학생이 추구하는 삶의 최종적인 목표는 아닙니다. 다시 말해 그가 수능시험에서 좋은 성적을 얻으려는 까닭은 그것이 그 자체로서 좋은 것이기 때문이 아니라, 그 다음의 목표를 위해 도구적으로 좋은 것이기 때문입니다. 만약 그렇지 않다면 그가 열심히 공부하는 것은 쓸모없는 일이 될 수도 있습니다. 어떻든 수능시험에서 좋은 점수를 받는 것이 삶의 궁극적 목표일 수는 없겠기 때문입니다.

사실 고등학생이 수능시험에서 좋은 점수를 얻으려는 까닭은 그 자체를 위해서가 아니라, 그것을 통해 그가 원하는 좋은 대학에 들어가기 위해서일 것입니다. 그리하여 수능시험에서 좋은 점수를 얻는 것은 열심히 공부하는 행위에 대해서는 목적이지만 좋은 대학에 들어간다는 목표에 대해서는 도구요 수단에 지나지 않습니다. 그러나 좋은 대학에 들어간다는 것 또한 마찬가지입니다. 이것 역시 삶의 궁극적 목표일 수는 없을 것입니다. 우리는 대학생이 되기 위해 사는 것도 아니고 평생을 대학생으로 사는 것도 아닙니다. 대학생활이란 삶의 한 부분에 지나지 않으며 게다가 우리는 대학에 가지 않고도 얼마든지 잘살 수 있습니다. 그러므로 그것 역시 또 다른 어떤 목적을 위하여 봉사하는 한에서만 가치를 가지는 것이라 하겠습니다.

이처럼 우리가 추구하는 좋은 것들의 거의 대다수는 목적인 동시에 수단입니다. 또 다른 목적을 위해 도구적으로 쓰이지 못하는 일이 있다면 그것은 쓸모없는 일일 것입니다. 그런 까닭에 우리가 추구하는 모든 좋은 것은 무엇인가를 위해 쓸모 있는 것이기 때문에 추구되는 것입니다. 추상적으로 표현하자면 우리가 추구하는 목표는 동시에 무엇인가를 위해 쓸모 있는 도구요 수단이기 때문에 추구되는 것입니다.

그러나 여기서 머물러 생각해봅시다. 우리는 우리가 추구하는 좋은 것들 '대다수'가 목적인 동시에 수단이라고 말했습니다. 이것은 우리가 추구하는 것들 '전부'가 행위의 목적이면서 동시에 수단일 수는 없다는 것을 뜻하는 말이기도 합니다. 이것을 분명히 하기 위해 거꾸로 우리의 모든 행위가 예외없이 목적인 동시에 수단이라고 가정해봅시다. 우리가 무엇을 추구하든 그 모든 것이 또다시 다른 것을 위한 도구요 수단에 지나지 않는다면 우리의 행위, 우리의 삶은 궁극적인 목적을 상실할 것이며, 결국 우리가 행하는 모든 일이 맹목적인 것이 되고 말 것입니다. 고등학생은 좋은 대학에 가기 위해 열심히 공부합니다. 좋은 대학에 가기를 원하는 까닭은 좋은 직장을 얻기 위함입니다. 좋은 직장을 얻으려는 까닭이 무엇이냐고 묻는다면 좋은 배우자를 얻기 위해서라고 해둡시다. 좋은 배우자를 얻으려는 까닭은 좋은 후손을 얻기 위해서라고 합시다. 이렇게 끝없이 진행한다면 그래서 우리의 삶이 무덤에 이르도록 최종적 목적에 도달하지 못하고 끊임없이 또 다른 목표를 향해 나아가야 한다면, 우리의 삶과 모든 행위는 결국 맹목적인 것이 되고 말 것입니다. 아니면 우리는 결국 무덤에 들어가기 위해 사는 것이라고 말해야 할까요?

사실 모든 도구는 목적이 있기 때문에 도구로서 쓸모가 있을 수 있습니다. 목적이 없는 곳에는 수단이나 도구 또한 있을 수 없는 것입니다. 그러나 우리가 삶에서 행하는 모든 일이 예외없이 도구적인 가치만을 가질 뿐이라면 어떻게 되겠습니까? 그리하여 또 다른 목적을 위해서가 아니라 그 자체로서 추구되어야 할 궁극적인 목적이 아무것도 없다면, 우리의 삶은 맹목적인 유희가 되고 말 것입니다. 그리고 이런 경우에는 우리가 무슨 일을 하든, 그 모든 일은 도구적 쓸모조차 상실하고 말 것입니다. 왜냐하면 목적이 없는 곳에는 도구적 쓸모라는 것도 있을 수 없기 때문입니다. 이때 우리의 삶은, 어디에 써야 할지도 모르면서 열심히 돈을 버는 사람의 경우처럼 공허하고 맹목적일 수밖에 없습니다. 우리가 애쓰고 염려하는 일상의 모든 일이 최종적으로 지향하고 추구하는 궁극적 목적을 상실한다면, 우리가 행하는 모든 일이 무슨 쓸모가 있었으며, 우리의 삶이 무슨 의미가 있겠습니까?

따라서 우리의 삶이 공허한 맹목적 유희가 되지 않기 위해서는 우리의 모든 일과 행위에 대하여 궁극적인 목적이 있어야만 할 것입니다. 그것은 모든 일과 행위의 목표이면서 동시에 자신은 다른 어떤 것의 수단도 아닌, 그런 최종적인 목표일 것입니다. 그런데 우리가 추구하는 모든 목표는 때마다 좋은 것이므로, 우리가 삶에서 추구해야 할 궁극목적은 가장 좋은 것, 모든 좋은 것들 가운데서 최고로 좋은 것이겠습니다. 바로 이것이 그 이후 윤리학자들이 최고선(summum bonum)이라 불렀던 것입니다.

"그리하여 만일 우리가 하는 모든 일의 목적으로서 그것 자체 때문에 우리가 원하는 것이 있다면, 그리고 이것 때문에 우리가 다른 모든 것들을 원하고, 어떤 다른 것 때문에 우리가 모든 일을 선택하는 것이 아니라면(만약 이런 최종적 목적이 없다면, 목적의 계열은 끝없이 나아가게 되고, 그 결과 우리의 욕구는 공허하고 허무한 것이 될 것이므로), 이것이야말로 좋은 것 〈자체〉이며 또한 가장 좋은 것임에 틀림없을 것이다."[2]

이리하여 아리스토텔레스와 더불어 윤리학의 근본문제가 또 한 가지 정립되었습니다. 그것은 '우리의 모든 행위의 궁극적 목적이 무엇인가?' 하는 물음입니다. 우리가 전체에 대하여 물을 때 철학적 사유는 시작됩니다. 탈레스(Thales)가 '이 모든 것이 어디서 왔는가?'라고 묻고, '모든 것은 물에서 생겼다'라고 말했을 때, 서양의 철학사는 시작되었습니다. 철학의 한 분야로서 윤리학도 마찬가지입니다. 여기서도 문제는 전체입니다. 다만 탈레스가 모든 것의 기원을 물었다면 아리스토텔레스는 우리의 모든 행위의 최종적 목적을 물은 것이 차이일 뿐입니다. 그렇게 철학이란 모든 것의 처음과 모든 것의 끝을 오가는 학문인 것입니다.

삶의 궁극목적–행복

아리스토텔레스와 더불어 우리는 삶의 궁극적 목표에 대한 물음에 마주서게 됩니다. 그리고 그 물음과 더불어 우리는 삶의 총체적 의미를 되묻게 됩니다. 우리는 무엇을 위해 사는가? 우리가 행하는 모든 일들이 다 무엇을 위한 것인가? 이것이 문제입니다. 그런데 아리스토텔레스 자신은 이 질문을 가지고 그다지 오래 고민하지는 않았습니다. 왜냐하면 적어도 명목상으로는 모든 사람들이 추구하는 삶의 궁극목적이 예외없이 행복이라고 아리스토텔레스는 생각했기 때문입니다.[3]

어떤 사람도 스스로 불행해지기를 원하지 않을 것입니다. 그런 점에서 행복은 보편적으로 추구되는 가치입니다. 더 나아가 행복은 그것 아닌 다른 것을 위해 수단적으로 추구되는 것도 아닙니다. 예를 들어 우리가 돈을 벌기 위해 애쓸 때, 우리는 스스로 물어볼 수 있습니다. 무엇을 위해 돈을 벌려고 하는가? 이렇게 물을 수 있는 까닭은 돈이 그 자체로서 추구되는 것이 아니라 다른 어떤 것을 위한 수단으로 추구되기 때문입니다. 이에 반해 행복에 대해서는 누구도 그런 물음을 던지지 않을 것입니다. 무엇을 위해 행복하게 되려 하는가? 누군가 이렇게 묻는다면, 우리는 이렇게 묻는 사람을 도리어 이상하다 생각할 것입니다. 그 까닭은 행복이란 다른 어떤 것을 위하여 추구되는 것이 아니라, 그 자체로서 추구되는 좋은 것이기 때문입니다. 돈은 다른 좋은 것을 가져다주기 때문에 좋은 것입니다. 그런 까닭에 돈은 아직 가장 좋은 것, 삶의 최종적 목표일 수는 없습니다. 그러나 행복은 그 자체로서 좋은 것입니다. 이런 까닭에 아리스토텔레스는 행복이야말로 모든 사람들이 보편적으로 추구하는 삶의 궁극적 목적이라 보았습니다.

바로 여기에 아리스토텔레스 윤리학의 현실주의적 면모가 있습니다. 그는 선을 어떤 당위의 대상으로 보지 않고 원칙적으로 자연적인 욕구의 대상으로 보았습니다. 각자가 각각의 행위에서 원하고 바라는 것, 그것이 좋은 것이요, 그것이 선한 것입니다. 그리고 최고의 선 또한 당위적으로 강제되는 도덕적 가치가 아니라, 모든 사람들이 자연적으로 추구하고 욕구하는 대상인 행복입니다. 그리하여 여기서는 삶의 윤리적 이상이 인간의 자연적 욕망에 대하여 적대적으로 대립하는 이념적 가치로서 설정되지 않습니다. 또한 그럴 수도 없는 까닭이 아리스토텔레스의 경우에는 자연적 현실의 세계가 따로 있고 이념의 세계가 따로 있는 것이 아니기 때문입니다. 모든 것은 우리가 살고 있는 바로 이 세계의 일일 뿐입니다.

따라서 아리스토텔레스에겐 현세적인 욕구와 가치가 어떤 초월적이고도 한갓 이념적인 가치에 의해 부정되어야 할 아무런 이유도 없습니다. 그러므로 모든 자연적 욕망이나 욕구는 원칙적으로 긍정됩니다. 그리고 욕망을 채우는 것 또한 바람직한 일이라 인정됩니다. 여기서 문제는 우리의 욕구를 억압하는 것이 아니라 우리의 다양한 욕구들에 대해 질서와 통일을 부여하는 일입니다. 행복이란 우리의 모든 욕망들에게 질서와 통일을 부여하는, 욕망의 궁극적 대상이라 할 수 있습니다. 그런 궁극목적이 없다면 우리의 욕망은 맹목과 무질서 속에 빠지고 말 것입니다.

이처럼 아리스토텔레스의 윤리학은 우리의 자연적 욕망과 일상적 삶을 넘어선 곳에서 윤리적 이상을 구하지 않습니다. 그가 추구한 것은 우리의 자연적 욕망에 질서와 통일된 형상을 부여하는 일이었습니다. 그리고 인간의 자연적 욕구에 질서와 통일성을 줌으로써 삶을 총체적으로 완성하려는 것이 바로 아리스토텔레스적 윤리학의 이념이었습니다. 행복이란 그런 욕구의 통일과 삶의 완성의 표상인 것입니다.

행복이란 무엇인가

일과 행복

　　그러나 삶의 궁극목적을 행복이라 한다 해서 윤리적 탐구가 모두 끝나는 것은 아닙니다. 도리어 문제는 지금부터입니다. 왜냐하면 아리스토텔레스의 말처럼 명목상으로 행복이 삶의 궁극목적이라는 데 대하여 모든 사람들이 동의한다 하더라도, 행복이 무엇인가라는 물음에 대해서는 대답이 제각각이기 때문입니다. 이에 대하여 아리스토텔레스는 다음과 같이 말하고 있습니다.

　　"대다수 사람들은 행복이 쾌락이나 부나 명예처럼 명백히 보이는 어떤 것이라 생각한다. 하지만 각 사람들은 서로 다른 것을 행복이라 간주한다. 때로는 같은 사람들이라 할지라도 경우에 따라 서로 다른 것을 행복이라 생각하기도 한다. 병들었을 때에는 건강을 행복이라 하며, 가난할 때에는 부유함을 행복이라 하는 것이다."[4]

　　물론 아리스토텔레스가 칸트처럼 행복이 적극적으로 규정할 수는 없는 것이라고 주장하기 위해 이런 말을 하는 것은 아닙니다. 행복이란 도달할 수 없는 신기루가 아니라 분명히 현실적 삶 속에서 실현가능한 상태입니다. 다만 많은 사람들이 행복이 아닌 것을 행복이라 여기고 있기 때문에, 그와 같은 잘못을 교정하기 위해 아리스토텔레스는 무엇이 진정한 행복인가를 묻는 것입니다. 그런데 아리스토텔레스는 스승인 플라톤과는 달리 현세적 삶의 가치를 옹호하고 긍정했던 철학자이긴 했으나, 그렇다고 해서 모든 현세적 가치들을 구별없이 동등하게 취급하지는 않았습니다. 예를 들어 쾌락도 좋은 것이고, 부유함도 명예도 좋은 것이기는 하지만, 그것은 결코 가장 좋은 것은 아닙니다. 재산은 다른 것을 위한 수단으로서만 가치를 갖는 것이며, 명예는 자족적이기보다는 의존적입니다. 예를 들어 정치나 연예인의 인기가 그런 것이라 하겠는데, 대중들의 기호나 취향에 따라 그들이 누리는 인기라는 것도 이랬다 저랬다 하는 것입니다. 그러나 행복이 그런 불확실하고 불완전한 어떤 것일 수는 없습니다. 그렇듯이 오직 대중의 인기에만 연연하면서 불안하게 사는 것이 행복한 삶일 수는 없는 것입니다.

쾌락에 대해서도 아리스토텔레스는 소크라테스적 전통에 충실하여, 그것을 좋음의 절대적 기준으로 삼는다거나 행복과 동일시하지 않습니다. 비록 스승인 플라톤에 비해 쾌락에 대해 훨씬 더 관대한 태도를 취하기는 했지만, 아리스토텔레스 역시 쾌락에는 좋은 것도 있지만 나쁜 쾌락도 있다는 것을 알고 있었으며, 원칙적으로 쾌락이 좋은 것을 산출하는 것이 아니라 좋은 것(선)만이 좋은 쾌락, 참된 기쁨을 가져다준다는 것도 알고 있었습니다. 그렇다면 무엇이 참된 행복이며, 우리의 삶에서 가장 좋은 것입니까? 이 물음에 대답하기 위해 아리스토텔레스는 그가 수시로 비판해 마지않는 스승인 플라톤에게 도움을 청합니다. 즉 그는 여기서 플라톤의 제자로 되돌아가 '일'의 개념을 끌어들이는 것입니다.

"그러나 가장 좋은 것이 행복이라고 말하는 것은 아마도 누구나 다 아는 이야기일 것인바, 행복이 과연 무엇인지를 보다 더 명백히 탐구하는 것이 요구된다 하겠다. 아마도 이것을 위해서는 우리가 인간의 일[=기능]을 파악한다면 되지 않을까 한다. 피리부는 사람이나 조각가 그리고 모든 기술자, 한마디로 말해 어떤 일과 행위를 하는 모든 사람들의 경우에 좋은 것이나 잘한다는 것은 그 일에 놓여 있는 것이라 여겨진다. 이와 같이 인간의 경우에도 그에게 고유한 일이 있다면 마찬가지라 할 수 있을 것이다."[5]

행복이 무엇인지 물으면서 인간에게 고유한 일과 기능이 무엇이냐고 물을 때, 아리스토텔레스는 우리가 이미 보았듯이 플라톤이 『국가』의 제1권에서 전개한 논법을 그대로 반복하고 있습니다. 즉 아리스토텔레스의 경우에도 인간의 삶의 행복과 탁월함은, 그가 자신에게 고유한 일과 기능을 완전히 수행하는 데 있습니다. 우리가 자신에게 고유한 일, 자기에게 어울리는 일을 탁월하게 수행할 때, 바로 그 상태가 행복한 상태이며, 그때 우리가 느끼는 내면의 희열과 기쁨이야말로 참된 행복에 수반되는 참된 기쁨이요 참된 쾌락인 것입니다.

덕에 따른 정신의 활동

인간의 참된 행복이 인간에게 본성적으로 고유한 일에서 비롯되는 것이라면, 이제 우리는 인간에게 고유한 기능이 무엇인지를 물어야 할 것입니다. 아리스토텔레스에 따르면 이성의 능동적인 활동이야말로 인간에게만 고유한 기능입니다. 물론 인간에게는 이성적 활동 이외에도 다른 기능과 능력이 있기는 있습니다. 그러나 먹고 마시는 영양섭취의 기능은 동물이나 식물에게도 볼 수 있는 일입니다. 따라서 그것은 결코 인간에게 고유한 일이라고 할 수는 없습니다. 마찬가지로 감각과 운동의 기능도 인간에게만 있는 것이 아니라 동물에게서도 볼 수 있는 일입니다. 따라서 감각과 운동의 능력 역시 인간의 고유한 기능은 아닙니다.[6] 우리의 일과 능력 가운데서 오직 이성의 활동만이 인간에게 고유한 능력입니다. 그것은 동물이나 식물에게서는 볼 수 없는 순수히 인간에게만 고유한 능력이기 때문입니다.[7]

따라서 인간의 행복은 인간에게 고유한 일과 소질인 이성의 능력을 완전하게 발휘하고 실현하는 데 있습니다. 아리스토텔레스의 표현을 그대로 옮기자면,

> "인간의 선은 결국 덕에 따른 영혼의 활동이다. 그리고 덕이 하나가 아니라 여럿이라면, 그 중에서 가장 훌륭하고 궁극적인 덕에 따른 영혼의 활동〈이 인간의 궁극적 선〉이다."[8]

인간에게 참으로 좋은 것은 영혼의 활동, 다시 말해 이성적 정신의 활동입니다. 우리의 이성이 온전히 실현되고 발휘되는 상태가 우리에게 좋은 상태이며 또한 행복한 상태인 것입니다. 그런데 우리가 모두 이성적 능력을 소유하고 있다 하더라도 그 능력을 똑같이 탁월하게 발휘하지는 않습니다. 똑같은 피리 연주자라도 잘 연주하는 사람이 있고 잘 못 연주하는 사람이 있는 것처럼, 우리 이성의 실현에도 사람에 따라 정도의 차이가 있게 마련입니다. 참된 행복이란 우리의 이성이 탁월함을 실현할 때 이루어집니다. 그것을 이름하여 아리스토텔레스는 "덕〔=탁월함〕에 따른 정신의 활동"이라 하는 것입니다.

아리스토텔레스가 말하는 행복이란 플라톤의 용어로 말하자면 영혼의 건강, 영혼의 탁월함이라 하겠습니다. 인간은 결국 정신적 존재이므로 인간의 행복은 영혼의 온전함에 놓여 있다는 생각은 소크라테스와 플라톤, 그리고 아리스토텔레스 등, 고전기 그리스 철

학자들이 공유했던 일관된 신념이었습니다. 플라톤 같은 이상주의 자든 아리스토텔레스 같은 자연주의자든, 그 점에서 고전적 그리스 철학은 이견(異見)을 보이지 않습니다. 인간의 삶의 탁월함은 정신의 실현, 정신의 온전함에 달려 있다는 것은 언뜻 듣기에는 상투적인 구호처럼 들릴 수 있는 말이기는 합니다만, 이런 신념이 그리스적 삶과 문화 그리고 더 나아가 그 후 서양적 삶과 문화를 얼마나 광범위하게 지배하고 규정했는지를 기억하는 것은 우리에겐 무의미한 일은 아닐 것입니다. 그리스인들은 우리 삶의 모든 계기들과 모든 측면들이 마지막에는 정신의 풍요와 정신의 자기실현을 궁극적 목적으로 삼고 있다고 믿었습니다. 그것이 자연적인 질서라는 것입니다. 따라서 우리의 모든 일과 활동이 정신의 자기실현에 이바지할 때, 우리의 삶이 훌륭하고 또 행복할 수 있다는 것이 고전기 그리스 철학자들의 보편적 확신이었습니다.

철학자의 행복

그러나 정신의 자기실현이란 사실은 너무 폭넓은 말이어서, 보다 구체적인 규정을 필요로 합니다. 덕에 따른 정신의 활동이 인간의 선이라 말했던 앞의 인용문에서 아리스토텔레스가 암시했듯이, 영혼이 실현할 수 있는 탁월함, 즉 영혼이 추구할 수 있는 덕은 하나가 아니라 여럿입니다. 쉽게 말하자면 어떤 정신은 암기에서 뛰어날 수 있고 어떤 정신은 추리에서 탁월함을 보여줄 수 있으며, 또 어떤 정신은 풍부한 감성에서 탁월함을 실현할 수 있고, 또 어떤 정신은 높은 도덕성에서 탁월함을 보여줄 수 있습니다. 그런데 아리스토텔레스는 앞의 인용문에서 이처럼 영혼의 덕이 여러 가지일 경우에는 가장 훌륭하고 가장 궁극적인 덕에 따른 영혼의 활동이 인간의 최고선이라 말하고 있습니다.

그렇다면 정신의 여러 가지 탁월함 가운데 어떤 것이 가장 훌륭하고 궁극적인 목적일까요? 아리스토텔레스의 견해에 따르면 순수한 이성의 관조적 활동이야말로 정신의 모든 활동 가운데서 가장 고귀하고 가장 궁극적인 목적입니다. 우리가 일반적인 의미에서 윤리적으로 유덕(有德)하다고 판단하는 행위들, 다시 말해 인간의 윤리적 탁월함을 아리스토텔레스는 좋은 것이기는 하지만, 아직도 가장 좋은 것은 아니라고 생각했습니다. 예를 들어 정의와 용기, 관후(寬厚)와 절제 같은 윤리적 덕목은 아직 최고선의 단계를 표상하는 가치는 아니라는 것입니다. 왜냐하면 그 모든 덕목들은 복잡한 인간 세상의 골치아픈 일상사에 얽힌 것들이기 때문입니다. 우리가 사람들 사이의 분쟁을 공정하고 정의롭게 처리하는 것은 훌륭한 일입니다. 그러나 그것은 애당초 그런 일에 연루되지 않는 것보다는 불행한 일입니다. 또한 우리가 전쟁터에서 죽음을 무릅쓰는 용기를 보이는 것은 훌륭한 일입니다. 그러나 그런 것 역시 아예 전쟁 자체가 없는 삶보다는 불행한 것입니다.

따지고 보면 모든 윤리적 덕이라는 것이 다 그렇습니다. 그것은 언제나 어렵고 복잡한 문제 상황을 전제할 때 의미 있는 덕목일 수 있습니다. 다시 말해 윤리적 덕이란 언제나 불행한 상황을 전제하는 것입니다. 따라서 행복을 최고선이라 보는 사람들이 윤리적 덕을 언제나 최고선보다 한 단계 아래 위치시키는 것은 어쩌면 당연한 일이라 하겠습니다. 우리가 도덕과 윤리가 필요한 사회에서 사는 한, 우리는 아직도 불행한 상태에 머물러 있는 것이며, 그런 한에서 우리는 완전한 행복을 누릴 수 없을 것이기 때문입니다.

참된 행복은 윤리적 시시비비를 초월한 곳에 있습니다. 그러나 그런 곳이 어떤 곳이냐에 대해서는 사람들의 의견이 같지 않습니다. 아리스토텔레스는 윤리적 시비를 초월한 참된 행복이 순수한 관조, 즉 순수한 인식에 있다고 생각했습니다. 아무런 시비에 휘말리지도 않고 어떤 욕망에 부대끼지도 않으면서 고요히 세상을 바라보고 인식하는 것, 그것이야말로 참으로 행복한 일이라고 아리스토텔레스는 생각했습니다. 한마디로 말해 그 밖의 모든 일들은 인간적인 덕목에 속하는 것이지만, 순수한 관조야말로 신적인 일이라는 것입니다. 이것은 모든 번뇌를 벗어난 적멸(寂滅)의 상태입니다. 그러나 그것은 그렇다고 해서 죽음과도 같은 적요(寂寥)는 아닙니다. 누구도 잠든 상태나 죽은 상태를 행복하다 할 수는 없을 것입니다. 순수한 관조의 상태는 그와는 달리 정신이 최고의 활동성을 유지하고 있는 상태입니다. 생각과 인식은 정신이 수행하는 능동적 일이기 때문입니다. 그러면서도 순수한 관조 속에 있는 정신은 어떤 고통, 어떤 번뇌에도 사로잡혀 있지 않습니다. 그는 삶의 모든 고뇌와 고통에서 해방되어 고요히 세계를 바라볼 뿐입니다. 그리하여 아리스토텔레스는 이런 관조적 삶을 사는 철학자가 가장 행복한 사람이라 말합니다.

"따라서 철학자는 신들에게서 가장 큰 사랑을 받는 사람이다. 그런데 그런 사람은 가장 행복한 사람일 것이다. 따라서 철학자는 또한 가장 행복한 사람인 것이다."[9]

철학자가 자신의 일에 대해 긍지를 갖는 것은 좋은 일입니다. 그리고 굳이 직업적인 철학자가 아니라 하더라도, 인간의 행복의 조건 속에 철학적 사유의 능력이 포함된다는 것은 충분히 이해할 수 있는 일입니다. 무엇보다 철학적 사유는 인식의 총체성을 추구합니다. 그것은 언제나 전체를 지향하는 사유입니다. 그리고 우리가 삶과 역사를 전체로서 조감할 수 있을 때 비로소 우리는 우리의 삶의 참된 주인일 수 있습니다. 이런 것을 생각할 때 철학적 반성의 삶이 가장 행복한 삶이라는 아리스토텔레스의 주장에도 일리가 있다고 하겠습니다. 우리 역시 철학이 주는 즐거움 때문에 철학공부를 하고 있는 것이니 말입니다.

　그러나 우리는 많은 사람들이 아리스토텔레스의 입장을 받아들이지 않았다는 것도 덧붙여 말해두어야만 하겠습니다. 윤리적 시시비비를 넘어선 곳에 참된 행복이 있다는 것에 동의하는 사람이라 하더라도, 모두가 관조적 삶 속에서 행복을 발견한 것은 아닙니다. 예를 들어 19세기 낭만주의자들은 철학적 사유보다는 미적(美的)인 삶, 즉 아름다움 속에서 최고의 행복을 발견하였습니다. 우리는 이러한 경향성을 아리스토텔레스의 스승인 플라톤에게서도 찾아볼 수 있습니다. 그의 대화편 『잔치』(Symposion)에서 플라톤은 에로스, 즉 사랑을 행복의 원천이라 주장하는데, 그 까닭은 무엇보다 에로스가 아름다움을 향한 동경이기 때문입니다. 그러니까 인간을 가장 행복하게 해주는 것은 무엇보다 아름다움이며, 우리는 미적인 삶 속에서 참된 행복을 얻을 수 있다는 것입니다.

　우리는 그의 다른 대화편 『파이드로스』(Phaidros)에서도 이런 생각을 엿볼 수 있습니다. 거기서 플라톤은 영혼의 탁월함에 대해 등급을 부여하면서 가장 탁월한 영혼은 철학자와 미술가와 음악가(또는 시인)의 영혼이라 말하고 있습니다. 물론 여기서도 철학자의 영혼이 첫번째에 속하기는 합니다만, 그와 더불어 미술가와 음악가 같은 예술가의 영혼이 철학자와 마찬가지로 첫번째 자리를 차지하고 있다는 것은 플라톤이 아리스토텔레스와는 달리 미적인 삶의 가치를 매우 소중히 여겼음을 보여주는 것입니다.

　덧붙여 말하자면, 플라톤은 『파이드로스』에서 인간의 영혼을 모두 아홉 등급으로 나누었는데, 제일 아래 아홉번째 등급은 폭군 또는 독재자의 영혼입니다. 그런데 재미있게도 그 바로 위 여덟번째 등급은 소피스트의 영혼입니다. 참된 철학자의 영혼은 예술가의 영혼과 함께 첫번째 등급의 영혼이지만 사이비 철학자의 영혼은 독재자의 영혼 바로 위에 위치하는 것입니다. 요컨대 이것은 말이 저지

르는 범죄가 사악한 권력이 저지르는 악행에 못지않음을 말하는 것
이라 하겠습니다.

외부적인 선과 신체적 선

아리스토텔레스는 최고의 행복을 정신의
활동, 그것도 순수한 사유와 관조의 활동에서 찾았습니다만, 그렇다
고 해서 삶의 다른 요소들을 배척하지는 않았습니다. 참된 행복이
정신의 활동에 있는 것은 사실이지만, 정신이 홀로 고립되어 존재할
수 있는 것은 아니기 때문에, 우리는 정신의 선 이외에도 삶에서 좋
은 것들을 골고루 추구하지 않으면 안 된다는 것이 아리스토텔레스
의 생각이었습니다. 예를 들어 만약 우리가 육체의 건강을 얻지 못
한다면, 우리의 삶은 비록 우리가 온전한 정신을 가지고 있다 하더
라도 그만큼 불행해질 것입니다. 더 나아가 만약 우리가 너무도 가
난하여 끼니를 염려해야 할 지경에 처한다면, 이것 역시 행복에 손
상을 입힐 것입니다. 또는 우리가 처음부터 노예신분으로 태어난다
거나, 아니면 정상적으로 교육을 받을 수 없을 정도로 가난한 집안
에서 태어난다면, 이것 역시 우리의 행복에 장애요인이 될 것입니
다. 그리고 만약 우리에게 어떤 친구도 없어서 우리가 삶을 고립 속
에서 외롭게 살아야 한다면, 이것 또한 바람직한 일이라 할 수는 없
을 것입니다.

아리스토텔레스는 이처럼 참된 행복을 위해서는 비단 정신적 선
(좋음)뿐만 아니라 신체적 선(건강과 아름다운 외모)이나 외부적 선
(재산과 권력 따위)이 모두 필요하다는 것을 부인하지 않았습니다.
어차피 우리는 여러 가지 제약조건에 얽매인 지상적 삶을 살 수밖에
없기 때문입니다.

"하지만 앞서 말한 바와 같이 행복은 또한 외부적인 여러 가지

선을 필요로 한다. 왜냐하면 적당한 수단이 없으면 고귀한 행위를 하는 일이 불가능하거나 그렇지 않으면 쉬운 일이 아니기 때문이다. 많은 행동에 있어서 우리는 친구나 재산이나 정치적 세력을 수단으로 사용한다. 그리고 좋은 집안에 태어난다든가 좋은 자녀를 둔다든가 또는 미모와 같이, 그것이 없으면 행복을 흐리게 하는 것들이 있다. 용모가 아주 추하거나 비천한 집에서 태어났거나 또는 외롭고 자식이 없는 사람은 행복해지기가 그리 쉽지 않으며, 또 아주 불량한 자식이나 친구를 가진 사람이나, 좋은 자녀 및 친구와 사별한 사람은 행복해지기가 더욱 쉽지 않을 것이다. 그러므로 앞서도 말한 바와 같이 행복은 이런 종류의 좋은 조건들을 구비해야만 할 것 같다. 이런 까닭에 어떤 사람들은 행복을 덕과 동일시하지만, 다른 사람들은 행운과 동일시하기도 한다."[10]

그러나 이렇게 말할 때, 우리는 아리스토텔레스의 윤리학이 무언가 통속적이고 속물적인 행복론에 기울어지고 있다는 인상을 떨쳐 버릴 수가 없습니다. 물론 여기서 아리스토텔레스가 말하는 행복의 조건들은 아리스토텔레스 자신이 표현하는 것처럼 수단이지, 그 자체로서 삶의 목적이 될 수는 없습니다. 그러나 어찌 되었든, 행복을 말하면서 사람의 용모까지 들먹이는 아리스토텔레스의 발상은 우리에게 조금도 감명을 불러일으키지 않습니다. 실업계 고등학교를 졸업한 여학생들이 취직을 하기 위해 성형외과를 찾아야 하는 것이 현실인 오늘 우리 사회를 생각할 때, 아리스토텔레스의 발언은 우리를 더욱더 착잡하게 만드는 것입니다.

물론 우리는 땅 위에서 육신의 옷을 입고 사는 한, 우리가 원하든 원하지 않든 여러 가지 삶의 현실적 조건들을 충족시키지 않으면 안 됩니다. 그런 한에서, 현실을 염려하는 것은 불가피한 일이며 또한 마땅한 일이기까지 합니다. 예를 들어 아무리 이상주의적 도덕을 주장하는 사람이라 하더라도, 육신의 일을 전적으로 외면하고 오직 영혼의 일에만 마음을 쓰라고 가르친다면, 그런 가르침이 허기진 배를 움켜쥐고 가난 속에서 신음하는 많은 사람들에게 무슨 의미가 있겠습니까? 굶주린 사람에게는 다른 어떤 영혼의 일보다 한 줌의 쌀이나 한 덩어리의 빵이 더 절박한 가치를 갖습니다. 그럼에도 불구하고 이상주의적 도덕이 나쁜 의미의 관념론에 흘러, 굶주리는 민중 앞에서 하늘나라의 영생을 선전하는 식의 설교가 되어버린다면, 그런 도덕은 관념적 이상을 빙자하여 부도덕한 현실의 개선과 진보를 가로막는 사이비 도덕에 지나지 않을 것입니다. 이런 의미에서 모든 도덕은 현실에 뿌리를 두고 현실을 염려하는 한에서, 자신의 참됨을 증거할 수 있는 것입니다.

그러나 인간의 현실적 욕구를 충족시키는 것이 불가피한 일이라고 하더라도 우리는 정반대 방향으로 극단에 흘러 우리의 모든 현실적 욕구, 감성적 욕망을 그 자체로서 절대화시키는 어리석음에 빠져서는 안 됩니다. 많은 경우 우리의 욕망은 사회적·문화적으로 규정됩니다. 마찬가지로 삶을 위해 필수적으로 요구되는 여러 가지 요소나 재화들 역시 사회문화에 따라 변하는 것입니다. 그런데 보수주의적인 성향을 가지는 대다수 현실주의자들은 때마다 주어진 현실의 사회문화적 구조와 제도 그리고 가치기준을 그대로 인정한 채, 그 틀 안에서의 탁월함을 추구하려 합니다. 이 점에서는 아리스토텔레스 역시 크게 다르지는 않습니다.

아리스토텔레스식으로 말하자면, 예를 들어 오늘날과 같은 사회문화적 상황에서 자동차를 소유하는 것이 그렇지 않은 것보다 더 좋은 일일 것입니다. 바쁜 시간에 자식들을 데리고 온 가족이 택시를 잡아야만 하는 상황에 처해 본 사람이라면 누구도 이것을 부인하지 않을 것입니다. 마찬가지로 우리 사회에서 자신이 일류대학을 나오고 또 가족과 친구들이 좋은 대학을 나와 우리 사회를 움직이는 권력기관에 자리잡고 있다면, 그런 사람은 그렇지 못한 사람에 비해 확률적으로 훨씬 더 평탄한 삶을 살 수 있을 것입니다. 아리스토텔레스식으로 본다면 이런 사람이 그렇지 못한 사람에 비해 행복에 보다 더 가까이 있다는 것은 의심할 여지가 없습니다.

그러나 아리스토텔레스가 무엇이라 말하든지 간에, 차를 소유한 사람의 행복을 아예 자동차가 필요 없는 사회에서 사는 사람의 행복에 비할 수 있겠습니까? 게다가 불평등하고 불의한 사회에서 권력을 소유하고 남들 위에 군림하는 사람의 행복을, 위도 아래도 없는 평등한 사회에서 자유롭게 사는 사람의 행복에 비할 수 있겠습니까? 이와 마찬가지로 일류대학을 나온 사람의 행복이 아예 처음부터 대학의 서열이 없는 사회에서 사는 사람의 행복에 비길 수 없고, 더 나아가 남보다 얼굴이 예쁘다 하여 좋은 회사에 취직한 여성의 행복이 처음부터 외모로 사람을 판단하지 않는 건강한 사람들이 모여 사는 세상의 탁월함에 비교될 수 없는 것입니다.

이런 모든 것을 생각해볼 때, 현실에 대한 윤리적 염려와 관심은 언제나 현실적 삶의 근본형식 그리고 현실의 근본적 가치기준 자체를 비판적으로 되돌아보면서 그것을 끊임없이 보다 선한 것으로 만들려는 노력이 같이 있을 때, 윤리적 정당성을 얻게 됩니다. 반면에 불합리하고 부도덕한 가치기준과 삶의 형식을 개선하려는 노력을 하지 않으면서 지배적 현실의 요구를 일방적으로 따르는 것은 현실에 대한 건강한 관심과 염려가 아니라, 마지막에는 속물적인 욕망의 추구에 흐를 수밖에 없는 것입니다.

중용의 덕

좋음(선)과 덕

아리스토텔레스의 윤리학이 플라톤에 비해 다소 통속적인 측면이 있기는 하지만, 한두 가지 결함이나 불만스런 점 때문에 그의 윤리학을 통째로 매도하는 것은 온당한 일이 아닙니다. 그의 현실주의적 관심은 윤리학의 역사 속에서 다른 무엇보다 윤리적 사유를 구체화시키는 데 크게 기여하였습니다. 우리는 이것을 그의 『니코마코스 윤리학』에서 확인할 수 있는데, 이 책에서 그는 용기와 절제로부터 시작해서 호방함과 긍지, 경제생활에서의 관후(寬厚)와 공정함 그리고 친구 사이의 우정에 이르기까지 온갖 종류의 덕목과 정념을 때로는 시시콜콜한 부분에 이르기까지 자세히 관찰하고 있습니다.

대개의 경우 플라톤 같은 이상주의적 윤리학자는 구체적인 현실 속에서의 윤리적 문제상황을 폭넓게 다루기보다는 원칙적이고 추상적인 규범을 일관성 있게 다듬는 일에 더 많은 관심을 기울이는 경향이 있습니다. 이에 반해 아리스토텔레스 같은 사람은 구체적인 현실에서 우리가 당면하는 많은 윤리적 문제들을 폭넓게 다룸으로써 우리에게 현실을 위한 실질적 지침을 더 많이 제공해주는 면이 있습니다. 이런 점에서 플라톤적 윤리학과 아리스토텔레스적 윤리학은 마냥 대립하기만 하는 것이 아니라 서로 보완하는 관계에 있다고도 말할 수 있겠습니다.

여기서 아리스토텔레스가 말하는 모든 종류의 미덕을 자세히 다룰 수는 없습니다. 다만 우리로서는 인간의 여러 가지 덕에 대한 아리스토텔레스 이론의 근본 성격을 간단히 서술하는 데 만족할 수밖에 없겠습니다. 행복이 우리 삶의 총체적인 좋은 상태를 표시하는 말이라면, 그리고 좋음(선)이 각각의 일과 행위가 추구하는 객관적 목적을 뜻하는 것이라면, 덕은 우리의 주관적인 태도를 표시하는 말이라 할 수 있습니다. 즉 그것은 우리의 주관적 성품 혹은 성격을 표현하는 말입니다.

인간은 모두 행복을 추구합니다. 그리고 때마다 자기에게 좋은 것이라 여겨지는 것을 추구합니다. 그러나 우리가 모두 행복을 원한다고 해서 우리가 모두 똑같이 행복에 도달하는 것은 아닙니다. 또한 우리는 때마다 좋은 것이라 여겨지는 것을 추구하지만 언제나 실제로 좋은 것을 추구하는 것도 아닙니다. 예를 들어 담배를 피우는 사람은 담배가 피우고 싶어서, 즉 담배가 좋아서 피우는 것이지만, 담배가 객관적으로, 다시 말해 실제로 그에게 좋은 것은 아닙니다. 이처럼 우리의 삶에서 우리에게 객관적으로, 즉 진짜로 좋은 일과 우리가 주관적으로 좋아하는 일이 자주 일치하지 않고 대립하는 것을 볼 수 있습니다.

인간은 자동기계가 아닙니다. 그래서 우리는 실제로 좋은 것을 언제나 자동적으로 선택하는 것이 아닙니다. 우리는 각각의 일이나 행위에서 우리에게 진짜로 좋은 것을 선택할 수도 있고, 정반대로 당장은 좋은 것처럼 보이지만 실제로는 우리에게 나쁜 일을 스스로 선택할 수도 있습니다. 아리스토텔레스는 좋고 나쁜 것을 선택함에 있어서 우리가 보여주는 지속적인 경향성을 가리켜 성품이라 부릅니다. 그런데 그런 성품의 탁월함이 바로 윤리적 덕입니다. 즉 우리가 매사에 객관적으로 좋은 것을 선택하는 성품을 가진다면 우리는 윤리적으로 덕있는 사람이라 할 수 있습니다. 윤리적 삶의 1차적 목표는 꾸준한 훈련을 통하여 매사에 참으로 좋은 것을 선택할 수 있는 성품을 얻는 것입니다. 즉 훌륭한 성품이 거의 습관처럼 굳건해진다면 우리의 덕은 완성되었다고 할 수 있습니다.

중용의 덕

그런데 우리의 행위와 선택이 언제나 올바른 길을 가지 못하고 잘못된 길로 빠져드는 첫번째 원인은 우리의 행위와 선택이 정념에 의해 영향을 받기 때문입니다. 정념(pathos/passion)이란 "욕망, 분노, 공포, 태연, 질투, 환희, 사랑, 증오, 동경, 경쟁심, 연민, 그리고 일반적으로 쾌락이나 고통을 수반하는 감정들"을 말합니다.[11] 그런데 우리가 어떤 성품을 갖느냐 하는 것은 우리가 정념에 대해 어떻게 관계맺느냐 하는 데 달려 있습니다.[12] 예를 들어 우리가 지나친 욕망에 사로잡힌다면 우리는 무절제와 방탕이라는 악덕에 빠질 것입니다. 지나친 분노는 우리의 눈을 멀게 하여 사물에 대한 건강한 판단력을 잃어버리게 합니다. 그리고 지나친 공포는 우리를 비겁함이라는 악덕에 빠지게 합니다. 따라서 우리가 덕스러운 사람이 되기를 원한다면, 우리는 모름지기 우리의 정념을 잘 다스리고 관리하지 않으면 안 됩니다.

그런데 아리스토텔레스는 인간의 정념을 무조건 억압하고 억누르는 것이 능사가 아니라는 것을 잘 알고 있었습니다. 이 점에서 아리스토텔레스는 건전한 자연주의자요, 건전한 현실주의자의 면모를 보여줍니다. 아리스토텔레스적인 세계관에 따르면 우리의 삶에서 정념을 완전히 제거하는 것은 자연에 어긋나는 일이며, 따라서 불가능한 일입니다. 왜냐하면 우리의 정념은 인간 존재의 육체성과 수동성에서 비롯되는 것이기 때문입니다. 그런데 우리가 언제나 육체를 통해 존재하고, 그런 한에서 정신의 능동적 자발성뿐만 아니라 육체의 수동성을 동시에 가지는 것은 인간 존재의 본질적 속성에 속하는 것이라 하겠습니다. 따라서 아리스토텔레스는 정념과 관계함에 있어서 정념을 무턱대고 억누르라고 요구하지 않습니다. 그것은 가능한 일도 아닐뿐더러, 게다가 반드시 그래야만 하는 일도 아닙니다. 왜냐하면 아리스토텔레스에 따르면 어떤 경우에도 정념 그 자체가 악한 것은 아니기 때문입니다. 여자를 보고 남자가 느끼는 성욕 그 자체를 악하다고 규정한 예수와 달리 아리스토텔레스는 정념 그 자체는 자연적인 것이므로 도덕적 판단의 대상이 되지 않는다고 보았습니다.

문제는 자연적 정념 그 자체가 아니라 우리가 정념과 어떤 식으로 관계맺느냐 하는 것입니다. 예를 들어 성욕 그 자체가 나쁜 것이라 하여 모든 사람에게서 성욕을 제거해버린다면 인류는 멸종의 위기에 처할 것입니다. 만약 죽음 앞에서 우리가 느끼는 공포 그 자체가 나쁜 것이라 하여, 바그너(R. Wagner)의 오페라 「니벨룽겐의 반지」(Ring des Nibelungen)에 나오는 영웅 지크프리트처럼 우리 모두가 두려움이란 정념 그 자체를 알지 못하는 사람이 되어버린다면, 모든 사람은 걷잡을 수 없는 만용에 사로잡혀 하찮은 일에도 목숨을 걸고 싸우는 어리석음을 범하게 될 것입니다. 따라서 우리에게 주어진 자연적 정념을 무차별적으로 죄악시하는 것은 아리스토텔레스적 입장에서 보았을 때에는 온당치 못한 일입니다.

물론 정념은 그 자체로서 악한 것도 아니지만, 마찬가지로 그 자체로 선한 것도 아닙니다. 그 자체로서는 선하지도 악하지도 않은 정념을 선하고 좋은 것으로 만드는 것은 우리의 성품입니다. 우리는 자연적 정념과 올바르게 관계하면 유덕한 사람이 되는 것이고, 그렇지 않으면 악덕에 빠지는 것입니다. 이것을 아리스토텔레스의 형상(form)과 질료(matter)의 개념을 가지고 설명하자면, 이렇게 말해

볼 수 있습니다. 정념은 인간의 도덕적 삶에서 없어서는 안 될 질료와도 같습니다. 우리는 정념이라는 질료에 훌륭한 형상을 부여함으로써 덕있는 사람이 됩니다. 반면에 같은 질료를 두고도 그것에 보기 흉한 형상을 부여한다면, 우리는 악덕에 빠지는 것입니다. 따라서 도덕의 문제는 어떻게 정념을 없애고 억누르느냐 하는 데 있는 것이 아니라 어떻게 하면 자연적 정념이라는 질료에 훌륭한 형상을 부여하느냐 하는 데 있습니다. 바로 이것이 아리스토텔레스의 윤리학에서 우리가 볼 수 있는 건강한 자연주의적 태도입니다.

그러나 우리가 삶에서 느낄 수밖에 없는 정념들에 대하여 때마다 어떤 종류의 형식을 부여해야 하느냐를 미리 말해줄 수 있는 사람은 아무도 없을 것입니다. 아리스토텔레스 역시 마찬가지입니다. 하지만 그는 우리가 정념에 부여하는 형상이 바람직한 것이 되기 위해서는 원칙적으로 그것이 중용의 원리에 따라야 할 것이라고 말합니다. 정념에 있어서 과도하거나 부족한 것은 모두 바람직하지 않습니다. 지나치지도 모자라지도 않은 중간이 바람직한 것입니다. 그러나 여기서 중간이란 산술적인 평균치를 뜻하는 것이 아닙니다. "마땅한 때에, 마땅한 일에 대하여, 마땅한 사람들에 대하여, 마땅한 동기로 그리고 마땅한 태도로" 어떤 정념을 느끼는 것이 참된 중용이요, 덕입니다.[13]

실천적 지혜 |

아리스토텔레스에 따르면 비단 직접적 정념에 대해서만이 아니라 우리의 모든 선택과 행위에서 모자람이나 지나침을 피하고 중용의 길을 걷는 것이야말로 윤리적 덕의 일반적 특징이라 할 수 있습니다. 따라서 중용이야말로 모든 도덕적 행위와 성품의 보편적 본질입니다. 그러나 때마다 언제가 마땅한 때이고, 무엇이 마땅한 일이며 또 누가 마땅한 사람들인지, 요컨대 우리의 모든 정념과 선택 그리고 행위에서 마땅한 중용의 길이 무엇인지를 판단하기 위하여 우리는 특별한 실천적 지혜를 갖지 않으면 안 됩니다. 선과 악의 추상적인 원리를 이해하는 것과 구체적이고 개별적인 경우에 무엇이 선하고 무엇이 악한지를 판단하는 것은 약간 다른 문제입니다. 중용의 덕의 일반적 척도라는 것을 우리가 아무리 잘 알고 있다 하더라도 우리는 개별적 선택과 행위에서 무엇이 중용의 길인지를 잘못 판단하여 스스로 중용의 길을 걷는다고 믿고 행하면서도 실제로는 부족이나 과도함에 떨어지는 일이 허다하기 때문입니다. 따라서 도덕적으로 성숙한 인격을 실현하기 위해 우리는 개별적인 경우마다 무엇이 선하고 무엇이 악한지를 판정할 수 있는 건전한 도덕적 판단력을 길러야만 합니다.

아리스토텔레스는 이러한 도덕적 판단력을 가리켜 '프로네시스'(phronesis)라고 불렀습니다. 보통 실천적 지혜라고 번역되는 이 말은 삶의 구체성을 존중하는 아리스토텔레스의 건전한 현실주의에서 비롯된 것이라 하겠습니다. 사실 우리가 참으로 선한 사람이 되기 위해서는 우리가 단순히 착한 마음씨를 가지는 것만으로는 충분하지 않습니다. 우리의 선택과 행위는 때마다 일회적이고 개별적인 사건으로서 일어납니다. 그리고 그때마다 선악의 양상은 다르게 나타나게 마련입니다. 그런데 그렇게 다양한 문제상황 앞에서 우리로 하여금 도덕적으로 선하게 선택하고 행위하게 하는 것은 추상적인 도덕률이나 막연히 착한 마음씨가 아니라, 도덕적 원리를 구체적인 사례와 경우에 정확하게 적용하는 능력인 도덕적 판단력, 곧 아리스토텔레스식으로 말하자면 실천적 지혜인 것입니다.

그런데 실천적 지혜는 추상적 도덕법칙을 암기한다고 생겨나는 것이 아니라 일반적 법칙을 구체적인 경우에 적용하는 훈련을 통해 점차적으로 성숙해가는 것이므로, 우리는 삶에서 부딪히는 수많은 문제상황에서 언제나 우리가 올바른 도덕적 선택을 하고 있는지를 반성적으로 되묻는 습관을 길러야만 할 것입니다.

오늘 우리 사회에서 생각과 고민이 많아야 할 청소년은 대학입시에 짓눌려 윤리적 반성 없이 성장하고, 어른이 되고 나면 타성에 젖어 아무런 윤리적 반성도 없는 삶을 살게 됩니다. 이런 사회에서 도덕규범이란 본질적으로 타율적인 억압에 지나지 않습니다. 대다수의 사람들이 그것을 억압으로 느끼지 않는 까닭은 사람들이 그 억압에 길들여져 있기 때문일 뿐입니다.

아리스토텔레스는 그렇게 무신경하게 일상에 빠져 사는 우리들에게 바로 그러한 일상의 삶이 도덕적 반성의 현장이라는 사실을 깨우쳐줍니다. 그가 다루는 대부분의 주제들은 때로는 하찮을 정도로 일상적인 것들입니다. 행복, 쾌락, 명예, 계약과 거래, 우정, 용기, 이런 모든 것들은 우리가 삶에서 늘 마주치는 일상의 일에 속합니다. 그러나 무엇이 참된 쾌락인지, 무엇이 참된 행복인지, 그리고 무엇이 참된 우정인지를 깨닫는 것은 쉬운 일이 아닙니다. 아리스토텔레스는 여기서 더 나아가 우리가 삶의 구체성 속에서 끊임없이 실천적 지혜를 함양해야 함을 깨우칩니다. 그리하여 우리는 아리스토텔레스와의 만남을 통해 비로소 추상적인 도덕법칙을 들고 구체적 삶의 현장을 향해 나아가는 법을 배우게 됩니다.

우리의 삶은 추상적 원리의 차원에서 끝나는 것이 아니라 구체적이고도 개별적인 사건 속에서 실현됩니다. 그러나 일반적 원리는 모든 사건을 미리 규정하지는 않습니다. 도덕의 경우도 마찬가지입니다. 무한히 다양하고 복잡한 현실 속에서 선을 이루어나가는 것은 이제 현실을 사는 우리의 과제입니다. 추상적 도덕법칙은 우리의 삶의 지침이 되기는 하겠지만 그것은 삶의 원칙적 표준이 될 뿐, 모든 개별적 선택과 행위의 자동적 안내자는 아닙니다. 따라서 현실 속에서 우리는 스스로 길을 찾아나가지 않으면 안 됩니다. 우리 손에 보편적 도덕성이라는 낫이 쥐어져 있다 하더라도 풀숲을 헤치고 길을 열어 가는 것은 이제 우리의 몫이기 때문입니다. 아리스토텔레스는 우리에게 그런 미지의 현실의 지평을 열어 보여줍니다. 그리고 그와 더불어 우리는 예측할 수 없는 현실 속에 선 인간의 삶의 불확실성과 근원적 자유를 일말의 두려움과 함께 느끼게 되는 것입니다.

주

1) 아리스토텔레스, 최명관 옮김, 『니코마코스 윤리학』, 서광사, 1984년, 31 쪽(1094 a 1).
2) 같은 책, 32쪽(1094 a 18).
3) 같은 책, 1권 4장.
4) 같은 책, 34쪽(1095 a 22).
5) 같은 책, 43쪽(1097 b 22).
6) 같은 곳.
7) 같은 곳.
8) 『니코마코스 윤리학』, 44쪽(1098 a 16).
9) 같은 책, 306쪽(1179 a 30).
10) 같은 책, 48쪽(1099 a 31 아래).
11) 같은 책, 69쪽(1105 b).
12) 같은 곳.
13) 『니코마코스 윤리학』, 71쪽 아래(1106 b 21).

sToA

삶의 덧없음과 도덕의 숭고함

스토아 학파

"악으로 선을 나타낸 것이 명장(名匠)의 걸작이다.
다시 말해 덕성의 힘을 빌려
재화(災禍)를 복지(福祉)로 만들어버리는 것이다."

● 세네카

스토아 윤리학의 근본성격

노예철학자 에픽테토스

옛날 로마에 에픽테토스(Epiktetos)라는
사람이 살았습니다. 그는 로마 제국의 변방인 프리기아(지금의 터키
내륙지방)에서 팔려온 노예였습니다. 이해하기 쉽게 말하자면, 고대
사회의 노예는 오늘날로 말하자면 3D 업종에 종사하는 육체노동자
와 비슷한 사람들이었습니다. 물론 고대의 노예와 오늘날의 노동자
사이에는 적지 않은 차이가 있습니다. 무엇보다 고대의 노예들은 노
동조합 같은 것을 만들 수 없었습니다(하기야 지금 우리 나라에도
노동조합이 없는 재벌기업이 있습니다만). 그리고 고대 사회에서는
지금처럼 큰 공장이 있었던 것이 아니므로 노예들은 대부분 어떤 공
장에 소속되어 있었던 것이 아니라 개인의 가정에 소속되어 있었습
니다.

에픽테토스의 주인은 에파프로디토스라는 사람이었는데 그는 황
제의 궁전에서 꽤 높은 지위를 차지하고 있었습니다. 이 사람은 자
기 소유의 노예에 대해 그다지 호의적인 사람은 아니었던 모양입니
다. 그러나 어쩌면 문제는 주인이 아니라 에픽테토스 자신에게 있었
던 것인지도 모릅니다. 왜냐하면 그는 비천한 노예치고는 너무도 명
상적이었기 때문입니다. 그러나 명상과 사색은 노예에게 어울리는

일은 아니었습니다. 노예의 사색은 주인의 눈에는 게으름으로 비칠 뿐인 것입니다. 어느 날 무능하고 게으른 노예에게 화가 난 주인은 에픽테토스의 다리를 부러뜨려버렸습니다. 그리하여 가엾은 에픽테토스는 영영 불구의 몸이 되고 말았습니다.

미안한 생각에서였는지 아니면 어차피 쓸모가 없어졌다고 생각해서였는지 알 수는 없으나 그 뒤에 주인은 에픽테토스가 무소니우스 루푸스(Musonius Rufus)라는 스토아 철학자의 강의에 참석하는 것을 허락하였습니다. 이 철학자의 강의는 에픽테토스의 마음을 감동시켰고 그의 삶을 바꾸어놓았습니다. 그도 스승을 따라 스토아 철학자가 된 것은 당연한 일이었습니다.

주인은 더 이상 노동할 능력이 없는 에픽테토스를 먹여 살려야 할 이유가 없었으므로 아예 그를 해방시켜 자유인으로 만들어주었습니다. 이렇게 하여 노예상태에서 해방된 에픽테토스는 로마에서 스토아 철학을 가르치기 시작하였습니다. 돌이켜 보면 소크라테스와 플라톤 그리고 아리스토텔레스가 추구했던 윤리학은 모두 원칙적으로 긍지 높은 자유인을 위한 윤리학이었습니다. 그러나 스토아 철학은 조금 다릅니다. 물론 스토아 철학자들 가운데에는 마르쿠스 아우렐리우스(Marcus Aurelius) 같은 황제도 있었고 세네카(L. A. Seneca) 같은 로마 귀족도 있었습니다. 그러나 스토아 철학자들 가운데에는 에픽테토스 같은 사람도 있었습니다. 그 철학은 잔인한 주인의 손에 다리가 부러진 가엾은 노예를 감동시킨 철학이었던 것입니다. 이것은 스토아 철학이 가르치는 참된 삶, 즉 진정한 자유와 행복이 황제에게 가능한 것과 마찬가지로 노예에게도 가능한 것이었음을 뜻하는 것이기도 합니다. 그러나 스토아 철학의 어떤 점이 속박된 노예의 마음을 위로하고 감동시킬 수 있었을까요?

헬레니즘 시대와 개인의 소외

스토아주의 혹은 스토아 철학에서 '스토아'(stoa)라는 말은 사람 이름이 아닙니다. 이 말은 '스토아 포이킬레'(stoa poikile)라는 그리스 말에서 왔는데, '스토아 포이킬레'란 '울긋불긋한 강당'이라는 뜻입니다. 그러니까 스토아는 강당이란 그리스 말입니다. 그런데 이 말이 그리스와 로마에서 수백 년 동안 큰 영향을 미쳤던 철학파의 이름이 된 내력은 특별한 것이 아니고, 이 학파의 창시자였던 제논(Zenon)이란 철학자가 아테네에서 폴리그노토스(Polygnotos)란 화가가 벽화를 그린 강당에서 강의를 했기 때문입니다. 울긋불긋한 벽화 때문에 그 강당은 '스토아 포이킬레'라고 불렸는데, 그 후 스토아라는 말은 그곳에서 가르치고 공부했던 사람들의 모임을 가리키는 말이 되었던 것입니다.

제논은 키프로스 섬의 키티온(Kition) 출신으로 기원전 약 300년경에 아테네에서 자신의 철학을 가르치기 시작했다고 전해집니다. 그 후 스토아 철학은 서기 180년에 사망한 로마 황제 마르쿠스 아우렐리우스(Marcus Aurelius)에 이르기까지 몇 세기 동안 그리스와 로마 사회에서 커다란 영향력을 행사하였습니다.

그런데 제논이 스토아 학파를 창시한 기원전 300년은 그리스의 도시국가들이 지중해 세계에서 정치적 주도권을 상실하고 북방의 마케도니아, 그러니까 알렉산드로스 제국의 지배 아래 들어간 뒤였습니다. 그리고 마케도니아가 몰락한 뒤에 그리스는 이어서 지중해 세계의 지배자로 등장한 로마의 지배 아래 들어가게 되었던 것입니다. 역사학자들은 기원전 336년 알렉산드로스의 등장으로부터 로마가 공화국에서 제국으로 바뀐 아우구스투스 황제의 등장까지 300여 년을 가리켜 보통 헬레니즘 시대라 부릅니다. 스토아 철학은 에피쿠로스 철학과 더불어 헬레니즘 시대를 지배했던 대표적인 철학이었습니다.

모든 철학은 시대의 반영입니다. 스토아 철학자들이 하는 말을 제대로 이해하기 위해 우리는 그들의 시대를 어느 정도 이해하고 있어야만 합니다. 스토아 철학자들이 살았던 시대는 더 이상 소크라테스의 시대가 아니었습니다. 소크라테스는 도시국가의 자유로운 시민으로 살았습니다. 거기서 개인의 삶은 언제나 도시국가라는 정치적 공동체에의 참여를 통해 실현되었습니다. 다시 말해 개인의 삶은 고립된 개인의 삶이 아니라 언제나 공동체적 삶의 한 부분으로 이해되었습니다. 물론 어느 시대나 개인의 삶은 공동체적 삶의 부분입니다. 그런데 문제는 부분과 전체의 관계가 어떠하냐에 있습니다. 소크라테스의 시대에는 시민의 공동체인 도시국가의 운명과 그 속에서 사는 개인의 삶 사이에 이상적인 조화가 있었습니다. 도시국가는 개인의 자유로운 정치적 참여를 통해 운영되었고 개인의 삶은 그런 공동체적 관심을 통해 완성되었습니다. 한마디로 말하자면 개인은 전체를 위해 그리고 전체는 개인을 위해 존재한다고 믿을 수 있었던 시대, 그것이 고전기 그리스 시대였습니다.

그러나 개인과 국가 사이의 이런 조화로운 균형은 헬레니즘 시대 이후에는 더 이상 그대로 존속할 수 없었습니다. 그리스 도시국가에서 자유인은 공동체의 운명을 더불어 결정할 수 있었습니다. 그러나 로마라는 거대한 국가 속에서 개인은 공동체에 대하여 아무런 결정권도 갖지 못한 신민(臣民)에 지나지 않았습니다. 요컨대 이 시대에 개인은 공동체로부터 소외되어 있었던 것입니다.

바로 이러한 개인의 소외가 스토아 철학의 토양이 되었던 헬레니즘 시대의 근본적 정조였습니다. 세계 속에서 개인이 느끼는 소외와 고독감 그리고 무기력감이 스토아 철학의 근본 정조입니다. 예전 도시국가에서의 삶에 비하면 세계의 범위는 이제 비교할 수도 없이 넓어졌습니다. 사람들은 자기가 더 이상 한 도시의 시민이 아니라 세계의 시민이라고 느끼기 시작했습니다. 코스모폴리테스(kosmopolites/cosmopolitan), 즉 세계시민이란 말도 이 시대에 처음 쓰이기 시작한 말입니다. 그러나 세상이 넓어짐에 따라 개인의 의미와 가치는 훨씬 더 왜소해질 수밖에 없었습니다. 그렇게 확장된 세계 속에서 극도로 위축된 개인에게 세계는 낯설고 미래는 불확실하며 나는 아무런 능력도 없습니다. 이런 상황에서 어떻게 사는 것이 잘사는 것일 수 있는가? 이것이 스토아 철학의 물음이었던 것입니다.

개체에 앞서는 전체

그런데 스토아 철학은 이런 상황에서 개별자의 관점이 아니라 전체 공동체의 관점을 대변하는 세계관이라 할 수 있습니다. 다시 말해 스토아 철학은 개인과 전체가 충돌할 때, 언제나 전체의 편을 드는 철학인 것입니다. 마르쿠스 아우렐리우스의 말을 빌리자면 "전체의 본성을 드러내는 것, 그리고 이러한 본성을 유지하는 데 이바지하는 것은 자연의 모든 부분에 대하여 선한 것"입니다.[1] 즉 부분의 선과 악, 좋고 나쁨의 척도는 자연의 부분인 개별자 자신 속에 있는 것이 아니라 자연 전체의 본성에 놓여 있습니다. 그리하여 자연의 부분이 전체의 본성을 드러내고 실현하고 있을 때, 그 부분은 선해지는 것입니다.

마르쿠스 아우렐리우스가 이렇게 주장하는 까닭은 그가 원칙적으로 개별자의 자립성을 인정하지 않기 때문입니다. 모든 존재하는 것들은 언제나 전체 우주의 일부분으로서 존재하고 또한 우주 전체는 부분을 자기 속에 포함하고 있습니다. 이것은 분명합니다. 그런데 여기서 우리가 부분이 더 중요하냐 아니면 전체가 더 중요하냐고 묻는다면 철학자에 따라 다른 대답을 듣게 됩니다. 어떤 철학자는 전체가 있어야 부분이 있을 수 있다고 주장하고, 또 다른 철학자는 반대로 부분이 먼저 있어야 전체가 가능하다고 말하기도 합니다.

예를 들어 데모크리토스(Demokritos) 같은 고대의 원자론자는 마르쿠스 아우렐리우스와는 달리 부분들이 먼저 있고 그것들이 모여 전체를 이룬다고 주장하였습니다. 그의 주장에 따르면 우주는 무(無)와도 같은 빈 공간과 무한한 수의 원자들로 이루어져 있습니다. 그런데 원자들은 마치 신(神)과도 같이 영원 전부터 스스로 존재하는 것으로서, 생겨나는 것도 아니고 없어지는 것도 아닙니다. 이렇게 무한한 수의 원자들은 서로 결합하여 우주 내의 모든 존재하는 것들을 만들어냅니다. 원자들이 결합하면 하나의 사물이 생기고, 반대로 그것들이 다시 분해되면 그 사물은 소멸하는 것입니다. 이런 이론에 따른다면 전체는 언제나 개별적 부분들의 집합으로서만 존재한다고 말할 수 있습니다. 즉 먼저 부분들인 개별자들(individuals)이 있어야 그것들이 모인 전체도 있을 수 있다는 것입니다.

이에 반해 스토아 철학자들은 전체가 먼저 있고 부분은 오직 전체의 지체(肢體)로서만 존재한다고 생각합니다. 개별자는 원자처럼 스스로 존재할 수 있는 것이 아니라 오직 전체의 한 구성원으로서만 존재할 수 있습니다. 예를 들어 나뭇잎이 나무로부터 떨어져 나오면 그것은 더 이상 나뭇잎으로 존재할 수 없습니다. 또는 나무가 생명을 잃어버린다면, 이런 경우에도 나뭇잎은 온전히 자기를 보존할 수 없을 것입니다. 나뭇잎은 오직 전체 나무가 살아 있을 경우에만 자기도 살아 있을 수 있는 것입니다. 스토아 철학자들에 따르면 우주도 이와 같습니다. 즉 우주 내에 존재하는 모든 것은 거대한 유기체인 우주의 한 부분으로서만 존재할 수 있습니다. 그리하여 우리들 개인의 삶의 온전함은 언제나 전체 우주, 전체 사회의 온전함을 통해서만 실현될 수 있습니다.

이런 입장에 따른다면 전체를 고려하지 않고 자기만 잘살겠다고 아우성치는 사람들은 어리석은 사람들입니다. 그런 사람들은 나무의 모든 양분을 자기만 독점하겠다고 서로 다투는 나뭇잎들과도 같습니다. 그러나 나무가 말라 죽어버린다면 나뭇잎이 홀로 차지한 그 모든 양분들이 무슨 소용이 있겠습니까? 사람의 일도 마찬가지입니다. 손이나 발이나 머리가 몸통에서 잘려나가 따로 존재할 수 없듯이 우리들 개개인도 세계 전체의 한 부분으로서 존재하며, 언제나 국가 공동체의 일원으로서만 살아갈 수 있습니다. 따라서 우리는 개별자로서 자기의 이익을 추구하기에 앞서 언제나 전체에 유익한 것을 먼저 구해야 한다는 것이 스토아 철학자들의 가르침이었습니다. 왜냐하면 전체가 온전할 때에만 개인의 삶도 온전하고 행복할 수 있기 때문입니다.

"우주가 원자의 집합이든, 질서 있는 체계이든, 우선 나는 자연이 지배하는 만유(萬有)의 한 부분이라고 확신해야 한다. 그 다음에 나는 나와 같은 종류의 것인 다른 부분과 밀접한 관계를 맺고 있다고 확신하라. 내가 만유의 한 부분인 한, 우주로부터 나에게 할당되는 일에 불만을 품어서는 안 된다는 것을 명심하라. ……따라서 나는 이러한 우주의 한 부분임을 생각함으로써 이 세계에서 일어나는 모든 일에 만족할 수 있으리라. 그리고 내가 나와 같은 종류의 것인 다른 부분과 밀접한 관계를 갖고 있는 한, 나는 반사회적 행동을 하지 않을 것이며, 나와 같은 종류의 것들[=사람들]을 고려하고 공공의 이익을 위해 노력을 기울이며 공공의 이익에 해로운 일은 삼가게 되리라. 이와 같은 태도로 일을 처리하라. 그러면 삶은 반드시 행복해지리라. 당신도 알고 있겠지만 동료시민들을 위해 유익한 활동을 계속하고 국가가 어떠한 사명을 부여하든 이에 만족하는 시민의 생활이 행복한 것과 마찬가지다."[2)]

여기서 보듯, 스토아 철학자는 개인의 존재를 일관되게 전체 아래 종속시킵니다. 우리는 냉혹한 필연의 법칙에 따라 진행하는 자연의 한 부분입니다. 그런 한에서 우리는 나에게 자연적으로 일어나는 모든 일에 만족하지 않으면 안 됩니다. 그 모든 일이 자연 전체를 지배하는 필연적 법칙에 따라 일어나는 것이기 때문입니다. 다른 한편 나는 나와 같은 종류의 존재, 즉 인간 공동체의 일원이기도 합니다. 나는 인류의 한 부분이며 한 국가의 구성원이기도 합니다. 그런 한에서 나는 동료시민을 위해 유익한 일을 하고 공공의 이익을 위해 노력을 기울이며 국가가 어떤 사명을 부여하든 그에 따르지 않으면 안 됩니다. 요컨대 스토아 철학에 따르면 개인은 이처럼 국가를 위해, 전 인류를 위해 그리고 전 우주를 위해 살아갈 때, 복되고 선한 삶을 살 수 있다는 것입니다.

　스토아 철학은 이렇듯 전체 앞에서 개인의 절대적 복종을 요구하는 철학입니다. 스토아적 지혜는 전체의 요구를 개인이 스스로 깨닫고 그 요구에 자발적으로 복종하는 데 있습니다. 그러니까 누구 앞에서도 고개를 숙이려 하지 않던 긍지 높은 그리스인들이 이처럼 전체에 대한 개인의 자발적 자기부정을 새로운 세계관과 인생관으로 받아들일 수밖에 없었을 정도로, 기원전 3세기 이후의 그리스 사회는 이방인들이 세운 대제국의 지배 아래서 퇴락해가고 있었던 것입니다. 그러므로 『철학이야기』라는 책으로 유명한 윌 듀란트(Will Durant)가 이 시대의 철학을 정복당한 자의 철학으로 규정하는 것도 무리는 아니라 하겠습니다. 그의 주장에 따르면, "스토아주의와 에피쿠로스주의—패배를 냉담하게 받아들이고 쾌락의 품 속에서 패배를 잊으려는 노력—는 정복되거나 예속된 상태에서 어떻게 하면 행복해질 수 있는가를 가르치는 이론"입니다.[3] 이렇게 말할 때, 듀란트는 아테네와 그리스의 정치적 예속을 염두에 두고 있습니다만, 우리는 이것을 보다 일반화시켜 전체의 힘 앞에서 무기력하게 굴복할 수밖에 없는 개인의 정신적 상황을 반영하는 것이 스토아 철학이라고 말할 수도 있겠습니다.

운명론

　개인이 자기 자신의 삶에 대하여 스스로가 무능하다고 느낄 때, 그는 쉽게 결정론자가 됩니다. 결정론(決定論/determinism)이란 소박하게 말하자면 나의 삶이 나 자신에 의해서가 아니라 어떤 외부적인 힘에 의해 결정된다는 믿음을 뜻합니다. 예로부터 결정론은 여러 가지 다른 옷을 입고 나타났습니다. 기독교인들은 모든 인간의 삶이 하나에서 열까지 하나님의 섭리에 의해 미리 예정되어 있다고 말하는데, 기독교의 이른바 예정설은 종교적 결정론이라 하겠습니다. 근대에 들어와서는 엄밀한 자연과학의 발달과 함께 자연에서 일어나는 모든 일이 인과법칙에 의해 필연적으로 강제되어 일어나는 것이라는 신념이 광범위하게 유포되었습니다. 인간의 행위 역시 자연 속에서 일어나는 사건이므로 인과법칙의 지배 아래 있으며, 그런 한에서 필연적으로 결정되어 있다는 것입니다. 이런 것을 우리는 과학적 결정론이라 부를 수 있겠습니다. 그러나 어떤 옷을 입고 나타나든 결정론의 내용은 본질적으로 하나입니다. 즉 개인의 행위는 전체를 지배하는 어떤 근원적 힘과 원리에 의해 지배되고 결정되어 있다는 것입니다.

　스토아 철학은 고대 사회의 결정론이었습니다. 이 철학은 세계 내에서 일어나는 모든 일이 영원 전부터 운명적으로 돌이킬 수 없이 결정된 것이라 보았습니다. 따라서 스토아 철학의 결정론은 운명론적·숙명론적 결정론이라 부를 수 있겠습니다. 마르쿠스 아우렐리우스는 "태초부터 이 세상에 일어나는 모든 일들은 우주로부터 당신에게 주어진 것이고 당신의 운명에 들어 있는 것"이라고 말합니다.[4] 나중에 스토아 철학의 숙명론은 동방에서 유입된 점성술과 결합하여 미신적인 형태를 띠기도 했습니다만, 원래 스토아 철학자들이 말했던 운명은 그다지 미신적인 개념은 아니었습니다. 운명(Heimarmene)이란 그들에겐 신의 뜻이나 우주의 근원적 법칙 또는 원리인 세계 이성(Logos)의 다른 이름이기도 했던 것입니다.[5] 예를 들어 세네카의 말을 들어보면 이렇습니다.

"우리의 운명은 이미 정해진 것이다. 어머니의 뱃속에서 태어나 맨 처음 숨을 쉬었을 때, 이미 예정된 죽음을 향해 한 발짝 떼어놓은 것이며, 공사(公私) 간의 모든 일은 원인에서 원인을 거듭하여 줄곧 지속되어 신의 뜻에 따라 결정되어 있는 하나의 긴 연속이다."[6]

여기서 보듯 운명은 '신의 뜻'에 따라 결정되어 있습니다. 그런 한에서 스토아 철학의 숙명론은 기독교적 예정설과 유사합니다. 그런데 신의 뜻은 자의적이거나 변덕스럽지는 않습니다. 신은 엄격한 원인과 결과의 연쇄에 따라 세상의 모든 일을 일어나게 합니다. 그런 한에서 스토아적 결정론은 매우 이성적이고 합리적 성격을 갖습니다.

사실 신의 섭리, 이성적 인과법칙 그리고 운명, 이 세 가지는 스토아 철학에서는 같은 것의 다른 이름에 지나지 않습니다. 그 모든 것들은 전체를 지배하는 궁극적 원리의 다른 이름인 것입니다. 그러나 이름이 어떠하든, 한 가지는 분명합니다. 그것은 우주 전체를 지배하는 운명의 법칙 앞에서 개인은 아무런 결정권도, 아무런 저항의 힘도 가지지 못한다는 사실입니다. "운명은 순종하는 자를 인도하고 거역하는 자를 강제한다"(Ducunt volentem fata, nolentem trahunt). 이것은 세네카의 말입니다. 우리가 원하든 원하지 않든, 운명은 우리를 자기가 원하는 곳으로 데리고 갑니다. 그럼에도 불구하고 어차피 일어날 수밖에 없는 운명에 대하여 반항하는 것은 쓸데없는 일이며 어리석은 일입니다. 자기를 버리고 운명의 뜻에 나를 맡기는 것, 이것이야말로 지혜로운 자의 태도인 것입니다. 이것을 세네카는 다음과 같이 표현합니다.

"반드시 당하고야 말 운명에 대하여 버둥거릴수록 점점 사태가 악화될 뿐이다. 이것은 마치 그물에 걸린 새가 날개를 퍼덕거릴수록 더욱 사로잡히게 되는 것과 같다. 그러므로 최상의 길은 오직 신의 뜻에 순종하며 조용히 누워 '신의 예정에 의문을 품지 않고, 그 명령을 거역하지 않는다'는 두 가지 신앙으로 태연자약하는 것이다."[7]

운명론은 개인의 무능력의 형이상학적 표현이라 할 수 있습니다. 인간이 더 이상 자기 자신의 주인이라 느낄 수 없을 때, 그때 사람들은 쉽게 운명론에 빠지게 됩니다. 이 시대 역시 마찬가지였습니다. 도시국가의 이상은 소멸하였고 개인은 로마라는 거대한 세계 제국의 한 구성원으로서 무력하기만 하였습니다. 소크라테스의 세계는 아테네라는 작은 도시였습니다. 그곳의 모든 것은 소크라테스에겐 익숙하고 친밀한 것들이었습니다. 그러나 세네카의 조국 로마는 세계 제국이었습니다. 이렇게 확장된 세계는 왜소한 개인에게는 너무도 낯선 것일 수밖에 없었습니다. 그렇게 세계가 낯선 힘으로 우리에게 다가올 때, 사람들은 우리의 삶을 지배하는 그 낯선 힘을 운명이라 부르는 것입니다.

삶의 덧없음과 도덕의 숭고함

삶의 덧없음에 대한 깨달음

운명이란 "그것에 따라 일어난 것이 일어났고 일어나는 것이 일어나며, 일어날 것이 일어날 그런 원리" (logos)입니다.[8] 이런 운명 앞에서 우리 모두는 무기력합니다. 이 점에서는 황제도 노예도 마찬가지입니다. 운명 앞에서 모든 사람은 더 이상 자기의 주인이 아닙니다. 황제든 노예든 운명에 따라 정해진 배역을 맡고 있을 뿐이기 때문입니다. 이것을 에픽테토스는 다음과 같이 표현했습니다.

"기억하라. 너는 작가가 원하는 대로 정해진 연극의 배우이다. 그가 짧기를 원하면 연극은 짧고 그가 긴 것을 원하면 연극은 길다. 네가 거지의 배역을 맡을 것을 작가가 원한다면, 이 역시 성실히 수행하라. 그가 장애자의 배역을 원하거나, 지배자의 배역을 원하거나, 평범한 사람의 배역을 원하거나 모두 마찬가지이다. 오직 주어지는 배역을 훌륭하게 수행하는 것만이 너의 임무이다. 그러나 배역을 선택하는 것은 다른 이의 일이다."[9]

우리는 누구도 자기의 인생을 스스로 선택해서 살 수 없습니다.

운명의 힘 앞에서 우리 모두는 사로잡힌 노예에 지나지 않습니다. 아마도 이것이 에픽테토스를 위로했을 것입니다. 운명의 힘 앞에서 모든 사람의 삶은 불확실하고 깨어지기 쉬운 것입니다. 세네카는 이렇게 말합니다.

"오늘은 내가 이 나라에서 사랑을 받고 평화롭게 행복을 즐기고 있지만, 내일은 국적을 빼앗기고 추방되지 않으리라고 장담할 수 있겠는가? 또 오늘은 건강한 몸으로 평화롭게 환락을 즐기고 있지만, 내일은 형틀에 오르거나 포로가 되어 적에게 끌려가거나 병마에 시달리지 않는다고 보장할 수 있겠는가? 변란에 의해 조국에서 추방될 수도 있고, 또는 조국을 빼앗길 수도 있다. 오늘날 사람과 마차로 길거리가 붐비는 대도시도 내일이면 사막으로 변할지 모른다."[10]

이것은 공연한 걱정은 아니었습니다. 폭군 네로 황제의 스승이었던 세네카는 한때 황제의 총애를 받아 부러울 것이 없는 삶을 살았으나 결국 황제의 미움을 사 자살할 것을 명령받고 삶을 끝내야만 했던 것입니다. 그러니 그가 "운명의 여신은 때로 절제 있게 살아가는 자를 병자로 만들고 건강한 대장부도 폐병에 걸리게 하며, 결백한 자를 형틀에 매기도 하고, 숨어사는 선인(仙人)을 번뇌로 괴롭히기도 한다"고[11] 탄식한 것도 무리는 아니었습니다. 그리하여 삶이 온통 잿빛으로 보였던 이 스토아 철학자에게 때로는 차라리 죽음이 위로였던 것입니다.

"죽음은 노예를 자유롭게 만들고 국외추방자를 조국의 품으로 돌아오게 하며, 모든 계급을 평등하게 만들어버린다. 만일 죽음이 없다면 삶은 고통뿐이다. 폭군, 포학, 폭행 등을 목격할 적마다 나로서는 죽음이 얼마나 위로가 되는지 모른다. 만신창이가 된 삶에 대한 유일한 영약(靈藥)은 바로 죽음이다."[12]

이 말은 스토아 철학의 근본정조가 무엇이었던가를 모자람 없이 드러내 보여줍니다. 그것은 허무와 삶의 덧없음에 대한 깨달음이었습니다.

스토아 철학자의 행복

이렇게 세상 만사를 운명의 손 끝에서 춤추는 우연사라고 믿는 스토아 철학자에게 과연 행복이란 무엇을 뜻하는 것일 수 있었겠습니까? 아무튼 그것이 아리스토텔레스가 생각했던 행복과 같은 것일 수는 없었습니다. 우리가 이미 살펴보았던 대로 아리스토텔레스에 따르면 행복하기 위해서는 지혜도 필요하지만 좋은 가문, 충분한 재산 그리고 육체적 건강과 수려한 용모에 이르기까지 온갖 조건이 충족되어야만 합니다.

그러나 아리스토텔레스의 생각이 옳다면 에픽테토스처럼 노예에다가 다리까지 부러져 불구의 몸이 되어버린 사람은 결코 행복한 사람이 될 수 없을 것입니다. 어떻게 이것이 에픽테토스의 경우뿐이겠습니까? 세네카는 "운명의 여신은 이 세상을 언제나 싸움터로 만들고 휴전이나 정전을 하려 들지 않는다"고[13] 말합니다. 어지러운 세상에서 운명은 건강한 사람을 병자로 만들 수도 있고 가난뱅이를 부자로 만들 수도 있으며 제왕을 노예로 만들 수도 있는 것입니다. 그러니 굳이 에픽테토스의 경우를 예로 들지 않는다고 하더라도, 만약 인간의 행복이, 부분적으로라도, 인간이 어찌할 수 없는 외적인 조건에 매여 있다고 한다면, 도대체 어느 누가 확실한 행복을 소유했다고 말할 수 있겠습니까? 우리에게 주어진 모든 것은 운명의 여신이 우리에게 잠시 빌려준 것에 지나지 않는 것으로, 운명은 언제라도 우리에게 빌려준 것을 되찾아갈 수 있기 때문입니다.

그렇다면 이런 처지 속에 사는 인간이 행복한 삶을 살려면 어떻게 해야 하겠습니까? 어쩌면 운명의 수레바퀴 아래서 모든 사람은 예외없이 불행한 것은 아닐까요? 그러나 스토아 철학자들은 삶을 잿빛으로 보기는 했으나, 그렇다고 하여 행복을 그렇게 쉽게 포기하려고 하지는 않았습니다. 그들에 따르면 운명이 아무리 강력한 힘을 가지고 있다 하더라도, 우리의 내면 속에는 운명도 어찌할 수 없는 우리 자신의 재산이 있습니다. 그것이 바로 정신의 덕(德)입니다. 운명은 우리가 소유한 모든 건강이나 재산 그리고 명예를 빼앗아가버릴 수 있습니다. 그러나 운명의 여신이 아무리 강하다 한들 그가 어떻게 우리가 소유한 정신의 덕까지 빼앗을 수 있겠습니까? 에픽테토스는 이것을 다음과 같이 표현하였습니다.

"질병은 육체에 장애가 되지만, 도덕적 원칙에 대해서는, 이것이 스스로 허락하지 않는 한, 그것에 대해 장애가 되지 않는다. 절름발이는 다리에 장애가 되지만, 도덕적 원칙에 대해서는 장애가 되지 않는다. 그러므로 너에게 닥치는 모든 일에 대해 그렇게 말하라. 너는 그것이 어떤 다른 것에 장애가 될 뿐, 결코 너 자신에게 장애가 되지는 않는다는 것을 발견하게 되리라."[14]

여기서 에픽테토스는 우리에게 아무리 극심한 역경이 닥친다 하더라도 그것이 우리 정신의 도덕성을 해칠 수는 없다는 것을 말하고 있습니다. 그러나 우리가 모든 외적인 것을 다 잃어버린다 하더라도 우리가 그 때문에 악덕에 빠지지 않을 수 있다면, 우리가 슬퍼해야 할 까닭이 무엇이겠습니까? 왜냐하면 오직 도덕적 결단과 행위의 주체인 나만이 진정한 나이기 때문입니다. 그리하여 아무리 불행한 운명을 만난다 하더라도 참으로 선한 사람은 아무것도 잃는 것이 없습니다. 아니 도리어 참으로 선하고 덕있는 사람의 인격은 시련과 역경 속에서 눈부신 가치를 드러내는 것입니다.

스토아 철학자들에 따르면 오직 이러한 정신의 덕이야말로 행복의 충분한 조건입니다.

> "그들[=스토아 철학자들]은 행복이 삶의 궁극목적이라 말한다. 모든 것은 행복을 위해 수행되지만, 행복 자신은 다른 어떤 것을 위해 추구되는 것이 아니기 때문이다. 그런데 이것은 덕에 따른 삶 속에, 〈이성과〉 일치하는 삶 속에 그리고 같은 말이지만, 자연과 일치하는 삶 속에 존립한다."[15]

행복을 삶의 궁극목적으로 본다는 점에서 스토아 철학은 아리스토텔레스와 견해를 같이합니다. 그러나 행복한 삶을 위해 스토아 철학자들이 필요하다고 생각했던 것은 오직 한 가지, 정신의 덕밖에 없었습니다. 구체적으로 말해 지혜(phronesis)와 절제(sophro-syne), 정의(dikaiosyne)와 용기(andreia)의 덕 이외에는 아무것도 행복을 위해 필요한 것이 없습니다. 그런 까닭에 스토아 철학은 비천한 노예에 지나지 않았던 에픽테토스에게도 참된 행복에 대한 희망을 심어줄 수 있었던 것입니다. 왜냐하면 지혜와 절제, 정의와 용기의 덕을 얻기 위해 건강이나 재산 또는 신분증명서가 필요한 것은 아니기 때문입니다.

좋은 것(善)과 나쁜 것(惡) 그리고 무차별한 것

"덕이란 완전한 선이며 행복한 삶과 같은 말이다."[16] 이것은 세네카의 말입니다. 우리가 이 말을 아리스토텔레스의 말과 비교해보면 둘 사이의 차이를 분명히 이해할 수 있습니다. 아리스토텔레스는 아무리 도덕적으로 훌륭한 사람이라 하더라도 그것만으로는 행복해질 수 없다고 생각했습니다. 간단히 말해 예수 같은 성인이라도 고난받을 수 있고 박해받을 수 있습니다. 그러나 고난과 박해로 가득 찬 삶을 가리켜 행복한 삶이라 할 수는 없습니다. 그런 까닭에 아리스토텔레스는 도덕성이 무조건적으로 행복을 보장해주지는 않는다고 보았던 것입니다. 그러나 스토아 철학자들은 이 점에서 아리스토텔레스와는 달리 덕성(德性)이 행복의 유일무이한 원천이라고 주장했습니다. 이 점에서 스토아 철학자들은 달리 유례를 찾아보기 힘든 도덕적 근본주의자들이었습니다.

그러나 그들의 주장이 옳든 그르든 한 가지는 기억할 필요가 있습니다. 그것은 스토아 철학이 서양철학에서 처음으로 남녀노소, 빈부귀천의 차이를 막론하고 모든 사람들에게 행복으로 통하는 문을 열어준 철학이었다는 사실입니다. 모든 사람은 외적 조건의 차이에 관계없이 평등하게 행복에 참여할 수 있습니다. 왜냐하면 행복은 외적 조건에 있는 것이 아니라 오로지 내면의 덕에 존립하는 것이기 때문입니다.

스토아 철학에서 덕에 따른 삶은 다른 것이 아니라 자연에 합치하는 삶이었습니다. 그런데 자연에 일치하는 삶은 동시에 이성의 인도에 따르는 삶을 뜻하는 것이기도 했습니다. 왜냐하면 인간에게 있어서 그의 자연, 즉 그의 본성은 오로지 이성에 있기 때문입니다. 따라서 우리가 자연에 합치하는 삶을 살고 이성에 따라 행위한다면, 우리의 삶도 행복할 수 있다고 스토아주의자들은 생각하였습니다. 마르쿠스 아우렐리우스의 말에 따른다면, "인간의 이성이 바로 신이며 신성의 유출"입니다.[17] 이성은 단지 인간의 본성일 뿐 아니라 신의 본성이기도 하며 동시에 세계의 본성이기도 합니다. 우주를 지배하는 세계 이성은 인간의 이성을 통해 우리들 각자에게 깃들이는 것입니다. 그런 까닭에 "이성적 동물에게 있어서 자연에 따르는 것과 이성에 따르는 것은 동일한 행동"이며,[18] 우리는 각자의 지배적 이성에 따름으로써 전체 자연의 원리와 하나될 뿐만 아니라 궁극적으로는 신과 하나되는 것입니다. 그리고 우리가 이처럼 자연과 하나되고 신과 하나되는 삶을 살 때, 우리의 삶은 참된 행복에 이를 수 있는 것입니다.

그러나 철학자들이 자연의 실체가 부드럽고 온순하다고 아무리 강조해서 말한다 할지라도, 그리고 자연이 인간에게 어떠한 악의도 품고 있지 않다는 것을 아무리 설명한다 하더라도, 그들이 실제로 우리 주위에 일어나는 많은 고통스런 일들의 현실성을 부정할 수는 없는 일입니다. 그리고 우리가 아무리 이성에 따르는 생활을 하고 자연에 일치하는 삶을 산다 하더라도 우리는 때로 역경에 처할 수도 있으며 때로는 질병으로 괴로움을 당할 수 있습니다. 우리가 이런 사정을 고려한다면 단순히 이성에 따르는 삶을 살기만 하면 행복해질 수 있다고 말하는 스토아 철학자들의 주장이 너무 소박하고 무모해 보입니다.

그러나 스토아 철학자들은 이런 의구심에 대해 전혀 개의치 않았습니다. 만약 자연이 이성적이고 정의로운 법칙에 따라 진행한다면 왜 선한 사람에게 역경이 닥치는가? 우리는 이렇게 물을 수 있습니다. 그러나 만약 우리가 이렇게 묻는다면, 스토아 철학자는 이렇게 되물을 것입니다. '도대체 그대에겐 무엇이 좋은 것(the good)이고 무엇이 나쁜 것(the bad)인가?' 그렇다면 우리는 아리스토텔레스를 따라 우리가 원하는 모든 것을 좋은 것이라 하고 우리가 싫어하고 회피하는 모든 것을 나쁜 것이라 대답할 수 있을 것입니다. 그러나 스토아 철학자는 좋은 것(또는 선)을 그렇게 이해하지 않습니다. 그들에게 좋은 것은 오직 엄격한 의미의 덕(virtue)밖에 없습니다. 다시 말해 좁은 의미의 윤리적인 덕들, 예를 들어 지혜, 용기, 절제, 그리고 정의, 이런 것들만이 좋은 것이고 선한 것입니다. 그리고 그에 반대되는 윤리적 악덕만이 참된 의미에서 나쁜 것이요 악한 일입니다. 나머지 가치들은 좋은 것도 나쁜 것도 아닌 것, 즉 '무차별한 것'(adiaphora/indifferent)에 지나지 않습니다.

"그들[=스토아 철학자들]은 존재하는 것들 가운데 어떤 것은 좋은 것이고 어떤 것은 나쁜 것이며, 또 어떤 것은 그 둘 중 어떤 것도 아니라고 말한다. 덕들은—지혜, 용기, 정의, 절제와 그 밖의 것들인데—좋은 것이다. 이런 것들의 반대는—어리석음과 불의 그리고 그 밖의 것들인데—나쁜 것이다. 유익하지도 않고 해롭지도 않은 것은 좋은 것도 아니고 나쁜 것도 아니다. 예를 들어 삶, 건강, 쾌락, 아름다움, 힘, 부(富), 명예, 고귀한 혈통, 그리고 이런 것들과 반대되는 것들, 즉 죽음, 질병, 고통, 추함, 허약함, 가난, 나쁜 평판, 비천한 혈통, 기타 등등. 왜냐하면 이런 것들은 좋은 것이 아니라 다만 선호되는 종류의 무차별한 것들일 뿐이기 때문이다."[19]

놀랍게도 스토아 철학자들은 여기서 보듯 대다수 사람들이 추구하는 많은 좋은 것들, 즉 죽음이 아닌 삶, 건강, 쾌락, 아름다움, 재산과 명예 그리고 좋은 가문, 이 모든 것들을 좋지도 나쁘지도 않은 것, 다시 말해 무차별한 것 속에 포함시키고 있습니다. 마찬가지로 그런 것의 반대, 즉 죽음이나 질병 또는 고통과 가난도 나쁜 것이 아니라 마찬가지로 무차별한 것의 범주에 포함됩니다. 여기서 어떤 것이 무차별한 것이란 말은 쉽게 말하자면 그것이 이렇든 저렇든 나와는 아무런 상관이 없는 것임을 뜻하는데, 그 까닭은 무차별한 것들이 "행복을 위해서도 불행을 위해서도 아무런 기여를 하지 않는 것들"이기[20] 때문입니다. 우리는 건강을 갖고도 불행할 수 있고 질병 가운데서도 행복할 수 있습니다. 만약 건강이 참으로 좋은 것이라면, 그것은 우리를 반드시 행복으로 이끌어야 할 것입니다. 마찬가지로 질병이 참으로 나쁜 것이라면, 그것은 우리를 필연적으로 불행하게 만들어야 할 것입니다. 그러나 행복은 그런 것에 좌우되는 것이 아닙니다. 따라서 우리를 행복하게 만들지도 불행하게 만들지도 않는 그 모든 것들은 우리에겐 아무래도 상관없는 것, 즉 무차별한 것들입니다.

따라서 우리는 역경에 처했다고 해서 슬퍼해서는 안 됩니다. 왜냐하면 우리가 아무리 고통스런 일을 당한다 하더라도 우리 자신의 도덕적인 악덕이 아닌 한, 나 자신에게는 아무런 나쁜 일도 일어난 것이 아니기 때문입니다. "역경과 질병은 그 자체로서는 선도 아니고 악도 아니라는[=좋은 것도 아니고 나쁜 것도 아니라는] 이치를 보여주기 위해 신은 이런 일이 선한 사람과 악한 사람에게 아무 차별도 없이 일어나게 하는 것"이라고 세네카는 말합니다.[21] 따라서 예기치 않은 재난으로 인해 불행해진 사람이 있다면 그의 불행은 운명이 만들어준 것이 아니라 단지 스스로를 불행하다고 생각하는 그 사람 자신의 어리석은 판단이 만들어낸 것일 뿐입니다. 죽음이라 하더라도 마찬가지입니다. 다시 에픽테토스의 말을 들어보면,

"사람들을 동요케 하는 것은 사물들 그 자체가 아니라 사물들에 대한 의견과 판단이다. 예를 들어 죽음은 결코 두려운 것이 아니다. (만약 그것이 〈그 자체로서〉 두려운 것이었다면 소크라테스에게도 그렇게 보여야만 했을 것이다.) 다만, 두려운 것은 죽음이 두려운 것이라는 의견이다. 그러므로 만약 우리가 마음의 동요와 슬픔 때문에 방해받는다면, 그 책임을 다른 사람이 아니라 바로 우리들 자신에게, 다시 말해 우리들의 의견과 판단에 돌리도록 하자."[22]

자연은 우리에게 어떤 해악(害惡)도 끼치지 않습니다. 덕과 악덕 이외에는 좋은 것도 나쁜 것도 없기 때문입니다. 이런 의미에서 "당신에게 해악이 생긴다면 그것은 당신의 마음으로부터 생기는 것이다"라고 마르쿠스 아우렐리우스는 말합니다.[23] 좋은 것도 아니지만 나쁜 것도 아닌 재난이나 고통을 두고 해악이라고 판단하는 우리의 마음이야말로 모든 불행의 원천이라는 것입니다. 따라서 우리는 나에게 어떤 일이 일어나든지 간에 그 모든 일이 필연적인 운명에 따른 일임을 깨닫고, 내 주위에 일어나는 일들 때문에 기뻐하거나 슬퍼하지 않아야 한다는 것이 스토아주의자들의 가르침인 것입니다.

아파테이아-모든 정념으로부터의 해탈

우리의 삶에서 유일하게 좋은 것은 오직 덕밖에 없습니다. 마찬가지로 나쁜 것도 오로지 악덕밖엔 없습니다. 이 두 가지를 제외한다면 나머지 것들은 아무래도 상관없는 것, 즉 무차별한 것일 따름입니다. 그럼에도 불구하고 우리들은 좋은 것이 아닌 일을 서로 얻겠다고 싸우며, 그런 것들을 차지했을 때에는 다 큰 어른들이 마치 철없는 어린아이처럼 좋아합니다. 반면에 우리는 자주 염려와 두려움의 대상일 수 없는 것에 대해 지나친 두려움을 갖기도 합니다. 전쟁터에서 병사가 가장 두려워해야 할 대상은 죽음이 아니라 죽음 앞에서의 비겁함이듯이, 마찬가지로 우리의 삶에서 우리가 가장 경계하고 두려워해야 할 것도 이러저러한 재난이라기보다는 재난에 대한 두려움 때문에 우리가 악에 빠지는 일일 것입니다. 그러나 우리는 덕이나 악덕에 대해 관심을 갖고 염려하기보다는 아무래도 상관없는 일들에 사로잡혀 일상의 노예로 살아갑니다. 그 결과 참된 마음의 평정을 얻지 못하고 언제나 헛된 욕망에 목말라하고 거짓된 기쁨에 도취하며 또한 사소한 일에 대해서도 지나친 공포와 슬픔에 사로잡혀, 얼마든지 견디고 이길 수 있는 일 앞에서도 스스로 무릎을 꿇는 어리석음에 빠지는 것입니다. 그것은 모두 우리가 사물을 이성적으로 판단하기보다는 그때그때의 비이성적인 정념과 감정에 따라 사는 데 익숙해 있기 때문입니다.

정념이란 일반적으로 말해 외부로부터 주어지는 자극에 의해 수동적으로 일어나는—여기서 외부란 마음의 밖을 말하는 것으로서, 우리의 육체도 엄밀하게 보자면 외부적인 것입니다—마음의 모든 격렬한 움직임을 뜻합니다. 그런데 스토아 철학자들의 견해에 따르면 "정념은 이성의 명령에 순종하지 않는 과도한 충동 또는 비이성적이고 자연에 반대되는 영혼의 움직임"입니다.[24] 구체적으로 말하자면 이런 정념들 가운데 가장 중요하고 기본적인 것은 욕망과 공포 그리고 쾌감과 슬픔, 이 네 가지로서, 욕망은 거짓된 가치에 대한 비이성적인 집착이며 쾌감은 욕망의 대상을 얻었을 때 우리가 느끼는 비이성적인 만족감입니다. 그리고 공포는 닥쳐올 위험에 대한 비이성적인 거부감이며, 슬픔은 공포스런 일이 닥쳤을 때 우리가 느끼는 비이성적인 위축감입니다.[25] 이 모든 정념들은 강렬하고 과도하면 할수록 사물에 대한 우리의 이성적인 판단을 흐리게 하고 그 결과 우리를 잘못된 행위로 이끌어가는 것입니다.

스토아 철학은 우리에게 바로 이러한 비이성적인 정념의 지배에서 벗어날 것을 요구합니다. 이성적으로 생각해보면 우리들 영혼의 덕과 악덕을 제외한다면, 삶에서 우리가 얻었다 해서 기뻐할 것도 없고 잃었다 해서 슬퍼할 것도 없습니다. 우리가 소유하고 있는 모든 외적인 것들은 운명의 여신이 우리에게 잠시 맡겨둔 것일 뿐 결코 나의 참된 소유물이 아닙니다. 운명은 언제라도 그것을 되찾아갈 수 있는 것입니다. 따라서 우리는 세상 만사를 대할 때, 마치 여행을 하는 사람이 여관방의 물건을 보듯이 해야 하는 것입니다.

"결코 어떤 것에 대해서도 '내가 그것을 잃어버렸다'고 말하지 말라. 다만 '나는 그것을 되돌려주었다'고 말하라. 너의 아이가 죽었는가? 되돌려준 것이다. 너의 아내가 죽었는가? 되돌려준 것이다. 〈또 너는 말한다.〉 '사람들이 나의 땅을 빼앗았다.' 그러나 그것 또한 되돌려준 것일 뿐이다. 〈그러면 너는 말할 것이다.〉 '그러나 나에게서 땅을 빼앗은 사람은 악한(惡漢)이다.' 하지만 너에게 그것을 주었던 자가 누구를 통해 너에게서 그것을 되찾아가든 그것이 너와 무슨 상관이란 말인가? 그것이 너에게 맡겨져 있는 동안, 마치 남의 물건을 대하듯 그것을 대하라. 마치 여행자가 여관을 대하듯이."[26]

바로 이것이 스토아 철학자들이 추구했던 정념 없는 상태, 즉 '아파테이아'(apatheia)입니다. 그것은 어떠한 외부적인 상황 앞에서도 동요하지 않는 정신의 의연함을 뜻합니다. 지혜로운 사람은 필요한 것을 바라되 결코 집착하지 않으며, 위험을 예방하고 조심하되 결코 두려움에 사로잡히지 않습니다. 아무리 가혹한 운명이라도 그런 현자(賢者)를 불행하게 할 수는 없습니다. 그는 영혼의 선함 이외에는 아무것도 바라지 않으니, 가진 것을 잃을까 봐 운명의 변덕을 두려워할 까닭이 없습니다. 그리고 우리의 정신이 아무것도 두려워하지 않을 때, 우리는 비로소 참된 자유를 얻을 수 있는 것입니다.

"나는 아무것도 바라지 않는다. 나는 아무것도 두려워하지 않는다. 나는 자유이다."

이는 「그리스인 조르바」의 작가, 니코스 카잔차키스의 묘비명이었습니다.

무엇이 소중한 것인가

모든 참된 철학은 시대의 고뇌에 대한 말건 넴입니다. 스토아 철학 또한 마찬가지입니다. 그것은 시대의 불안에 대한 대답이었습니다. 끝없이 이어지는 전쟁과 내란으로 혼란스럽고 불안정했던 헬레니즘 시대를 살았던 스토아 철학자들은 동료 인간들에게 삶의 의미와 참된 행복을 눈에 보이는 것들에서가 아니라 오로지 자기 자신의 보이지 않는 내면 속에서, 그것도 오로지 마음의 도덕성에서 찾음으로써 불안과 공포에서 벗어날 것을 권했던 것입니다.

그 시대가 혼돈과 불안의 시대였듯이 지금 우리의 삶도 그러합니다. 사람들은 미래에 대한 불안에 사로잡혀 동요합니다. 더욱이 지금 당장 생존의 위험에 처한 사람들은 절망스런 마음에 어찌할 바를 모릅니다. 철학은 그런 상황에서 생존을 위해 어떤 처방도 주지 않습니다. 그러니 밥을 위해서는 아무 쓸모 없는 학문이 철학입니다.

그러나 철학은 다만 우리에게 묻습니다. 우리의 삶에서 과연 무엇이 참으로 불안의 대상이며 공포의 대상인가? 그리고 무엇이 참으로 욕구의 대상이며 기쁨의 대상인가? 돌이켜 보면 우리는 너무도 오랫동안 한술 밥에 얽매여 살아왔습니다. 언제나 자유와 정의 그리고 진리와 선(善)보다는 한술 밥이 더 소중한 것이라 생각하였습니다. 마치 모세의 인도를 따라 자유를 찾아 이집트를 떠났던 이스라엘 사람들이 잠시의 배고픔을 견디지 못하고 차라리 노예상태이긴 했으나 굶주리지는 않았던 옛날이 더 좋았노라 그리워했던 것처럼, 오늘날 경제가 조금 어려워졌다 해서 박정희 따위를 그리워하는 사람들이 우리입니다. 해방된 조국에서 그 일본군 중위를, 단지 그가 우리 입에 쌀밥을 넣어주었다는 이유 하나로, 그것도 남에게 빌린 돈으로 말입니다. 이것은 노예에게서나 가능한 가치관입니다.

삶에서 진정으로 소중한 것이 과연 무엇입니까? 인간이 동물과 다른 것은 인간의 존재이유가 맹목적인 생존 이상의 것이기 때문입니다. 인간은 무엇인가 생존 이상의 것을 이루기 위하여 존재하는 것이지 단지 살아남기 위하여 사는 존재가 아닙니다. 이제 숨가쁘게 달음질치기만 해왔던 우리의 현대사를 되돌아보고 삶의 의미와 참된 가치 그리고 역사가 나아가야 할 마땅한 방향에 대해 생각할 때가 되었습니다. 그러나 우리가 언제나 그래 왔듯이 이런 종류의 물음을 사치스런 물음이라 치부하고 무시한다면, 언제 우리는 한술 밥에 울고 웃는 궁핍하고 메마른 삶을 벗어날 수 있겠습니까? 어차피 우리 모두는 자기에게 합당하고 어울리는 삶을 살 수밖에 없기 때문입니다. 에픽테토스는 노예의 신분으로 태어나 불구의 몸으로도 자유로운 정신의 철학자가 되었습니다. 그런데 우리는 자유로운 나라의 시민으로 태어나 스스로 육체의 노예가 되어야 하겠습니까?

주

1) M. 아우렐리우스/L. A. 세네카 지음, 황문수/최현 옮김, 『명상록/행복론』, 범우사, 1994년, 30쪽.

2) 『명상록』, 133쪽 아래.

3) 윌 듀란트 지음, 황문수 옮김, 『철학이야기』, 문예출판사, 1995년, 105쪽.

4) 『명상록』, 53쪽.

5) *Stoicorum Veterum Fragmenta*, Bd. II, 937.

6) 『행복론』, 225쪽.

7) 같은 책, 241쪽.

8) SVF, Bd. II, 913.

9) Epiktetos, *Encheiridion*, 17.

10) 『행복론』, 255쪽.

11) 같은 책, 254쪽.

12) 같은 책, 289쪽.

13) 같은 책, 259쪽.

14) *Encheiridion*, 9.

15) SVF, Bd. III, 16.

16) 『행복론』, 187쪽.

17) 『명상록』, 167쪽.

18) 같은 책, 91쪽.

19) *Diogenes Laertios*, 7. 101.

20) *SVF*, Bd. III, 119.

21) 『행복론』, 239쪽.

22) *Encheiridion*, 5.

23) 『명상록』, 131쪽.

24) *SVF*, Bd. III, 378.

25) 같은 책, 391 참조.

26) *Encheiridion*, 11.

EPIKoURoS

참된 쾌락이란 무엇인가

에피쿠로스

"이성적이며 고상하고 정의롭게 살지 않으면
쾌락의 삶도 있을 수 없다.
반대로 쾌락 속에서가 아니라면
이성적이고 고상하고 정의로운 삶을 살 수도 없다."

●에피쿠로스

정원의 철학자들

스토아 철학과 에피쿠로스 철학

스토아 철학은 강당(stoa)의 철학이었습니다. 다르게 말하자면, 그것은 공회당의 철학이었습니다. 그러나 에피쿠로스 철학은 정원(庭園)의 철학입니다. '정원의 철학자들'이 에피쿠로스 학파 철학자들의 별명이었습니다. 그러니까 보다 알기 쉽게 표현하자면, 에피쿠로스의 철학은 꽃밭의 철학이었던 것입니다. 그리고 이미 이런 별명이 에피쿠로스 철학의 특징을 모자람 없이 암시해줍니다. 그의 철학은 정치가와 황제의 철학이 아니라 은둔자와 예술가의 철학입니다. 거창한 사회적 의무를 수행하고 공공적 광장에서 얻는 명예에서 삶의 의미를 찾는 것이 아니라, 정원의 꽃 한 송이에서 삶의 기쁨을 누리는 사람을 위한 철학, 그것이 에피쿠로스의 철학인 것입니다.

에피쿠로스 철학은 아테네 사람이었던 에피쿠로스에 의해 창립되어 스토아 철학과 같이 헬레니즘 시대에 그리스와 로마에서 유행했던 철학이었습니다. 그것은 스토아 철학과 마찬가지로 그리스 도시국가의 고전적 삶의 이상이 무너지고 개인이 공동체로부터 소외되어 황량하고 불확실한 세계 속에 불안하게 내던져져 있다고 느낄 수밖에 없었던 시대의 철학이었습니다. 그러나 똑같은 역사적 배경을 가지고 생겨난 철학이었으나 에피쿠로스 철학과 스토아 철학은 물과 기름처럼 서로에게 적대적이었습니다. 추상적으로 말하자면 스토아 철학자들이 언제나 보편과 전체의 입장에서 개인의 삶에 접근했던 것과는 정반대로 에피쿠로스 철학은 개인과 전체의 불화가 점점 더 깊어가던 그 시대에 개인의 편을 들었던 철학이었습니다.

스토아 철학은 개인에게 자기 자신을 잊어버리고 오직 전체를 위해 헌신할 것을 요구합니다. 전체와 개인이 대립할 때, 스토아 철학은 개인을 부정하고 개인을 전체에 동화시킴으로써 전체와 개인의 대립을 해소하려 했습니다. 이에 반해 에피쿠로스는 전체를 위한다는 미명 아래 개인의 삶을 희생하는 것을 거부했습니다. 오직 한 번뿐인 우리의 삶에서 개인이 자기 자신의 삶에 충실하지 못하고 자기 밖의 일에 얽매여 살아야 한다는 것은 에피쿠로스의 입장에서는 받아들일 수 없는 일이었습니다.

"우리는 단 한 번 이 세상에 태어나며 두 번 태어나는 것은 불가능하다. 그리고 우리는 그 다음에 영원한 시간을 통틀어 더 이상 존재하지 않게 된다. 그럼에도 불구하고 당신은 항상 제때를 놓치고 일을 뒤로 미루며 단 한 번도 미래의 주인이 되지는 못한다. 주저하는 동안 삶은 흘러가버리고 우리들 모두는 바쁘게 일만 하다가 죽어간다."[1]

우리의 삶은 언제나 바로 지금 여기에서 일어나고 이루어집니다. 그리고 그 삶의 주인은 다른 누구도 아닌 나 자신입니다. 그리하여 삶의 온전함과 탁월함은 전체로서의 국가나 자연이 아니라 바로 나 자신의 삶 속에서 실현되고 검증되어야만 하는 것입니다.

은둔자의 철학

그런데 문제는 개인과 전체가 불화 속에 있을 때 생깁니다. 어차피 개인은 세계 속에 살 수밖에 없습니다. 그리하여 개인과 전체의 불화는 개인의 삶에 직접적으로 부정적인 영향을 미치게 됩니다. 그러나 어떤 경우이든 개인이 전체를 자기에게 동화시킬 수는 없습니다. 쉽게 말해 세상일이 내 마음대로 될 수는 없는 것입니다. 그리하여 개인과 전체가 불화할 때 개인의 편을 드는 철학자가 해줄 수 있는 말은 할 수 있는 한 세상으로부터 떠나서 살라는 충고밖에는 없습니다. "한 발짝 물러서서 살아라!"[2] 이것이 에피쿠로스의 조언입니다.

> "재산이나 다른 의지할 만한 권력이 우리를 사람들로부터 어느 정도 안전하게 지켜줄 수 있다 하더라도, 진정한 안전은 우리가 대중들로부터 고요히 은둔할 때 생긴다."[3]

그러니까 에피쿠로스 철학은 개인에게 할 수 있는 한, 세상의 일 따위는 잊어버리고 자기 자신의 행복을 추구할 것을 권유하는 철학입니다. 그것은 정치가를 위한 철학이 아니라 은둔자를 위한 철학인 것입니다. 그런 까닭에 헬레니즘 시대의 그리스 철학이 로마에 전파되었을 때, 스토아 철학이 세네카나 마르쿠스 아우렐리우스 등, 로마의 정치가에게서 그 대표적 지지자를 얻었던 데 반해, 에피쿠로스 철학이 베르길리우스나 호라티우스 같은 로마의 시인들에게 영향을 미쳤던 것은 그다지 이상한 일이 아닙니다. 그것은 정치적 야망에 불타고 명예를 위해 살고 죽는 사람이 아니라 정원에 핀 한 송이 꽃의 아름다움에 탐닉하는 사람들을 위한 철학인 것입니다.

에피쿠로스는 인간의 정치적 활동을 그다지 고상한 활동이라 여기지도 않았고 인간의 본성상 필수적인 일이라 여기지도 않았습니다. 우리들의 욕구 가운데 어떤 것은 자연적인 것이지만 어떤 것은 공허한 것입니다.

"우리의 욕구 가운데 어떤 것은 자연적이고 어떤 것은 공허하다는 것을 깨달아야 한다. 자연적 욕구들 가운데 일부는 필수적이지만, 일부는 그렇지 않다. 그리고 필수적인 욕구 가운데 어떤 것은 행복의 달성을 위해 필요한 것이며 어떤 것은 우리의 건강을 보존하기 위해 필요하고 또 다른 것은 생존할 수 있기 위해 필요하다."[4]

그런데 정치적인 활동과 그에 따르는 명예란 삶에서 없어서는 안 될 필수적인 일이 아닙니다. 그것은 생존을 위한 일도, 건강을 위한 일도, 행복을 위한 일도 아닙니다. 정치란 내가 맛있는 음식을 입에 넣는 것만도 못한, 공허하고 쓸데없는 일에 지나지 않습니다. 기껏해야 그것은 필요악일 수 있을 뿐입니다.

물론 에피쿠로스도 자연이 우리를 함께 살도록 창조했다는[5] 것을 알고 있었습니다. 우리는 이 세계에서 홀로 살 수 없으며 언제나 이웃과 더불어 살 수밖에 없습니다. 따라서 우리는 "될 수 있는 한 주위 세계와 널리 친숙해지거나 만일 그것이 불가능하다면 적어도 주위 세계가 우리에게 낯설지 않도록 노력해야만"[6] 합니다. 간단히 말해 우리가 주변 사람들과 좋은 관계를 맺을 경우에만 우리는 주위 세계에 대한 불안감 없이 평화롭게 살아갈 수 있다는 것입니다.

그러나 에피쿠로스가 이처럼 사회적 관계에 대해서 말할 때 그의 근본적인 관심은 사회적인 참여와 정치적인 활동을 통해 개인의 차원에서는 이룰 수 없는 어떤 공공적 가치를 적극적으로 실현하는 데 있지는 않았습니다. 도리어 사회에 대한 그의 관심은 오로지 사회로부터 개인에게 가해질 수 있는 강제와 폭력을 미연에 방지하는 데

초점이 놓여 있었던 것입니다.

　"자연의 정의란 서로 해를 입히지도 않고 해를 당하지도 않으려는 상호이익의 협정이다."[7]

　"정의는 그 자체로서 존재하는 어떤 것이 아니다. 그것은 언제 어떤 장소에서 사람들이 서로 만나든지 간에 사람들 사이의 상호관계에서 서로 해를 입히지도 말고 해를 당하지도 말자는 계약일 뿐이다."[8]

　위의 두 인용문이 말하듯이 에피쿠로스가 사회에 대해 요구하고 기대하는 것은, 사회가 개인으로서는 할 수 없는 일을 개인을 위해 해달라는 것도 아니고, 모든 개인들이 서로 협력하여 혼자서는 이룰 수 없는 어떤 가치 있는 일을 성취하라는 것도 아닙니다. 사회를 통해 사람들이 서로 돕고 이익을 주고받는 것은 그의 관심이 아니었습니다.

　그가 바라는 것은 오직 하나, 서로 고통을 주지도 않고 받지도 않는 것뿐이었습니다. 법과 정의가 필요한 까닭도 단지 그것 때문입니다. 법은 지혜롭고 양심적인 사람들이 악한 사람들에 의해 피해를 입거나 고통을 당하지 않도록 하기 위하여 소극적 방어수단으로서만 필요할 뿐입니다.[9]

　따라서 어쩔 수 없는 경우가 아니라면 우리는 정치적 삶으로부터 한걸음 물러서서 자기의 정원으로 은둔하여 거기서 삶의 의미와 기쁨을 추구해야 한다는 것이 에피쿠로스의 기본적 태도였던 것입니다.

쾌락주의

에피쿠로스의 철학은 정치적 공동체로부터 소외되고 바깥 세계에 대해 실망한 개인이 취할 수 있는—스토아적 태도와는 다른—또 하나의 정신적 태도를 전형적으로 형상화해줍니다. 개인과 전체가 불화할 때 스토아적 정신의 소유자들이 자기를 포기하고 부정함으로써 나와 세계 사이의 거리를 좁히려 한다면, 에피쿠로스적 정신의 소유자들은 내 힘으로는 어찌할 수도 없는 사회를 포기하고 내가 직접 다스릴 수 있는 나의 사적(私的)인 영역 속에서 자신의 행복을 추구하려 합니다. 즉 이들은 내가 어쩔 수 없는 거창한 일을 가지고 동분서주하기보다는, 작고 보잘것없는 일이라 하더라도 내가 확실하게 관리할 수 있는 소박한 일에서 삶의 기쁨과 보람을 찾으려 하는 것입니다.

> "먼 데 있는 것에 대한 욕심 때문에 가까이 있는 것을 무시하지 말라. 그리고 지금 가까이 있는 것도 한때 당신이 갈망하며 소망했던 것임을 생각하라."[10]

에피쿠로스 철학은 이처럼 우리로 하여금 작은 일에 만족하고 기쁨을 찾을 것을 권합니다. "그것은 우리가 모든 상황에서 작은 것에 만족하기 위해서가 아니라, 우리가 많이 갖지 못했을 때 작은 것으로 만족할 수 있기 위해서"입니다.[11] 우리가 많은 것을 갖지 못했다 하더라도 작은 것에 만족하고 자족을 느낄 수 있다면 우리는 많은 것을 얻고도 만족할 줄 모르는 사람보다 더 행복하고 더 자유로운 것입니다. 그리하여 에피쿠로스는 자유라는 그리스의 고전적 삶의 이상을 정치적 실천에서가 아니라 은둔적 삶에서 느끼는 소박한 자족을 통해 실현하려 합니다.

"자족함의 가장 찬란한 열매는 자유이다."[12]

그런데 이 말은 언뜻 듣기에는 멋있는 말인 것 같습니다만, 사실은 그리스 도시국가의 고전적 삶의 이상에 대한 최종적 파산선고이기도 합니다. 오래 전 아테네가 그리스와 지중해 세계에서 번영을 누리고 있었을 때, 페리클레스(Perikles)는 아테네인들이 자유롭게 사사로운 일에 대해서나 정치적인 일에 대해서나 똑같이 관심을 기울인다고 자랑스럽게 말했었습니다. 그러면서 그는 정치적인 일에 참여하지 않는 사람을 가리켜 단지 '하는 일 없는'(aprag-mon) 사람이 아니라 아예 '쓸모없는'(achreios) 사람이라 부른다 하였습니다.[13] 그러나 정치적인 일에 관여하고 싶어도 예전처럼 관여할 수도 없게 되어버린 지금, 자유는 개인이 사사로운 삶에서 느끼는 자족으로 축소되고 말았던 것입니다.

그러나 이처럼 우리가 원칙적으로 사회적 참여와 정치적 실천을 도외시한 채 오로지 좁은 의미의 개인적 삶으로 은둔하여 삶의 완성과 행복을 추구할 때, 우리가 얻을 수 있는 행복이란 과연 어떤 것이겠습니까? 다시 말해 만약 내가 세상을 잊어버리고 오직 나 한 사람만을 위해 산다면, 그때 내가 얻을 수 있는 좋은 것들이 과연 무엇이겠습니까? 그것은 육체의 한계 내에 갇혀 있는 개별자로서의 내가 직접 소유하고 느끼고 또 관리할 수 있는 그런 좋은 것들일 것입니다. 쉽게 말해 우리가 세상을 잊어버릴 수 있다면, 우리는 오로지 육체의 쾌락과 마음의 즐거움 이외에는 어떤 다른 것도 추구할 필요가 없어질 것입니다. 그리하여 모든 개인주의자는 거의 필연적으로 쾌락주의자가 됩니다. 개인적 삶의 사사로운 영역에 갇혀버린 사람이 추구할 수 있는 가치는 예나 지금이나 쾌락밖에 없는 것입니다.

"쾌락은 행복한 삶을 형성하는 알파요 오메가라고 나는 주장한
다. 우리는 쾌락이 우리의 첫째가는 선천적인 재산임을 알고 있으
며 우리의 추구와 회피를 쾌락에 의해 조종하며 모든 재화를 쾌
락을 기준으로 측정한다."[14]

이리하여 에피쿠로스 철학은 예로부터 쾌락주의와 동의어가 되
었습니다. 그리고 그것은 금욕주의적인 스토아 철학자들의 격렬한
비판의 표적이 되었음은 물론이거니와, 나중에는 거룩한 기독교인
들의 멸시와 증오의 대상이 되었습니다. 근엄한 사람들은 에피쿠로
스 철학자들을 가리켜 "에피쿠로스의 돼지들"이라 부르기를 주저하
지 않았습니다. 이런 태도는 어느 시대에나 비슷해서, 스스로 쾌락
에 빠져 사는 사람조차도 겉으로는 쾌락주의적 인생관을 비난하는
일에 열을 올리는 법입니다.

그러나 우리는 쾌락주의에 대해 성급한 도덕적 판단을 내리기 전
에, 쾌락주의가 뿌리박고 있는 토양이 무엇인지를 언제나 먼저 생각
해야 합니다. 쾌락주의가 옳든 그르든, 원칙적으로 쾌락주의는 개인
주의의 부산물입니다. 개인이 수도원이 아닌 세속의 세계 속에 살면
서도 열린 사회, 공공의 광장으로 나아가지 못하고 한갓 사사로운
삶의 영역에 유폐될 때, 그가 할 수 있는 일이란 어차피 쾌락의 추구
밖에는 아무것도 없기 때문입니다. 따라서 쾌락주의에 대한 참된 처
방은 개인을 자기의 좁은 사적(私的) 영역에서 해방시켜 보다 넓은
세계를 향해 나아갈 수 있도록 도와주는 것입니다. 어차피 인간은
자기의 자발적인 활동 범위 안에서 자기의 좋은 것을 추구할 수밖에
없습니다. 따라서 나의 주체적 활동의 범위가 좁으면 좁을수록 나는
그만큼 작고 일회적인 가치에 매일 수밖에 없습니다. 그에 반해 내
범위가 확장되면 확장될수록 나의 관심의 범위도 따라서 넓어지게
마련입니다. 따라서 우리는 쾌락주의자들을 비난하기 전에 사람들

의 관심을 개인적 일상사에만 제한시키는 사회를 먼저 비판해야 할 것입니다.

참된 쾌락이란 무엇인가

참된 쾌락이란 무엇인가 |

쾌락주의는 개인주의의 부산물이라고 우리는 말했습니다. 그러므로 쾌락주의 그 자체를 극복하려는 사람은 개인주의를 먼저 극복하지 않으면 안 됩니다. 그러나 개인주의적 문화를 바꾸는 것은 한두 사람의 힘으로 가능한 일은 아닙니다. 때로는 최인훈의 소설 「광장」의 주인공 이명준처럼 우리가 아무리 개인의 밀실을 박차고 열린 광장으로 나가려 한다 하더라도, 완강히 닫힌 사회의 벽 앞에서 어쩔 수 없이 개인의 밀실에 칩거할 수밖에 없는 시대가 있는 것입니다. 에피쿠로스의 시대도 그런 시대였습니다.

이런 시대에 에피쿠로스는 앞에서 살펴보았듯이 개인주의나 쾌락주의를 굳이 피하려 하지 않았습니다. 그러나 그가 쾌락주의를 순순히 받아들였다고 해서 그의 비판자들이 말하듯이 그가 치유할 수 없이 방탕한 삶을 살았던 것은 결코 아닙니다. 맹목적으로 쾌락에 탐닉하기에는 그는 너무도 진지한 사람이었습니다. 진지함이란 무엇입니까? 그것은 깨어서 질문하는 것입니다. 에피쿠로스는 쾌락주의자였습니다. 그러나 그는 통속적인 쾌락주의자가 아니라 진지한 쾌락주의자였습니다. 그는 자신이 걷는 길이 어디에서 시작하여 어디에서 끝나는지를 끊임없이 되물었습니다. 간단히 말해 그는 참된 쾌락이 무엇인지를 물었던 사람입니다. 그리고 이 물음으로 인해 그는 역사에 남을 이유가 있는 철학자가 되었습니다.

근엄한 도덕가는 쾌락을 경멸할 뿐입니다. 그리고 통속적인 사람들은 반성 없이 쾌락에 탐닉할 뿐입니다. 그들은 쾌락을 경멸하고 쾌락에 탐닉한다는 점에서는 전혀 다른 종류의 사람들이지만 한 가지 점에서는 같습니다. 즉 그들은 모두 참된 쾌락의 의미와 가치에 대해서 질문하지 않는 것입니다. 그러나 참된 철학자라면 어떤 길을 걷든 자기가 걷는 길의 의미와 가치를 깨어서 묻지 않으면 안 됩니다. 왜냐하면 소크라테스가 말했듯이 무릇 음미되고 반성되지 않은 삶은 살 가치가 없는 삶이기 때문입니다. 그런데 이 점에서 에피쿠로스는 참된 철학자였습니다. 그는 쾌락의 길을 걸었습니다. 그러나 그는 참된 쾌락의 의미와 가치를 되물어야 하는 철학자의 사명을 쾌락에 빠졌다고 해서 잊어버리지는 않았습니다. 그리하여 고상하고 근엄한 철학자들 일색인 윤리학의 역사 속에서 하마터면 무시되고 잊혀질 뻔한 매우 중요한 물음을 에피쿠로스는 구해낼 수 있었습니다. 그것은 바로 "참된 쾌락이란 무엇인가?"라는 물음입니다.

쾌락을 경멸하는 사람도 고통 속에서 살기를 바라지는 않습니다. 그런 한에서 우리는 누구도 쾌락에 대해 무관심할 수 없습니다. 그렇지만 근엄한 철학자들은 쾌락을 입에 올리는 것 자체를 꺼립니다. 그러나 그렇다고 해서 문제가 없어지는 것은 결코 아닙니다. 과연 참된 쾌락이란 무엇입니까? 바로 이것이 에피쿠로스가 우리에게 던지는 의미 있는 질문인 것입니다.

자연적 욕망과 공허한 욕망

에피쿠로스는 참된 쾌락이 무엇인지를 밝히기 위해 먼저 우리의 욕구를 분석합니다. 왜냐하면 쾌락은 많은 경우 욕망과 밀접하게 연결되어 있기 때문입니다. 우리는 우리가 원하고 바라던 것을 얻었을 때, 쾌락을 느낍니다. 이때 우리의 욕망이 강렬하면 강렬할수록 우리의 쾌락도 커집니다. 그에 반해 우리가 필요로 하고 원하는 것을 얻지 못할 때, 우리는 고통을 느낍니다. 이런 의미에서 에피쿠로스는 쾌락을 논하기 위해 먼저 욕구를 분석하는 것입니다.

그런데 맹목적으로 쾌락을 추구하는 많은 사람들은 어떤 종류의 욕망이든 자신이 느끼는 욕망이 충족되기만 하면, 그것으로 족하다고 생각합니다. 그러나 에피쿠로스는 그런 사람들에게 이렇게 충고합니다.

"욕구가 일 때마다 자문해보라. 나의 욕구가 충족되면 어떻게 될 것이며 충족되지 않으면 어떻게 될 것인가를."[15]

우리가 이렇게 물어본다면 우리는 너무도 많은 우리의 욕망이 충족된다 하더라도 삶의 참된 쾌락을 위해서는 기껏해야 본전 아니면 손해라는 결론에 도달하게 됩니다. 예를 들어 에피쿠로스는 성적인 방종에 대하여 이렇게 말하고 있습니다.

"당신은 육체적 충동이 당신을 과도한 성행위로 몰고 간다고 말한다. 원한다면 그 충동을 따라가라. 그러나 그때에 법을 위반하거나 예의에서 벗어나지 않도록 신경쓰라. 그리고 이웃사람을 괴롭히거나 당신의 건강을 해치지 않으며, 당신의 힘을 낭비하지 않도록 주의하라. 그러나 그 가운데 어떤 것 하나라도 걸리지 않는 것은 어려운 일이다. 왜냐하면 애정의 쾌락은 어떤 이익도 가져오지 않기 때문이다. 당신이 그것으로 인해 해를 입지 않으면 다행이다."[16]

여기서 에피쿠로스는 방종한 성생활이 어떤 이익도 가져오지 않으며, 그로 인해 우리가 해를 입지나 않으면 다행이라고 말하고 있습니다. 따지고 보면 성적(性的) 방종만이 그런 것은 아닙니다. 많은 종류의 욕망이, 충족된다 하더라도 쾌락은 잠깐이고, 보다 크고 지속적인 고통만을 남기는 경우가 허다합니다. 따라서 쾌락주의적 원리에 따른다 하더라도 모든 욕망과 모든 쾌락을 무차별하게 추구하는 것은 현명한 일이 아닌 것입니다.

그런데 에피쿠로스는 우리의 욕망충족이 언제나 순수한 쾌락으로 끝나지 않는 까닭을 무엇보다 욕망 그 자체의 비본래성(非本來性)에서 찾습니다. 에피쿠로스에 따르면 욕구들 가운데 어떤 것은 자연적이고 필연적이며, 어떤 것은 자연적이기는 하지만 필연적이지는 않습니다. 그리고 어떤 것은 자연적이지도 필연적이지도 않으며 단순히 공허한 망상에서 파생된 것입니다.[17]

그러니까 우리가 느끼는 많은 욕망이 자연적인 것이 아니라 사회문화적으로 규정된 집단적 혹은 개인적 망상의 소산이라는 것입니다. 에피쿠로스에 따르면 이런 욕망은 사실 충족되지 않는다 하더라도 아무런 고통도 일으키지 않습니다.[18] 그것은 마치 어린아이가 장난감 가게 앞에서 눈에 보이는 새로운 장난감을 사달라고 떼를 쓰면서 부모가 들어주지 않을 때에는 울고불고하지만, 그곳을 떠나 장난감이 눈에서 사라지면 모든 것을 잊고 다시 생글거리는 것과 흡사합니다. 어른들이 어린아이와는 달리 공허한 욕망을 못내 버리지 못하고 거기 집착하는 까닭은 욕구 자체의 성질이 본질적으로 달라서가 아니라 어른의 욕망이 사회문화적으로 규정된 망상에 지속적으로 사로잡혀 있기 때문일 뿐입니다.[19] 오직 자연적이고 본래적인 욕망이 추구되고 충족될 때, 우리는 참된 쾌락을 얻을 수 있습니다. 따라서 진정한 쾌락을 누리려는 사람은 먼저 무엇이 꼭 충족되어야 할 욕구이고 무엇이 도리어 절제해야 할 욕구인지를 분별하는 법을 배

워야만 하는 것입니다.

좋은 쾌락과 나쁜 쾌락의 판단기준

지금까지 보았던 것처럼 에피쿠로스 철학은 결코 눈에 보이는 모든 쾌락을 닥치는 대로 추구하라고 가르치는 철학이 아닙니다. 도리어 그는 여러 가지 종류의 쾌락들 가운데 우리가 어떤 것을 추구해야 하고 또 어떤 것을 피해야 할지를 따진다는 점에서 소피스트적 쾌락주의자와는 분명히 다릅니다. 도리어 에피쿠로스는 원칙적으로 쾌락의 원리를 이성의 원리와 일치시키려 합니다. 이것을 그는 다음과 같이 간단히 표현합니다.

> "이성적이며 고상하고 정의롭게 살지 않으면 쾌락이 있을 수 없다. 그리고 반대로 쾌락 속에서 살지 않으면 이성적이고 고상하고 정의로운 삶을 살 수 없다."[20]

여기서 에피쿠로스는 맹목적인 쾌락주의에 대하여 분명히 선을 긋습니다. 그는 정의와 이성의 원리에 어긋나는 쾌락을 단호히 거부합니다. 그러나 에피쿠로스가 이성에 대하여 이야기한다 하더라도, 그가 여전히 쾌락주의자임에는 변함이 없습니다. 왜냐하면 그는 어떤 경우에도 쾌락을 이성의 원리 아래 일방적으로 종속시키려 하지는 않기 때문입니다. 이성이 없이는 쾌락도 없습니다. 그러나 쾌락이 없이는 이성 또한 무의미한 것입니다. 이 점에서 그는 소피스트도 아니었지만, 동시에 소크라테스도 아니었습니다.

이처럼 에피쿠로스의 철학에서는 쾌락의 원리가 이성의 원리와 나란히 있습니다. 그럼에도 불구하고 그의 철학이 이성주의라 불리지 않고 쾌락주의라고 불리는 것은, 그의 철학에서 행복한 삶의 실체적 내용이 쾌락이기 때문입니다. 따지고 보면 이성이 필요한 까닭도 이성 그 자체 때문이 아니라, 보다 크고 보다 지속적인 쾌락을 얻기 위해서는 어떤 쾌락을 추구하고 어떤 쾌락을 피해야 할지를 우리가 판단해야 하기 때문입니다.

"그리고 바로 쾌락은 우리에게 최우선적으로 주어진 자연적인 재화이다. 그렇다고 해서 우리는 모든 쾌락을 추구하지는 않는다. 쾌락 때문에 보다 큰 불쾌가 초래될 위험이 있을 경우 우리는 많은 쾌락들을 지나쳐버린다. 그렇다. 보다 오랜 고통의 시간 뒤에 보다 큰 쾌락이 뒤따라올 경우에 우리는 많은 고통을 쾌락보다 높이 평가한다. 쾌락이 그 자체로서 유쾌한 것이기 때문에 모든 쾌락이 우리에게 좋은 것을 의미하기는 하지만 모든 쾌락이 추구할 만한 가치를 가지는 것은 아니다. 반대로 모든 고통이 나쁜 것이지만 그렇다고 해서 반드시 회피되어야만 하는 것은 아니다. 우리의 과제는 참을 것과 못 참을 것을 재고 구분하여 항상 모든 것을 올바르게 평가하는 것이다. 왜냐하면 우리는 때때로 나쁜 것을 좋은 것으로 또는 좋은 것을 나쁜 것으로 이용하기 때문이다."[21]

여기서 보듯 우리는 모든 종류의 쾌락을 무차별하게 추구할 수는 없습니다. 우리는 때로는 욕망을 참고 절제해야 하며 때로는 쾌락 대신 고통을 선택하기도 해야 합니다. 그런데 여기 인용문에서 보듯 쾌락과 고통을 선택하고 회피하는 판단기준이 에피쿠로스의 경우에는 이성이나 다른 어떤 도덕적 가치가 아니라 오직 쾌락입니다. 어떤 쾌락이 바람직하냐 아니냐를 결정하는 판단기준은 오직 쾌락 그 자체일 뿐입니다. 어떤 일이 보다 순수하고 지속적인 쾌락을 얻는 데 이바지한다면 그것은 바람직한 것입니다. 그리하여 그 자체로서는 쾌락을 주는 일이라도 그것이 순수하고 지속적인 쾌락을 손상시키고 도리어 한때의 쾌락보다 더 큰 고통을 낳는다면, 우리는 피해야 할 것이며, 거꾸로 그 자체로서는 고통스런 일이라고 하더라도 그것이 순간의 고통보다 더 크고 지속적인 쾌락을 낳는다면, 우리는 당연히 그 고통을 참고 견디는 것입니다. 따라서 쾌락의 가치를 판단하는 기준은 다시 쾌락입니다. 그런 한에서 에피쿠로스는 여전히 쾌락주의자인 것입니다.

참된 쾌락

만약 우리가 에피쿠로스의 쾌락주의를 플라톤적 표현으로 번역해서 말한다면, 이런 식으로 말해볼 수 있겠습니다. 에피쿠로스에게 있어서 모든 불완전한 쾌락의 가치는 완전한 쾌락에 의해 평가됩니다. 이것은 칠판 위에 그려진 삼각형의 참됨이 오직 완전한 삼각형의 이념(이데아)에 의해 평가되는 것과 마찬가지입니다. 눈에 보이는 삼각형이 삼각형이 아닌 다른 어떤 기준에 의해 평가되는 것이 아니라 오직 삼각형 그 자체(즉, 순수하고 완전한 삼각형)에 의해 평가되듯이, 낱낱의 쾌락 역시 쾌락이 아닌 다른 어떤 가치가 아니라 오로지 완전하고 순수한 쾌락의 이념에 참여함으로써 그 가치를 얻게 되는 것입니다. 따라서 낱낱의 쾌락의 가치를 평가하기 위해 우리는 순수하고 완전한 쾌락의 이념, 즉 참된 쾌락의 이념을 먼저 분명히 하지 않으면 안 됩니다.

그런데 에피쿠로스에 따르면 참된 쾌락은 "향락 자체에 관심을 두는 사치스러운 자의 쾌락"을 의미하는 것이 아닙니다.[22] 에피쿠로스는 그가 말하는 쾌락을 이런 식으로 이해하는 것은 "무지한 자나, 우리의 이론을 이해하지 못하거나 우리의 이론을 악의적으로 오해하는 자들이 저지르는 것"이라고 말합니다.[23] 그런데 그가 통속적인 의미의 향락을 참된 쾌락이 아니라고 말하는 까닭은 그가 쾌락을 넘어선 어떤 고상한 가치를 적극적으로 염두에 두고 있기 때문이 결코 아닙니다. 그 까닭은 오직 하나, 그가 참된 쾌락을 놀랍게도 적극적인 의미에서 무한히 큰 쾌락으로 보지 않고 정반대로 고통의 부정, 즉 고통이 없는 상태로 보았기 때문입니다. 다시 말해 참으로 완전한 쾌락은 무한히 큰 쾌락이 아니라 무한히 작은 고통, 아니 고통의 전적인 부정과 결여인 것입니다.

에피쿠로스는 쾌락을 동적(動的) 쾌락과 정적(靜的) 쾌락으로 구별합니다. 쉽게 말하자면 동적 쾌락은 결핍으로부터 충족으로 이행할 때 우리가 느끼는 쾌락입니다. 그러니까 사람들이 말하는 일반적인 의미에서의 쾌락이란 동적인 쾌락이라고 할 수 있습니다. 그에 반해 정적인 쾌락은 마음에 불안이 없고 몸에 고통이 없는 평정상태를 뜻합니다. 그런데 에피쿠로스는 동적인 쾌락이 아니라 정적인 쾌락이 진정한 쾌락이라 주장했던 것입니다. 비유하자면 이런 입장은 우리가 음식을 먹을 때, 맛있다고 느끼는 것보다, 맛이 없다고 느끼지 않는 것이 더 좋다는 것입니다. 요컨대 적극적인 의미에서 쾌락을 느끼는 상태보다, 고통을 느끼지 않는 상태가 더 좋은 쾌락의 상태라는 것입니다. 이것을 에피쿠로스는 이렇게 설명합니다.

"우리에게 쾌락이란 신체 영역에 어떤 고통도 느끼지 않는 동시에 정신적 영역에서 어떤 불안도 느끼지 않는 것을 의미한다. 왜냐하면 넘칠 만큼의 음식이나 아름다운 남녀와의 즐김, 또는 맛있는 생선 요리와 같이 풍성하게 차려진 식탁에 있는 것들이 쾌락적인 삶을 만들어주는 것은 아니기 때문이다. 오히려 모든 욕구와 회피의 근거를 파악하고 영혼을 회오리바람처럼 뒤흔드는 광기(狂氣)를 몰아내는 명료한 사고만이 쾌락적인 삶을 만들어주기 때문이다."[24]

참된 쾌락은 육체와 정신의 고통과 불안 그리고 모든 종류의 혼란과 광기가 제거될 때 이룩됩니다. 그때 우리의 마음은 맑게 갠 하늘 아래 태양빛에 반짝이는 바다와도 같이 고요히 빛나는 지복(至福)의 상태에 있게 되는 것입니다. 에피쿠로스는 고통도 불안도 없는 영혼의 이러한 절대적 평온함을 가리켜 아타락시아(ataraxia)라고 불렀습니다. 스토아 철학자들이 말한 아파테이아의 상태를 폭풍이 몰아치는 바다의 배 위에서 태연하게 잠을 청하는 예수의 모습에 비유한다면, 아타락시아의 상태는 구름 한 점 없는 하늘 밝은 태양 아래 눈부시게 빛나는 잔잔한 바다에 비유할 수 있을 것입니다. 참된 쾌락은 우리가 지속적으로 고통과 불안의 부재(不在)상태에 있을 때 실현됩니다. 우리가 잠들어 있는 것이 아니라 명증적 의식 속에서 깨어 활동하는 상태에 있으면서도 지속적으로 어떤 불안이나 고통 없이 살 수 있다면 그런 삶이야말로 가히 신적인 삶이라 할 만한 것입니다.

그런데 이처럼 참된 쾌락을 쾌락의 양의 무한한 증대에서 찾지 않고 고통과 불안의 축소에서 찾는 까닭에 에피쿠로스의 윤리학은 논리적으로는 분명히 일관된 쾌락주의의 형태를 유지하고 있으나, 실질적으로는 도리어 이성적인 절제의 윤리학이 되어버리고 맙니다. 왜냐하면 우리가 보통 쾌락이라고 부르는 것들치고 나중에 그보다 더 큰 고통과 번민을 남기지 않는 것이 거의 없기 때문입니다. 그리고 참된 쾌락은 이러저러한 향락을 누리는 데 있는 것이 아니라 오로지 고통을 피하는 데 있기 때문입니다. 따라서 에피쿠로스가 육체를 위하여 요구하는 최고의 쾌락은 맛있는 음식과 성적인 쾌락이 아니라, 고작 헐벗고 굶주리지 않는 것뿐이었습니다.

> "육체는, 굶지 말 것, 목마르지도 말 것, 추위에 떨지 말 것을 외친다. 이 모든 것을 이룰 수 있고 그렇게 될 확실한 희망을 가질 수 있는 자는 신과 같은 행복을 누릴 수 있다."[25]

굶지 않는 것, 목마르지 않는 것 그리고 추위에 떨지 않는 것, 놀랍게도 겨우 이것이 예로부터 숱한 멸시와 비난의 표적이 되었던 쾌락주의자가 신과 같은 행복을 누리기 위해 요구했던 것의 전부였습니다.

몸의 쾌락뿐만 아니라 아리스토텔레스가 '외적인 선'(external good)이라 불렀던 여러 가지 가치들도 마찬가지입니다. 앞에서 말했듯이 에피쿠로스는 처음부터 권력이나 명예 따위에 대해서는 아무런 관심도 없었습니다. 재산에 대해서도 마찬가지입니다. 그것은 헐벗고 굶주리지 않을 정도만 있으면 족한 것입니다. 그런 까닭에 에피쿠로스는 "자연의 순리가 요구하는 재산의 양은 제한되어 있고 상대적으로 쉽게 얻을 수 있으나, 어리석은 갈망으로 인해 추구하는 재산은 어마어마하다"고 말합니다.[26] 헐벗고 굶주리지 않기 위해 필요한 재산은 그다지 많지 않기 때문입니다. 더 나아가 그에 따르면 자연은 우리에게 필수적인 것은 쉽게 얻을 수 있도록 창조했고 얻기 어려운 것은 필수적인 것이 아닌 것으로 창조했습니다.[27] 쌀과 채소는 자연에서 금이나 은보다 더 쉽게 얻을 수 있습니다. 그리고 금이나 은이 쌀과 채소보다 얻기 어려운 까닭은 그것이 보다 값진 것이어서가 아니라 단지 그것이 우리에게 필수적이지 않은 것이기 때문이라는 것입니다. 그럼에도 불구하고 많은 사람들이 반드시 필요하지도 않은 재화를 얻기 위해 서로 싸우고 자연을 파괴하는 어리석음을 저지릅니다. 이런 의미에서 에피쿠로스는 "자연의 의도에 비춰 본다면 가난이 최대의 부유함이며, 한계를 모르는 부유함은 커다란 가난"이라고[28] 말합니다. 그러니까 쓸데없이 많은 재산이야말로 인간을 불행하게 만드는 씨앗인 것입니다.

이처럼 육체를 위한 향락도 원치 않고 권력이나 재산도 자기를 보존하기 위한 최소한의 것 이상을 원치 않는 쾌락주의자가 이제 철학적인 삶과 이성적인 삶을 칭송한다 해서 놀랄 것이 무엇이겠습니까? 결국 에피쿠로스 역시 절제와 금욕을 가르치는 스토아 철학자들과 마찬가지로 이성적인 삶과 정신적 만족 속에서 참된 행복을 찾습니다. 그러므로 로마의 스토아 철학자들이었던 세네카나 마르쿠스 아우렐리우스의 글에서 때때로 우리가 에피쿠로스에 대한 긍정적 평가를 발견한다 하더라도 조금도 이상하게 생각할 필요가 없습니다. 진정한 쾌락과 행복을 육체적 쾌락이나 외부적 재화에서 찾지 않았던 점에서라면, 에피쿠로스나 스토아 철학자들이나 별반 차이가 없었기 때문입니다.

우정

에피쿠로스는 이렇게 참된 쾌락을 소극적인 방식으로 고통의 부재라 규정하고 절제된 이성적 삶을 권장합니다. 그러나 우리가 육체적 고통에서 해방된다고 해서 우리의 삶이 곧바로 참된 쾌락으로 가득 채워지는 것은 아닙니다. 인간은 사회적 동물입니다. 따라서 우리가 참으로 행복한 삶을 살기 위해서는 타인과의 관계에서도 쾌락을 얻을 수 있어야만 할 것입니다.

우리의 삶에는 여러 가지 종류의 인간관계가 있습니다. 정치적 광장에서 맺는 인간관계도 있고 기업이나 회사에서 맺는 인간관계도 있으며 가족공동체 속에서 맺는 인간관계도 있습니다. 그런데 에피쿠로스는 인간의 사회적 의무를 강조했던 스토아 철학자들과는 달리 개인의 사사로운 인간관계를 더 중요시하였습니다. 그러니까 그는 수많은 인간관계들 가운데서도 우정을 가장 중요한 것이라 보았습니다. 우정이야말로 행복한 삶을 위하여 모든 사람이 자기 나름대로 추구할 수 있는 것들 가운데서 가장 훌륭한 것입니다.

"고상한 자는 무엇보다도 지혜와 우정을 추구한다. 하나는 가변적인 재산이고 다른 하나는 불변적인 재산이다."[29]

삶에서 가장 중요한 것은 지혜입니다. 그것은 불변적인 재산입니다. 그것을 얻기 위해 우리는 철학하지 않으면 안 됩니다. 그러나 그에 못지않게 중요한 것이 참된 우정을 얻는 일입니다. 진실한 친구를 얻고 또 진실한 친구가 되는 것이야말로 이 황량하고 불확실한 세상에서 우리가 누릴 수 있는 가장 큰 기쁨에 속하는 것입니다. 그리하여 지혜조차도 때로는 그 자체로서 갖는 가치 때문이 아니라 우정을 낳는 수단으로서 추구되기도 합니다. 그런 의미에서 에피쿠로스는 "우정을 얻는 능력은 행복에 기여하는 지혜의 활동 가운데 가장 중요한 것이다"라고[30] 말하기도 합니다. 이는 쉽게 말하자면 지혜로운 사람만이 참된 우정을 얻을 수 있다는 말이라 하겠습니다.

세계시민(kosmopolites)으로서의 사회적 의무를 강조했던 스토아 철학과는 달리 에피쿠로스 철학은 주변의 친구와 이웃에 대한 우정과 신의를 강조하는 철학입니다. 이 점에서도 에피쿠로스 철학은 은둔자의 철학입니다. 우정은 공적인 일에 투신하지 않고 자신의 사사로운 공간에 머무르려 하는 사람이 누릴 수 있는 가장 이상적인 인간관계일 것입니다. 게다가 그것은 에피쿠로스처럼 소극적 쾌락을 추구하는 사람에게 어울리는 인간관계이기도 합니다. 우정은 애정처럼 격렬하지는 않으나, 대신 애정처럼 마음의 평온을 깨뜨리지도 않습니다. 우리의 삶의 기쁨은 더불어 나눔으로써 더 커지고, 삶의 고뇌와 슬픔은 더불어 나눔으로써 더 작아집니다. 그런 까닭에 타인과 따뜻하고 친밀한 관계를 맺는 것은 삶에서 참으로 중요한 일입니다. 그러나 애정은 때때로 너무나 뜨거운 정념으로 발생하기 때문에 마음의 평정을 해치고 우리의 영혼에 지워지지 않는 상처를 남기기 쉽습니다. 그에 반해 친구에 대한 따뜻하고 지속적인 관심은 영혼의 평화를 해치지 않으면서 우리의 삶을 풍요롭고 행복하게 만들어주는 활력이 되는 것입니다.

형이상학적 불안과 공포의 극복

미신으로부터의 해방

육체의 고통과 마음의 불안으로부터 벗어나는 것, 우리가 지금까지 살펴본 대로, 이것이 에피쿠로스 철학이 추구했던 삶의 목표였습니다. 에피쿠로스는 이런 삶을 무엇보다 우정으로 가득 찬 삶에서 찾았습니다. 에피쿠로스의 철학적 공동체는 모든 사람들에게, 그러니까 여자와 노예들에게도 개방되어 있었습니다. 에피쿠로스는 그 모든 사람들에게 따뜻한 친구였습니다. 그는 함께 비탄하는 것이 아니라 함께 돌보며 도움을 주는 것이 우정의 증거라고 생각했습니다.[31] 그리하여 그는 자신의 주위에 모여든 모든 사람들에게 사랑받는 조력자가 되었으며, 그의 정원에 모여든 사람들은 서로 따뜻한 우정을 나누며 황량하고 불확실한 세계에서 마음의 평안을 얻을 수 있었던 것입니다.

그러나 참된 마음의 평화는 또 한 가지 문제가 해결되기 전에는 아직 실현되지 않습니다. 그것은 인간의 존재, 삶과 죽음에 대한 형이상학적 물음에 대하여 어떤 확신을 가지는 것입니다. 인간이란 참으로 신비한 존재입니다. 그는 무한한 존재의 역사에 비추어보면 순간을 사는 존재에 지나지 않지만, 그 순간 속에서 영원에 대해 묻고 생각할 수 있는 존재인 것입니다. 그리하여 인간의 삶의 평화와 행복은 육체적 감각이 주는 고통으로부터 벗어나고 일상의 삶에서 우리가 마음의 평정을 유지한다 해서 다 이루어지는 것이 아닙니다. 우리의 삶이 영원의 지평에서 흔들림 없는 확고한 입각점을 찾지 못할 때, 우리의 삶은 안으로부터 동요합니다. 그것은 소멸할 수밖에 없는 인간이 무한하고 영원한 존재 앞에서 느끼는 형이상학적 불안인 것입니다.

종교는 인간이 영원하고 무한한 존재지평에 대해 갖는 태도가 어떤 체계적 형태를 띠고 나타난 것입니다. 그리고 많은 경우 세상이 혼란스러우면 혼란스러울수록 사람들은 종교적 신앙을 통해 위로와 소망을 얻으려 합니다. 그러나 헬레니즘 시대에 그리스의 옛 신들은 더 이상 본래적인 종교적 권위를 유지할 수 없었습니다. 마치 오늘날 많은 기독교인들이 성경의 많은 내용들을 사실로서 받아들이기보다는 하나의 신화적 상징으로 받아들이는 것처럼, 당시의 계몽된 교양인들 역시 호메로스나 헤시오도스가 말하는 신들의 이야기를 더 이상 객관적 사실로서 받아들일 수 없었습니다. 시인들이 노래하는 신들을 진지한 신앙의 대상으로 여기기에는 그들이 묘사하는 신들이 너무도 잡다하고 부도덕하기 때문이었습니다. 그리하여 시대는 절실하게 믿고 의지할 수 있는 신앙의 체계를 요구하고 있음에도 불구하고 이전에 믿어온 신들은 시체처럼 생명력을 잃어버리고 몰락해가고 있었던 것이 헬레니즘 시대의 종교적 상황이었습니다.

이렇게 시대가 혼란 속에 빠져 사람들이 믿고 의지할 수 있는 종교가 절실하게 요구됨에도 불구하고 사람들을 사로잡을 수 있는 진정한 종교가 나타나지 않을 때, 창궐하는 것이 바로 모든 종류의 미신과 사이비 종교입니다. 참된 종교는 보편적이고 객관적인 가치의 숭배로 나타납니다. 그것은 아름다움이나 선이나 진리에 대한 동경과 열정으로 나타나는 것입니다. 그러나 미신은 본질적으로 참된 가치에 대한 선한 열정이 아니라 압도적인 폭력에 대한 비굴한 공포에 뿌리박고 있습니다. 우리가 부처를 믿든 예수를 믿든 아니면 다른 어떤 신을 믿든지 간에, 우리의 신앙의 대상이 자발적 동경을 불러일으키는 보편적 가치로서가 아니라 오로지 이승에서의 행, 불행이나 사후의 심판을 무기로 우리를 위협하는 폭력으로서 다가올 때, 우리가 누구를 믿고 누구에게 고개 숙이든지 간에 그 모든 것은 즉시 미신이 되어버리고 맙니다.

미신의 본질은 정신의 예속에 있습니다. 이때 사람들이 믿는 신은 우리를 위협하는 폭군으로서 군림합니다. 우리는 종교를 통해 마음의 평화와 자유를 얻는 것이 아니라 도리어 예속된 노예처럼 전전긍긍하면서 내가 어찌할 수 없는 냉혹한 운명과 온갖 잡신들의 변덕스런 의지 아래서 불안에 떨게 되는 것입니다. 그리고 이런 초자연적 힘 아래서 인간이 느끼는 무력감과 불안감이야말로 헬레니즘 시대의 일반적 정조(情調)였으며, 그것이 또한 모든 미신의 토양이기도 했던 것입니다.

그러나 우리가 삶과 죽음에 얽힌 이런 형이상학적 불안을 극복하지 못할 때, 우리의 영혼은 결코 동요 없는 평온을 유지할 수 없습니다. 따라서 우리가 참으로 순수한 쾌락을 얻기 위해서는 마지막으로 삶의 종교적 지평에서 생겨날 수 있는 불안을 제거하지 않으면 안됩니다. 그것은 적극적 의미에서 종교적 위로와 소망을 추구하는 것일 수도 있고 소극적 의미에서 미신을 제거하는 것일 수도 있습니다. 그러나 어떤 식으로든 인간의 종교적 삶을 건강하게 만드는 것은 헬레니즘 시대의 철학에게 지워진 가장 중요한 시대적 요구의 하나였습니다.

유물론과 인간의 자유 |

그런데 종교문제에서도 에피쿠로스 학파와 스토아 학파는 대립적인 길을 걸었습니다. 스토아 철학자들은 전래

되어오는 다신교적 종교를 제우스 신을 중심으로 일신교적으로 체계화하면서 사람들을 위협하는 잡신들과 악령들을 무력화시키고 사람들의 종교심을 순화(純化)시키려 하였습니다. 그러나 에피쿠로스는 아예 모든 초자연적인 세력을 인간의 삶으로부터 추방하여 인간을 운명이나 신의 개입으로부터 자유로운 존재로 만듦으로써 가능한 불안요인을 원천적으로 없애는 길을 택했습니다.

먼저 그는 스토아 철학자들이 말하는 운명적 필연성을 인정하지 않았습니다. 만약 운명의 힘이 인간의 삶을 지배한다면, 우리는 운명에 대한 불안으로부터 결코 자유로울 수 없을 것입니다. 그러나 그것은 영혼의 평온을 해칩니다. 따라서 에피쿠로스는 인간의 삶으로부터 운명적 필연성이라는 것을 철저히 배제하려 했습니다.

"필연성은 나쁜 것이다. 그러나 다행히도 필연성 안에 갇혀 살아야 할 필연성은 존재하지 않는다."[32]

이렇게 그는 인간을 운명으로부터 자유롭게 함으로써 사람들이 불안과 동요 없이 자기 삶의 주인이 되도록 했던 것입니다. 둘째로 에피쿠로스는 모든 신들을 인간의 세계로부터 추방해버림으로써 아예 미신이 발붙일 곳을 없애려 하였습니다. 물론 그도 신의 존재를 인정하기는 했습니다. 그리고 "신이 영원한 존재이며 지극히 행복한 존재"[33]라는 전통적인 견해도 이의없이 받아들였습니다. 그러나 그는 신이 자족적이고 최고로 행복한 존재라는 그리스적 전제로부터 신과 인간의 관계에 대하여 전혀 다른 결론을 이끌어냈습니다. 그것은 신들이 자족적이고 행복한 존재이므로 인간의 일에 관심을 가질 아무런 이유도 없다는 것이었습니다.

"지극히 행복한 불멸의 존재인 신은 괴로움을 지니지 않으며 다른 이에게 괴로움을 주지도 않는다. 그렇기 때문에 신은 분노도 호의도 알지 못한다. 분노나 호의는 약한 존재들에게나 있는 것이다."[34]

여기서 우선 에피쿠로스는 신들의 지복을 강조함으로써 그 당시 만연하고 있었던 변덕스럽고 심술궂은 악령의 표상을 제거하려 합니다. 즉 신들은 행복하고 아무런 결핍이 없는 자족적인 존재이므로 굳이 인간에게 악의를 품을 이유가 없다는 것입니다. 그러나 에피쿠로스는 여기서 한걸음 더 나아가 신이 자족적인 행복을 누리는 존재이므로 인간에 대하여 호의의 감정 또한 가지고 있지 않다고 말함으로써 종교의 존립기반 자체를 허무는 데까지 나아갑니다. 만약 신이 자족하고 지극히 행복하므로 남에게 분노나 호의를 가져야 할 아무런 이유도 없다면 우리는 더 이상 신들에게 이런저런 것을 이루어달라고 요구할 수 없게 됩니다.

"당신 스스로 할 수 있는 일을 신에게 요구하는 것은 어리석다."[35]

쉽게 말하자면 이제 신들에게 기도하는 것은 아무런 의미가 없는 일입니다. 어차피 신들은 우리에게 아무런 관심도 없는 존재이기 때문입니다. 결국 에피쿠로스는 종교를 무의미한 것으로 만들어버렸습니다. 그러나 그 대신 에피쿠로스의 가르침에 따르면 우리는 더 이상 신들이 나를 미워하고 괴롭히지 않을까 불안해할 필요도 없습니다. 신들이 나에게 특별히 호의를 가질 이유도 없지만 동시에 나에 대해 특별히 분노를 품을 이유는 더더욱 없기 때문입니다. 따라서 우리는 이제 운명에 얽매이지도 않고 신들을 두려워하지도 않으면서 자유롭고 편안한 마음으로 우리의 삶을 우리 스스로 꾸려나갈 수 있는 것입니다.

죽음의 문제

이렇게 운명과 악령에 대한 공포를 없애고 나면 우리의 마음은 고요히 빛나는 바다처럼 마냥 평온할 수 있는 것입니까? 아마도 그렇지는 않을 것입니다. 왜냐하면 아직도 죽음의 문제가 남아 있기 때문입니다. 우리가 한 번도 경험해보지 않은 낯선 길을 갈 때 우리는 불안을 느끼게 마련입니다. 그런데 죽음의 길은 우리가 한 번도 경험해보지 않은 절대적으로 낯선 길입니다. 그리고 죽음은 피할 수 있는 것도 아닙니다. 우리는 모두 빠르게든 늦게든 죽음의 길에 들어설 수밖에 없는 존재인 것입니다. 그런 까닭에 우리의 삶은 죽음이 드리우는 그림자로부터 자유로울 수 없고, 죽음이라는 절대적으로 낯선 사태가 불러일으키는 불안으로부터 쉽게 벗어날 수도 없습니다. 따라서 우리가 불안과 고통 없는 삶을 살 수 있기 위해서는 무엇보다 죽음이 주는 공포를 극복하지 않으면 안 됩니다.

대개의 경우 사람들은 내세에 대한 종교적 믿음을 통해 죽음의 두려움을 이기려 합니다. 그러나 에피쿠로스는 정반대로 내세와 죽은 뒤의 심판을 철저히 부정하고 죽음을 절대적인 소멸로 이해함으로써 죽음의 공포에서 벗어나려 하였습니다.

"죽음은 아무것도 아니다. 왜냐하면 죽음이 찾아오면 아무런 감각도 없어지기 때문이다. 그리고 아무 감각도 없으면 죽음에 대해 걱정할 필요도 없다."[36]

우리가 살아서 존재하는 한, 죽음은 우리와 아무런 상관이 없습니다. 반대로 죽음이 우리를 찾아올 때, 우리는 더 이상 존재하지 않습니다. 그러므로 죽음은 우리와 아무런 상관이 없습니다. 이것이 에피쿠로스의 입장이었습니다.

"그러므로 모든 불행 중에 가장 끔찍한 불행인 죽음은 우리에게 아무것도 아니다. 우리가 존재하는 한 죽음은 존재하지 않으며, 죽음이 존재하면 우리는 더 이상 존재하지 않는다. 따라서 죽음은 산 자에게도 죽은 자에게도 아무 연관이 없다. 산 자에게는 죽음이 없으며, 죽은 자는 더 이상 존재하지 않기 때문이다."[37]

죽음은 내 존재의 절대적 소멸입니다. 죽음이 나를 찾아오면 나는 더 이상 존재하지 않습니다. 나의 감각도 나의 의식도 아무것도 없는 것입니다. 그러니 내가 죽는다 한들 무슨 고통이 있을 수 있겠습니까? 고통을 느낄 주체가 이미 없어져버렸는데 말입니다. 이렇게 에피쿠로스는 마지막으로 죽음의 공포로부터 사람들을 구해내려 하였습니다. 그리고 이제 아무런 불안 없이 한 번뿐인 삶을 마음놓고 즐기라고 권하는 것입니다.

돌이켜 보면 육체의 고통을 피하는 것, 사치와 향락을 멀리하는 것, 그리고 죽음의 공포에서 벗어나는 것, 겨우 이것이 욕심없는 쾌락주의자의 참으로 소박한 소망이었습니다. 그러니 참된 쾌락을 얻기 위해 우리가 필요로 하는 것은 얼마나 보잘것없을 정도로 작은 것입니까? 그러나 그 작은 것에 감사하고 만족하는 것은 또 얼마나 크고 어려운 일입니까?

에피쿠로스의 경우를 보면, 사람이 쾌락을 추구한다고 해서 모두 속물이 되지는 않는다는 것을 알 수 있습니다. 어떤 경우에도 인생을 즐기고 아름다움에 탐닉하는 것이 그 자체로서 악이라 비난받을 수는 없습니다. 어떤 사람이 쾌락을 추구하고 삶을 즐기기로 마음먹었다면, 그가 자기의 쾌락을 위해 타인에게 해를 끼치지 않는 한, 아무도 그를 비난할 수 없을 것입니다. 그러나 쾌락이란 무엇입니까? 쾌락이라는 이름은 하나지만, 쾌락 그 자체는 하나가 아닙니다. 인간이 누릴 수 있는 수많은 쾌락들 가운데 무엇이 참된 쾌락입니까?

주

1) 에피쿠로스 지음, 조정옥 엮음, 『쾌락의 철학』, 동천사, 1997년, 56쪽.

2) 같은 책, 92쪽.

3) 같은 책, 26쪽.

4) 같은 책, 98쪽.

5) 같은 책, 89쪽.

6) 같은 책, 51쪽.

7) 같은 책, 43쪽.

8) 같은 책, 45쪽.

9) 같은 책, 90쪽.

10) 같은 책, 64쪽.

11) 같은 책, 100쪽.

12) 같은 책, 80쪽.

13) Thukydides, *Historiai*, II, 40.

14) 『쾌락의 철학』, 99쪽.

15) 같은 책, 77쪽.

16) 같은 책, 67쪽.

17) 같은 책, 41쪽.

18) 같은 책, 38쪽.

19) 같은 책, 42쪽.

20) 같은 책, 13쪽.

21) 같은 책, 99쪽 아래.

22) 같은 책, 100쪽.

23) 같은 곳.

24) 같은 책, 101쪽.

25) 같은 책, 62쪽.

26) 같은 책, 27쪽.

27) 같은 책, 82쪽.

28) 같은 책, 59쪽.

29) 같은 책, 81쪽.

30) 같은 책, 39쪽.

31) 같은 책, 74쪽.

32) 같은 책, 54쪽.

33) 같은 책, 94쪽.

34) 같은 책, 21쪽.

35) 같은 책, 73쪽.

36) 같은 책, 19쪽.

37) 같은 책, 95쪽 아래.

AUGUSTINUS

참된 종교와 참된 행복

아우구스티누스

"당신은 우리를 당신을 향해서 살도록 창조하셨으므로
우리 마음이 당신 안에서 쉴 때까지는 편안하지 않습니다."

●아우구스티누스

플라톤을 통해 그리스도교로

고대 사회의 종말과 그리스도교적 세계의 등장

아우구스티누스(St. Augustinus)는 354년 북아프리카의 타가스테(Thagaste : 지금은 알제리의 수크-아흐라스)라는 도시에서 태어나 430년에 세상을 떠난 초창기 그리스도 교회 최대의 신학자이자 철학자였습니다. 그가 살았던 시대의 분위기를 이해하기 위해, 우리는 먼저 그가 죽은 뒤 약 반세기 뒤 476년에 서로마 제국이 멸망했다는 것을 상기해야 할 것입니다. 로마는 서양 고대적 유산의 마지막 상속자였습니다. 그리하여 로마의 멸망은 고대 세계 전체의 멸망을 뜻하는 것이었습니다. 멸망하기 직전의 시대, 한 세계가 자신의 모든 활력을 소진하고 이제 죽음의 문턱에 온 듯 침몰해가던 시대가 아우구스티누스의 시대였습니다.

아우구스티누스의 시대는 멸망의 시대이기도 했으나 동시에 새로운 탄생의 시대이기도 했습니다. 기원후 1세기 예수에 의해 창시되고 바울에 의해 로마 제국 전역으로 전파되기 시작한 그리스도교는 국가의 탄압과 박해에도 불구하고 점점 더 퍼져나가 313년에 오면 마침내 공인된 종교가 되기에 이르렀습니다. 그러니까 아우구스티누스의 시대는 고대 그리스·로마 문명이 종말을 고하고 그리스도교적 세계가 새로이 등장하던 시대였던 것입니다.

그러나 그리스도교와 그리스 · 로마 문화는 아직도 서로에게 낯설음을 느끼고 있었습니다. 시대가 자기분열을 극복하고 역사가 단절 없이 계승되기 위해서는 이 두 세계관이 어떤 형태로든 화해하고 조화를 이루어야만 했습니다. 자기의 온 생애를 통하여 이 과제를 떠맡아 수행했던 사람이 바로 아우구스티누스였습니다. 우리는 서양문화를 전체로서 일컬어 헬레니즘과 헤브라이즘의 종합이라 부릅니다. 그런데 이 종합을 처음으로 완수한 사람이 아우구스티누스였던 것입니다.

탁월함의 윤리와 사랑의 윤리

국가의 탄압과 박해에도 불구하고 그리스도교가 아우구스티누스의 시대에 이르러 로마의 국교가 될 정도로 성장한 데에는 그만한 이유가 있었습니다. 플라톤은 『국가』에서 여성의 교육과 직업에 대하여 오늘날 우리가 보기에도 놀라우리만치 급진적인 입장을 표명하였습니다. 즉 그는 여자와 남자가 같은 인간으로서 아무런 본질적 차이를 갖지 않으므로 당연히 남자가 할 수 있는 모든 일을 여자도 할 수 있어야 한다고 말했던 것입니다. 구체적으로 말하자면 여자도 남자와 똑같은 교육을 받고 남자와 똑같이 전투에 참가하거나 정치에 참여할 수 있어야 한다는 것입니다. 그러면서 플라톤은 전체적으로 볼 때 여자의 능력은 남자의 능력보다 떨어지겠지만 개인에 있어서는 어떤 남자보다 어떤 여자가 보다 더 탁월할 수 있다고 말합니다. 그러니까 단지 여자라는 이유 때문에 남자 못지않은 탁월한 능력을 가진 사람을 집 안에만 묶어둔다는 것은 부당하다는 것이 그의 입장이었던 것입니다.

이것은 플라톤적 윤리학의 근본원칙을 잘 드러내줍니다. 한마디로 말하자면 그의 윤리학은 탁월함의 윤리학입니다. 그의 윤리학은 탁월하고 고귀한 사람을 위한 윤리학이었던 것입니다. 그러나 탁월함을 숭상하는 그리스적 사유의 이면에는 우리가 미처 예상치 못했던 그림자가 가로놓여 있습니다. 같은 책에서 플라톤은 그가 설계한 이상국가에서 허약한 아이나 장애아가 태어날 경우 그 아이들을 내다버리라고 말하고 있습니다. 그 까닭은 그런 아이들은 탁월하지 못한 존재, 아니 국가에 짐이 될 뿐인 존재이기 때문입니다. 유감스럽게도 이것이 선의 이데아를 모든 이데아 중에서 최고의 이데아로 간주했던 이 고상한 철학자의 다른 얼굴이었습니다. 그는 탁월한 여자가 탁월한 남자와 똑같이 배우고 일하는 것을 당연하게 생각했던 사람이었으나 장애자가 정상인과 어울려 사는 것은 참을 수 없었던 것입니다.

우리가 이런 사정을 생각해보면, 예수의 가르침이 당시의 사람들에게 왜 그렇게 강렬한 호소력을 가질 수 있었던가를 어렵지 않게 이해할 수 있습니다. 복음서에 기록된 예수의 삶과 행적은 가난하고 병든 사람들에 대한 넘치는 연민과 사랑으로 가득 차 있습니다. 그는 건강한 사람에게는 의사가 필요 없다고 말하면서 공공연히 버림받고 소외된 사람들의 친구라 자처하였습니다. 예전에 문둥병자나 소경은 죄로 인하여 하나님께 저주받은 이들이라 이해되었습니다. 그러나 예수는 바로 그런 사람들이야말로 하나님이 사랑하는 자녀라고 가르쳤습니다. 부모가 건강하고 잘사는 자식보다 병들고 가난한 자식을 더 가여워하며 더 위하고 더 사랑하듯, 하나님도 건강하고 훌륭한 사람들이 아니라 가난하고 병들고 소외된 사람들을 더 사랑한다는 것입니다. 그러므로 그는 고통과 슬픔 속에 있는 사람들이야말로 참으로 행복한 사람들이라 가르쳤습니다. 왜냐하면 그들이야말로 하나님이 더 많이 사랑하는 자녀들이기 때문입니다. 이것은 일찍이 상상할 수조차 없었던 가치의 전도(顚倒)였습니다. 그는 인간이 부러워하고 선망하는 모든 것을 도리어 하찮은 것으로 만들어버렸습니다. 그리고 그때까지 사람들이 전혀 중요하다 여기지 않았던 것을 최고의 가치로 여겼습니다. 그것은 사랑이었습니다. "새 계명을 너희에게 주노니 서로 사랑하라. 내가 너희를 사랑한 것같이 너희도 서로 사랑하라."[1]

세상에는 언제나 행복에 겨운 사람들보다 슬픔과 고통 속에서 신음하는 사람이 더 많은 법입니다. 그리스도교는 바로 그런 사람들을 위한 기쁜 소식이었습니다. 가장 낮은 곳에 머물러 세상에서 버림받은 사람들의 친구가 되었던 예수의 삶과 죄없는 수난과 죽음에 대한 회상 그리고 부활과 영생에 대한 믿음은 세상에서 고통당하는 뭇 사람들의 영혼을 사로잡기에 부족함이 없었습니다. 그리하여 그리스도교는 숱한 박해에도 불구하고 살아남아 끝내 로마의 국교가 되기에 이르렀던 것입니다.

허무와 퇴폐

아우구스티누스도 이미 어렸을 적부터 그리스도교를 알고 있었습니다. 그의 어머니가 독실한 그리스도교인이었기 때문입니다. 그러나 그는 처음에는 이 새로운 세계관에 대하여 아무런 특별한 감동도 느끼지 못하는 고대적 교양인이었습니다. 그는 키케로와 세네카를 공부한 당시 최고 수준의 인문학자였습니다. 그런데 그런 아우구스티누스의 눈에 비친 성경은 그 내용이나 형식에서 너무도 소박하고 유치한 것이었습니다. 그래서 그는 보다 더 고상하고 심오해 보이는 철학에서 참된 진리를 찾으려 했던 것입니다.

그러나 진리를 찾으려는 그의 진지한 노력에도 불구하고 그의 내면은 여전히 황폐하였습니다. 모든 열정과 이념이 사라져버린 시대에 온 세상을 뒤덮고 있었던 퇴폐와 허무의 정조(情調)를 극복할 수 있는 철학은 아무것도 없었기 때문입니다. 허무와 퇴폐에 빠지지 않기 위해서 인간은 무엇인가 가치 있는 것을 향해 자신의 전 존재를 걸 수 있어야만 합니다. 그러나 어떤 대상이 우리가 그렇게 삶을 걸고 열정을 바칠 만한 가치가 있는 것입니까? 아우구스티누스는 그런 대상을 찾을 수가 없었습니다. 그가 무엇을 선택하려 하든 그가 발견할 수 있는 모든 것은 '죽어가는 생명의 세계' 아니 '살아가는 죽음'의 세계에서[2] 소멸해가는 헛되고 덧없는 것에 지나지 않았기 때문입니다.

이것은 비단 아우구스티누스 같은 사람에게만 해당되는 일은 아닐 것입니다. 우리가 이 세상에서 무엇을 사랑하고 무엇에 애착을 느끼든 세상에 존재하는 것은 아무것도 영속적으로 존재하지 않습니다. "세상의 아름다운 것이란 존재하다가 없어지고 맙니다."[3] "공간은 우리가 사랑할 것을 제시해주고 시간은 우리가 사랑하는 것을 앗아가버립니다."[4] 그러나 "어떤 사람이든 없어질 것에 우정을 붙이고 살다가 거기에 얽매여버리면 불행해질 수밖에 없습니다. 자기가 사랑하던 것이 없어지게 될 때, 그 사람의 마음은 갈래갈래 찢어져 자기의 비참한 실존을 알게 되고 또한 이런 일이 있기 전의 자기 모습도 비참하였다는 것을 비로소 알게 됩니다."[5]

이처럼 모든 것이 없음과 소멸의 운명을 벗어날 수 없다는 의식이 고대적 교양인, 아우구스티누스를 사로잡고 있었던 허무주의의 실체였습니다. 그의 영혼은 삶의 무상함, 존재하는 모든 것의 덧없음 속에서 쉴 곳을 찾지 못하고 떠돌고 있었습니다. 세속적으로 볼 때 그는 성공적인 출세가도를 달리고 있었으나 그의 마음은 점점 더 황폐하고 메말라갈 뿐이었습니다.

아우구스티누스는 밀라노에서 수사학 교수로 있던 어느 날 친구들과 길을 걷고 있었습니다. 그때 그의 머리는 그에게 맡겨진 황제의 찬양 연설을 어떻게 해야 할까 하는 고민으로 꽉 차 있었습니다. 그도 그럴 것이 그런 종류의 연설문이란 예나 지금이나 거짓말로 시작해서 거짓말로 끝나는 것이기 때문입니다. 거짓말을 거짓말이 아닌 것처럼 꾸미기 위해 그는 골머리를 앓아야 하고 듣는 이는 뻔한 거짓말을 들으며 참으로 감동한 듯 박수갈채를 보내는 것입니다. 그러나 자기에게 맡겨진 과제에 대한 부담감과 그런 공허한 연설 때문에 고민하는 자기 자신에 대한 환멸의 감정으로 무겁고 복잡해진 마음을 안고 길을 가던 그의 일행은 우연히 길거리에서 구걸하는 거지와 마주치게 됩니다. 그는 아주 술에 취해서 더없이 행복하게 웃으며 장난을 치고 있었습니다. 그 광경이 아우구스티누스의 영혼을 비수처럼 헤집었습니다. 도대체 세속적으로 성공하고 출세했다는 그가 누리는 삶이 술취해 근심없이 웃으며 장난을 치는 거지의 삶에 비해 무엇이 나으며 얼마나 더 행복하다 할 수 있는지 자신 있게 말할 수 없다는 것을 깨달았기 때문입니다. 그는 이때의 감정을 『고백록』에서 이렇게 회상하고 있습니다.

"나는 욕심의 박차 아래서 내 불행의 짐을 끌고 가는 데 모든 노력을 다했습니다. 그러나 그 짐을 끌고 가면 갈수록 그것은 무거워질 뿐이었습니다. 결국 우리의 모든 노력의 목적은 행복한 상태에 도달하고자 하는 것인데 저 거지는 이미 우리보다 먼저 그 경지에 이르렀고 우리는 그곳에도 아직 이르지 못할 것 같았습니다. 그가 몇푼의 돈을 구걸하여 얻은 그 지상의 행복감을 나도 맛보려고 꼬불꼬불 구부러진 길을 헤매며 많은 고난을 겪어야 했습니다. 물론 그가 소유한 행복은 참 행복이 아니었습니다. 그러나 내 욕심이 찾고 있었던 행복은 더 거짓스러운 것이었습니다."[6]

그러나 이런 탄식에도 불구하고 그는 여전히 허무와 퇴폐에서 벗어날 수 있는 길을 찾지 못하고 있었습니다. 그런 허무와 퇴폐 속에서 그가 선택할 수 있었던 유일한 도피처는 세상의 쾌락 속에서 허무를 잊어버리는 것뿐이었습니다. 그러나 우리가 허무를 잊어버리기 위해 덧없는 쾌락에 탐닉하면 할수록 우리의 영혼은 더욱더 공허해질 뿐입니다. 아우구스티누스에게 있어서 이러한 영혼의 공허는 우리의 삶을 지탱해주는 절대적인 기반에 도달하여 우리의 삶이 흔들리지 않는 확고한 중심을 획득하기 전에는 결코 채워질 수 없었습니다. 다시 말해 참되고 영원한 존재인 절대자 속에서 자기 자신의 삶의 의미를 발견하기 전에는 그의 삶은 근원적 동요 가운데 있을 수밖에 없었던 것입니다.

> "당신은 우리를 당신을 향해서 살도록 창조하셨으므로 우리 마음이 당신 안에서 쉴 때까지는 편안하지 않습니다."[7]

그러나 우리가 그 속에서 안식할 수 있고 그 속에서 삶의 참된 의미와 가치를 발견할 수 있는 절대자란 과연 무엇입니까? 아우구스티누스는 이 물음에 대하여 어떠한 확신도 가질 수 없었습니다. 그리하여 그의 영혼은 회의적인 눈으로 이러저러한 철학들 사이를 방황하고 다닐 수밖에 없었습니다.

플라톤주의를 통해 그리스도교로

아우구스티누스가 이처럼 우리의 삶이 닻을 내릴 수 있는 어떤 절대적 입각점을 찾아 헤매왔음에도 불구하고, 그리고 다른 어떤 철학이나 종교보다 그리스도교가 그가 찾던 절대자를 예배하는 종교였음에도 불구하고, 그가 그리스도교에 선뜻 귀의하지 못했던 까닭은 무엇보다 그가 당시의 유물론적 세계관을 쉽게 벗어날 수 없었기 때문입니다.

우리는 서양 형이상학의 아버지인 플라톤의 철학이 정신주의적이고 관념론적인 철학이었다는 사실을 잘 알고 있습니다. 그러나 이 시대는 플라톤의 시대가 아니었습니다. 아우구스티누스에게 가장 익숙한 철학자는 키케로와 세네카 같은 로마의 철학자들이었습니다. 그런데 이들은 스토아 철학과 에피쿠로스 철학이 세력을 떨쳤던 시대의 사람들로서 근본적으로 현세적이고 유물론적인 세계관의 소유자들이었습니다. 에피쿠로스 철학과 스토아 철학은 윤리적인 가르침에서는 상반되는 주장을 펼쳤으나 자연과 세계를 유물론적으로 이해한 점에서는 같은 입장을 취했습니다. 그들은 모두 사물의 존재의 본질이 그것의 물질성에 있다고 보았습니다. 이런 사정은 신의 경우에도 마찬가지여서 스토아 철학과 에피쿠로스 철학은 모두 신을 본질적으로 물질적인 존재라고 이해하였습니다. 이들 모두에게 순수한 정신적 존재란 비존재와도 같은 것이었습니다.

아우구스티누스는 이처럼 존재가 곧 물질성과 자명하게 동일시되던 시대의 사람이었습니다. 그는 모든 존재하는 것은 그것의 물질적 질료를 통해 존재하는 것이므로 만약 신이 존재한다면, 그 또한 어떤 무한한 물질적 존재여야만 하리라고 생각하였습니다.[8] 그러나 그리스도교는 물질의 세계를 도리어 참된 존재의 그림자와도 같은 것으로 여기고, 또한 신을 순수히 정신적인 존재로 이해합니다. 하지만 아우구스티누스는 그리스도교에서 말하는 신의 순수한 정신성이나, 물질적 자연을 넘어선 존재의 새로운 차원을 받아들일 수 없었습니다. 그런 식의 사고방식은 그가 아직은 어떤 철학책에서도 찾아보지 못했던 낯선 생각이었습니다. 그러나 성경은 철학자들과는 달리 아무런 정당한 증명도 제시하지 않은 채 그런 황당한 생각들을 믿으라고 강요할 뿐이었던 것입니다.

그렇게 어둠 속에서 방황하던 그에게 빛은 전혀 예기치 않았던 곳에서 비쳐 왔습니다. 그는 우연히 다른 사람의 소개를 통해 새로이 라틴어로 번역된 신플라톤주의자들의 저서를 접하게 되었습니다. 신플라톤주의란 플로티노스(Plotinos, 204~269)라는 철학자에 의해 대표되는 그리스 최후의 철학운동이었는데, 이 학파의 목적은 플라톤 철학의 본질적 가르침을 그 문학적 겉껍질로부터 끄집어내어 체계화시키는 것이었습니다. 그러므로 그들이 플라톤의 가르침에 따라 참된 존재를 정신적인 것으로 이해하여, 모든 눈에 보이는 물질적 존재자를 참된 존재의 그림자에 지나지 않는다고 본 것은 두말할 나위도 없는 일이었습니다. 그런데 신플라톤주의는 여기서 머무르지 않고 플라톤 철학을 일신교적(一神敎的) 체계로 해석하였습니다. 그들의 해석에 따르면 세계는 빛샘(光源)으로부터 빛이 나오듯, 유일한 절대자요 무한한 존재인 신으로부터 흘러나온 유출물입니다. 여기서 신은 더 이상 물질적 실체로 이해되지 않습니다. 그것은 모든 물질적 형상은 물론이거니와 마지막엔 어떤 정신적 규정까지도 초월한 순수한 '하나'(the One, 一者)라고 말할 수 있을 뿐입니다. 정신(Nous)과 영혼(Psyche)은 이 절대자로부터의 첫번째와 두번째 유출물인데, 존재는 최고의 절대자로부터 멀어지면 멀어질수록 물질적인 것에 가까워지는 것입니다.

아우구스티누스는 그리스어에 능통하지는 않았던 모양입니다. 그런 까닭에 그는 플로티노스의 저작들이 라틴어로 번역되기 전까지는 이 위대한 관념론적 철학을 접할 기회를 얻지 못했습니다. 그러나 그가 당시의 모든 유물론적 철학 체계들을 헛되이 헤매고 다닌 뒤에 마지막으로 신플라톤주의를 만났을 때, 이 철학의 폭발적인 위력은 그때까지 아우구스티누스의 마음을 사로잡았던 모든 철학 체계들을 바람에 날리는 겨와도 같이 단숨에 날려버리기에 충분하였습니다. 그는 "플라톤주의자들의 책을 읽고 비물질적인 진리를 추구하여야 한다는 것을 배웠습니다."[9] 그와 더불어 그는 플라톤주의자들의 책 속에서 성경의 많은 가르침이 철학적으로 증명되어 있음을 발견하였습니다. 그는 플라톤주의자의 책이 "말은 같지 않지만 실은 여러 가지 논증으로 '성경의 가르침'과 같은 내용을 설명하고 있음을 발견하게"[10] 되었던 것입니다.

이처럼 플라톤주의에 고무되어 성경을 다시 보기 시작했을 때 그는 성경에는 플라톤의 가르침을 넘어서는 진리가 있음을 비로소 깨닫게 되었습니다. 그것은 인간을 향한 하나님의 끝없는 사랑과 은총이었습니다. 플로티노스가 그려 보이는 하나님은 인간의 세계를 초월한 피안에 다가갈 수 없는 절대적 타자(他者)로 있는 존재였습니다. 그러나 성서에 기록된 하나님은 피조물의 세계를 초월해 있다는 점에서는 플라톤주의자들의 하나님과 다를 바 없었지만 인간을 죽음과 허무에서 구원하기 위해 인간에게 말건네고 손을 내미는 존재였으며, "수고하는 자들은 다 내게로 오라고 부르는 음성"[11]이었습니다. 거기서 하나님은 냉담한 인식의 대상이 아니라 내가 나의 온 실존을 통해 만나야 할 인격적 존재였습니다. 그것은 그가 그렇게도 찾아 마지않았던 진정한 절대자, 삶의 흔들리지 않는 입각점이었던 것입니다.

남은 것은 마지막 결단뿐이었습니다. 그러나 육체적인 쾌락과 세속적인 즐거움에 대한 미련이 그를 갈등하게 만들었습니다. 그러던 어느 날, 아우구스티누스가 마땅히 가야 할 길을 알게 되었으면서도 덧없는 욕망을 이기지 못하여 번민하는 자기 자신에 대하여 참을 수 없는 환멸과 복받쳐오르는 비애를 느끼며 참회의 눈물을 흘리고 있었을 때, 불현듯 옆 집에서 어린아이의 말소리가 들려왔습니다. "들고 읽으라, 들고 읽으라!" 그는 알 수 없는 힘에 이끌려 성경을 들고 아무 곳이나 펼쳤습니다. 그때 그의 눈에 처음 들어온 말은 사도 바울이 로마인들에게 보낸 편지의 한 구절이었습니다. "방탕과 술취함에 빠지지 말고, 음란과 호색에 빠지지 말며, 싸움과 시기에 빠지지 말고, 오직 주 예수 그리스도로 옷입고, 정욕을 위하여 육신의 일을 도모하지 말라."[12] 그것은 아우구스티누스의 부끄러운 내면을 꿰뚫어보고 있는 신의 음성과도 같은 것이었습니다. 그렇게 자신의 숨길 수 없는 치부 앞에 마주섰을 때 이 자의식 강하고 긍지 높은 로마인은 더 이상 육체의 욕망을 이기지 못하여 과거의 자기에 구차하게 매여 있을 수는 없었습니다. 그는 수사학 교수직을 사임하고, 신앙을 고백하고 세례를 받았습니다. 그의 나이 서른세 살 때의 일이었습니다.

참된 선과 참된 행복

존재의 위계

이 세상에는 수많은 것들이 존재하고 있습니다. 그러나 모든 존재하는 것들이 똑같은 방식으로 존재하는 것은 아닙니다. 어떤 존재는 보다 참되게 있고 어떤 존재는 보다 열등하게 있습니다. 예를 들어 나의 몸이 있고 나의 몸이 만드는 그림자도 있습니다. 그러나 누구도 나의 몸과 나의 그림자를 동등한 존재라고 말하지는 않을 것입니다. 왜냐하면 나의 몸은 스스로 존재하는 실체이지만 나의 그림자는 내 몸과 빛의 존재에 의존하는 존재이기 때문입니다. 그리하여 나의 몸은 늘 존재하지만, 그림자는 어떤 때는 존재하다가도 어떤 때는 존재하지 않습니다. 또한 나의 몸은 상대적으로 언제나 한결같은 모습을 유지하지만 나의 그림자는 그렇지 않습니다. 그것은 빛이 어디서 어떻게 비치느냐에 따라 무한히 다양하게 형상이 바뀝니다. 그리고 빛의 강도에 따라 그림자는 선명하게 나타나기도 하고 거의 없는 것과도 같이 희미해지기도 합니다. 따라서 그림자는 비존재라고 할 수는 없지만, 참된 존재라고 말하기도 어렵습니다. 왜냐하면 그것은 있기도 하고 없기도 하기 때문이며, 또한 그 형태가 종잡을 수 없을 정도로 다양한 변화에 내맡겨져 있기 때문입니다. 그림자에 비하면 나의 몸은 온전한 실체입니다. 나의 몸은 한 가지 방식으로 언제나 존재하기 때문입니다.

여기서 보듯 세상에 있는 모든 것이 무차별하게 다 같은 존재는 아닙니다. 어떤 존재는 그림자처럼 보다 무에 가까운 것도 있고, 또 어떤 것은 나의 몸처럼 보다 참된 존재에 가까운 것도 있습니다. 참된 존재란 불순물이 없는 존재입니다. 그것은 존재가 아닌 것, 즉 무(無)와 섞여 있지 않은 존재를 말합니다. 그리하여 어떤 방식으로도 소멸하지 않는 존재, 즉 영속적이고 불변하는 존재야말로 참된 존재라 할 수 있습니다. 그리고 이렇게 존재가 완전하면 할수록 그것은 더 좋습니다. 반대로 존재가 무에 가까워지면 질수록 그것은 나쁜 존재가 됩니다. 마치 불순물이 전혀 섞이지 않은 순금이 가장 좋은 금이고, 불순물이 많이 섞인 금이 나쁜 금이듯이, 존재도 무로부터 순수하고 완전하면 할수록 좋은 것이며, 무에 가까워지면 가까워질수록 나쁜 것입니다.

그런데 존재가 무와 뒤섞여 있는 것은 비단 그림자의 경우에만 그런 것은 아닙니다. 생각하면 세상에 존재하는 모든 것이 없었다가 있게 되고, 또 있다가도 없어집니다. 영원히 변치 않고 존재하는 절대자에 비한다면 세상의 모든 피조물들은 마치 그림자와도 같이 불완전한 존재인 것입니다.

"내가 당신 아래에 있는 모든 것을 살펴보니 그것들은 참으로 존재하는 것도 아니요, 참으로 존재하지 않는 것도 아님을 깨달아 알았습니다. 당신께로부터 왔으니 존재하는 것이나, 당신과 같은 존재가 아니므로 비존재라 할 수 있습니다. 참으로 존재하는 것은 항상 있어서 변치 않는 것입니다."[13]

세상의 모든 실체는 그림자에 비하면 참으로 있는 것처럼 보이지만 참된 의미의 절대자, 즉 신에 비한다면 다시 그림자와도 같은 소멸하는 존재일 뿐입니다. 이리하여 존재하는 모든 것 사이에는 절대적인 비존재, 즉 무로부터 절대적인 존재인 신에 이르기까지 존재의 위계(hierarchy)가 성립됩니다. 마치 금이 전혀 섞여 있지 않은 흙으로부터 금이 조금이라도 함유된 쇠붙이를 지나 14금, 18금 그리고 순금에 이르는 금의 위계를 우리가 생각할 수 있듯이 존재의 체계에서도 존재의 원천인 신으로부터 절대적 비존재에 이르기까지, 마치 빛이 빛샘에서 멀어지면 멀어질수록 어둡고 희미해지듯 존재의 위계가 성립하는 것입니다.

이러한 존재의 위계에서 보다 영속적이고 변치 않는 존재 그리고 보다 자립적인 존재일수록 절대적 존재에 가까운 높은 자리를 차지하고, 반대로 순간적이고 변화가 많으면 많을수록 그리고 의존적이면 의존적일수록 무에 가까운 낮은 자리를 차지합니다. 그런데 인간에게 있어서 육체에 비해 영혼이 보다 높은 자리를 차지한다는 것이 플라톤주의의 핵심적 주장인데 이것은 그대로 아우구스티누스의 입장이기도 합니다. 모든 물체와 육체는 합성된 것입니다. 그런 까닭에 그것은 부분의 존재에 의존하며 부분들의 배열에 따라 늘 변합니다. 그리고 각 물체는 오직 자기의 부분들이 결합되어 있는 한에서 존재하며, 부분들이 분해되고 흩어지면 없어져버리는 것입니다. 이에 반해 영혼은 합성된 존재가 아닙니다. 그것은 부분이 모여서 이루어진 물체가 아니라 그 자체로서 '하나'(one)인 실체입니다. 따라서 영혼은 육체보다 더 참된 존재라는 것이 플라톤주의자인 아우구스티누스의 생각이었습니다.

선과 악

아우구스티누스에 따르면 "각각의 존재 그 자체는 선하고 좋습니다."[14] 왜냐하면 "존재하는 모든 것은 존재한다는 점에서, 아직 존재하지 않는 모든 것은 존재할 수 있다는 점에서 하나님께로부터 유래"하기[15) 때문입니다. 신은 최고의 선으로서 그 속에는 어떠한 불완전성이나 악도 있을 수 없습니다. 그리고 그런 신에 의해 창조된 존재 역시 그 자체로서는 악하거나 나쁜 것일 수 없다고 아우구스티누스는 생각하였습니다.

이것을 추상적으로 표현하자면, 존재는 좋은 것이고 무(無)는 나쁜 것이라고 말할 수 있습니다. 인간에게 있어서 존재는 삶입니다. 그리하여 인간에게 있어서 좋은 것은 생명이고 나쁜 것은 죽음입니다. 우리의 삶이 온전하고 우리의 생명이 영원하다면 우리의 존재는 참되고 선한 상태에 있게 됩니다. 그에 반해 우리의 생명이 죽음과 허무로 기울어진다면 우리의 존재는 불완전하고 악한 상태에 빠지게 되는 것입니다. 바로 이것이 아우구스티누스가 생각했던 선과 악의 근본개념이었습니다. 결국 그는 허무와 퇴폐에서 악을, 그리고 존재와 생명에서 선을 보았던 것입니다.

그런데 인간의 영혼은 원래 죽음에 맡겨진 존재가 아니었습니다. 죽는 것은 육체이지 영혼이 아니기 때문입니다. 그러나 우리의 의지가 타락하면 영혼은 존재의 빛을 멀리하고 도리어 허무의 어둠을 향해 기울어지게 됩니다. 그렇게 생명이 무를 지향할 때 그것이 바로 악입니다.[16) 그런데 생명이 무를 지향한다고 하는 것은 다짜고짜 우리가 자살을 감행한다는 것을 뜻하는 것은 아닙니다(물론 그런 것도 포함될 수는 있겠습니다만). 생명이 허무를 지향한다는 것은 그것이 자기보다 열등한 존재, 즉 보다 비존재에 가까운 존재에 기울어지고 거기에 사로잡힌다는 것을 뜻합니다. 한마디로 말해, 인간에게 있어서 생명의 주체인 영혼이 육체와 물질적인 사물에 기울어질 때, 인간의 영혼과 생명은 허무를 지향하는 것입니다.

"무릇 육체는 어떤 생명보다도 못하다. 왜 그런가 하면 잠시나마 형용을 갖추어서 존속한다면, 그것은 어디까지나 생명에 힘입어서 존속하는 까닭이다. ……육체는 죽음에 더 종속되어 있고 따라서 그만큼 더 무에 가깝다. 생명 또한 육체의 향유에 탐닉하고 하나님을 등한시하는 경우에는 허무로(ad nihilum) 기울며, 이것이 바로 사악(nequitia)이다."[17]

모든 피조물에게 있어서 그들의 존재는 창조주의 선물입니다. 다시 말해 존재하는 모든 것들은 절대적 존재인 신의 존재에 참여함으로써만 스스로도 존재할 수 있는 것입니다. 그리하여 영혼이 신에게 가까워지면 가까워질수록 그것은 참된 존재를 얻게 된다는 것이 플라톤주의자들의 생각이었습니다. 아우구스티누스는 이러한 생각을 표현하여, "영원한 창조주께 귀의하면 우리 또한 필연적으로 영원성을 얻게 마련"이라고[18] 말합니다. 요컨대 인간은 신에게 가까워지면 질수록 보다 완전해지고, 보다 선한 존재를 실현하는 것입니다.

이에 반해 영혼이 자기보다 못한 것들을 사랑하고 그것들에 대해 애착을 가져 거기 사로잡히게 되면, 영혼은 허무의 어둠으로 가득 차고, 그 자신 허무에 가까운 것이 되고 맙니다. 그렇게 인간의 영혼이 헛되고 허무한 것들로 가득 차고 거기 사로잡혀 있는 상태가 곧 악한 상태입니다. 구체적으로 말해, 인간의 영혼이 덧없이 사라져버리는 세상의 물질적인 것들과 육체에 탐닉하고 거기 사로잡힐 때, 영혼은 악에 빠져들게 됩니다. 자기보다 열등한 것을 사랑하는 '영혼의 이러한 도착(倒錯, perversitas animae)'이 바로 도덕적 악입니다.

악과 고통

이렇게 영혼이 자기보다 못한 것을 사랑할 때, 그는 짧은 쾌락을 얻겠지만, 결국 그에게 남는 것은 깊은 좌절과 고통입니다. 왜냐하면 영혼이 사랑하는 대상이 결코 영속적으로 머무르지 않기 때문입니다. "육체는 쇠하면서 자기를 사랑하는 사람을 저버리고"[19] 맙니다. 그렇게 영혼이 사랑하던 대상이 허무하게 사라질 때, 영혼은 치유할 수 없는 상실감으로 고통받게 되는데, 아우구스티누스에 따르면 바로 이것이 악에 빠진 영혼, 즉 자기보다 못한 것을 사랑하는 영혼이 스스로 초래하는 벌입니다.

"그래서 그는 벌에 처해지는 것이니, 열등한 것을 사랑함으로써 인간은 자기의 탐욕도 채우지 못하고 고통에 시달리게 될 지옥으로 향하게 되는 것이다. 실상 육체의 고통이란 건강의 급작스런 악화, 영혼이 악용해서 부패에로 파탄시키는 그 사물[= 육체]의 급작스런 악화이다. 또 정신의 고통이란 기실 무엇인가? 자기가 향유해왔거나 향유할 수 있기를 바라던 사물, 덧없는 사물의 결핍이 아니고 무엇인가? 그리고 이 모든 것이 악이라는 것이니, 이를 죄 및 죄벌이라 일컫는다."[20]

우리가 겪는 고통은 부패나 악화 그리고 결핍의 결과입니다. 이 모든 것들은 존재의 불완전성으로 말미암아 사물이 한결같지 못하고 변화하고 소멸할 수밖에 없기 때문에 생기는 결과입니다. 그런데 어리석은 영혼은 그렇게 불완전한 사물을 마치 완전하고 영원한 것인 듯이 여기고 거기에 집착하지만, 그의 욕망의 대상은 부패하고 소멸할 수밖에 없는 사물에 지나지 않습니다. 그리하여 자기가 사랑하고 집착하던 사물이 부패하여 사라질 때 영혼은 고통과 불행에 빠지는 것입니다.

아우구스티누스에 따르면 일반적으로 말해 땅 위의 모든 사물은 우리가 단지 '사용'(uti)하도록 주어져 있는 것입니다. 사용한다는 것은 사물을 단지 도구요 수단으로 이용하는 것을 말합니다. 이때 영혼은 자신의 주체성을 잃지 않고 자기가 사용하는 사물들에 대해 주인 노릇을 할 수 있습니다. 그러나 많은 사람들이 사용해야 할 것을 '향유'(frui)하려고 합니다. 이때 사람들은 단지 수단에 지나지 않아야 할 사물을 그 자체로서 목적이라 여기며, 영혼에 비해서 훨씬 열등한 것들을 숭배하게 됩니다. 그 결과 영혼은 자기보다 못한 것의 종노릇을 하게 되는 것입니다.

이런 사정은 자기 자신을 잘못 사랑하여 자기에게 집착하는 영혼의 경우에도 마찬가지입니다.[21] 영혼은 육체에 비하면 보다 참된 존재이지만 절대자인 창조주에 비한다면 불완전한 존재입니다. 즉 우리의 영혼과 생명 또한 존재와 비존재가 뒤섞여 있는 것입니다. 그런데 우리가 자기 자신을 잘못 사랑한다는 것은 그런 우리의 불완전성을 사랑하고 거기에 스스로 얽매이는 것을 말합니다. 이것은 영혼이 자기보다 열등한 것을 사랑하여 허무에 기울어지는 것과 본질적으로 다를 것이 없습니다. 육체와 감각적 물질들 속에 영원한 존재가 없듯이, 나 자신 또한 그렇습니다. 나 역시 불완전하고 의존적인 존재로서 자기 자신의 힘으로는 결코 영원히 존재할 수 없는 것입니다. 따라서 내가 나 자신에 집착할 때, 나는 똑같은 불행과 고통에 빠질 수밖에 없습니다.

참된 행복

이에 반해 참된 행복은 우리가 영원하고 완전한 존재인 신과 하나될 때에만 비로소 가능해집니다. 왜냐하면 하나님만이 참되고 변치 않으며 영원한 존재이므로 우리는 오직 그와 하나될 때에만 영원한 존재에 참여할 수 있기 때문입니다. 또한 하나님만이 완전한 존재로서 최고의 선이므로 우리는 오직 그와 하나됨으로써만 온전한 선을 실현할 수 있게 됩니다. 따라서 우리는 이 세상의 삶에서 어떤 사물을 사용하고, 어떤 사람과 관계맺든지 간에, 참된 존재와 최고선인 하나님 안에서 그 모든 것들을 사용하고 또한 모든 사람과 관계해야 합니다.

"만일 사물들이 너를 즐겁게 하거든 그 이유로 하나님을 찬양하여라. 그리고 너의 사랑을 그것들에게 돌리지 말고 그것들을 만드신 창조주께 돌리어라. 혹시 사물들을 사랑하다 하나님을 노엽게 할까 두렵다. 만일 사람들이 너를 즐겁게 하거든 하나님 안에서 그들을 사랑하라. 사람이라고 할지라도 그 자체는 변하는 것이니 그들이 하나님 안에 있을 때에만 확고하여 요동하지 않는다. 그렇지 않으면 그들도 지나가 없어지고 만다."[22]

우리가 세상의 사물이나 사람들 속에서 영원하고 선한 신의 손길을 느끼고, 사물이나 사람들 속에 깃들이는 신성한 존재의 빛을 사랑하지 않고, 도리어 사물과 사람의 변화하고 부패하는 허상(虛像)에 탐닉할 때, 우리는 악에 빠지게 됩니다. 그러므로 우리가 이 세상에서 무엇을 사랑하든 그 모든 것을 오직 하나님 안에서 사랑할 때에만, 우리는 악에 빠지지 않고 모든 사물, 모든 사람과 온전한 관계를 맺을 수 있는 것입니다.

"그분 안에 거하라. 그러면 너는 굳게 서 있게 될 것이다. 그분 안에서 쉬어라. 그러면 너는 편히 쉬임을 얻을 것이다. 너는 이 험준한 길을 따라 어디로 헤매어 가느냐? 네가 좋아하는 선[=좋음]은 모두 그분에게서 왔으니 그것들이 그분에게 향해 있고 그분과 관계되어 있을 때에만 좋고 즐거운 것이 될 것이다. 그러나 만일 하나님께로부터 온 것을 바르게 사랑하지 않거나 그분을 버려두고 대신 피조물을 사랑하게 되면, 그 좋고 즐거운 것들도 결국은 다 쓰디쓴 것이 되어버리고 말 것이다."[23]

그리하여 우리가 무엇을 사랑하고 누구를 사랑하든 그 모든 것은 하나님에 대한 사랑이 전제될 때에만 온전할 수 있습니다. 아우구스티누스적 입장에 따르면, 이런 의미에서 모든 도덕과 행복은 오직 참된 신에 대한 신앙을 통해서만 완성됩니다.[24] 인간이 신을 멀리하고 자기 자신으로 머물러 있을 때에는 결코 자신의 불완전성을 넘어설 수 없으며, 그런 한에서 참된 선을 실현할 수도 완전한 행복에 이를 수도 없기 때문입니다.

고대적 행복주의의 완성인 그리스도교

유한한 인간, 유한한 행복 |

　　우리가 지금까지 본 바대로 소크라테스로부터 아우구스티누스까지 모든 그리스 · 로마 철학자들의 윤리학은 한마디로 요약하자면, 행복주의적 윤리학이었습니다. 차이는 행복에 이르는 방법론에 있을 뿐입니다. 그런데 아우구스티누스 이전의 고대 철학자들은 원칙적으로 인간이 스스로의 힘으로 행복을 달성할 수 있다고 믿었습니다. 그리하여 그들에게 행복에 이르는 길을 밝혀주는 것은 언제나 인간의 이성이었습니다. 그리고 이성의 인도를 따르는 철학적 삶이야말로 행복의 방법론이었던 것입니다. 바로 이것이 고대 그리스 철학자들이 학파의 차이를 막론하고 언제나 철학과 이성을 행복한 삶의 본질적 조건과 궁극적 시금석으로 삼았던 까닭입니다. 인간이 자신의 힘으로 행복을 이루려 할 때, 이성 이외에는 그가 신뢰하고 의지할 수 있는 더 나은 인도자가 있을 수 없기 때문입니다.

　　그러나 아우구스티누스는 인간이 자기의 힘으로 참된 행복에 도달하는 것이 불가능하다는 것을 보임으로써 그리스적 행복주의의 한계를 넘어갑니다. 인간이 자신의 힘만으로 참된 행복을 얻기 위해 아무리 안간힘을 쓴다 하더라도, 그는 결코 참된 행복을 자기 자신

속에서 발견하고 실현할 수 없습니다. 왜냐하면 인간은 모든 면에서 불완전성과 불충분함으로부터 벗어날 수 없는 유한한 존재이기 때문입니다. 이는 인간이 추구하는 행복의 경우에도 마찬가지입니다. 행복 역시 인간이 스스로 이루는 것일 경우에는 불완전하고 불충분할 수밖에 없는 것입니다.

생각해보면, 인간이 불완전하고 유한한 존재라는 것을 그리스 철학자들이 몰랐던 것은 결코 아니었습니다. 그러나 그리스 철학자들이 인간의 유한성을 의식하고 있었고, 그런만큼 인간이 얻을 수 있는 행복 역시 원칙적으로 불완전한 것일 수밖에 없음을 그들이 예감하고 있었다 할지라도, 그들은 인간이 철학과 이성을 통해 끊임없이 이념적 완전성을 지향해나가는 것 이외에, 인간의 불완전성을 뛰어넘을 수 있는 어떤 다른 가능성(즉 종교적 초월의 가능성)도 발견할 수 없었습니다. 그도 그럴 것이 그 시대에 낡은 종교는 철학 위에서 인간의 유한한 이성을 보완하기보다는 철학 아래에서 비합리적인 미신으로 전락해가고 있었기 때문입니다. 그런 까닭에 그리스 · 로마의 철학자들은 달리 어쩔 수도 없이 오직 이성의 인도에 따라 행복을 추구하는 데서 머무를 수밖에 없었던 것입니다.

참된 종교 속에 있는 행복

그러나 그리스도교는 아우구스티누스를 통해 그리스 · 로마 철학의 전통과 최종적으로 화해하고 이성적이고 철학적인 행복론의 불가피한 한계를 종교적 신앙의 길을 통해 넓혀나갔습니다. 이것이 서양 윤리학의 역사에서 아우구스티누스가 갖는 역사적 의의입니다. 삶의 최종적인 목적을 행복에서 찾았다는 점에서는 아우구스티누스도 고대의 다른 철학자들과 같은 입장을 취했습니다. 그러나 그는 고대인들이 미처 심각하게 생각하지 않았던 것을 행복의 가장 중요한 조건으로 내세웠습니다. 그것은 행복의 동

요 없는 확실성과 변치 않는 영원성이었습니다.[25)

한편에서 참된 행복은 우리가 바라고 지향하는 대상이 불변하고 영원한 것일 때 실현됩니다. 그런 경우에만 우리의 행복도 확고하고 영속적인 것일 수 있기 때문입니다. 우리가 아무리 좋은 것을 얻는다 하더라도 그것이 순간적인 것에 지나지 않는다면, 그것은 우리를 참으로 행복하게 만들지 못할 것입니다. 이런 의미에서 아리스토텔레스도 한 마리 제비가 왔다 해서 여름이 온 것은 아니라며, 오직 지속적인 행복만이 참된 행복이라 말했던 것입니다. 그런데 아우구스티누스는 모든 것이 소멸하고 부패하는 이 세계 속에서 무엇이 우리에게 지속적인 기쁨과 행복의 대상일 수 있는지를 묻습니다. 대답은 분명합니다. 우리가 이미 살펴보았듯이 이 세계에 속한 것은 어떤 것도 우리에게 확실하고 영속적인 행복을 주지 않습니다. 오직 우리가 변치 않고 영원한 신의 존재에 참여할 때에만, 우리는 영원히 부패하지 않는 행복에 참여할 수 있는 것입니다.

다른 한편 참된 행복을 위해서는 행복을 누리는 주체인 나 자신도 영원한 존재를 누릴 수 있어야만 한다고 아우구스티누스는 생각했습니다. 왜냐하면 "사람이 행복하려면 실지로 살아 있어야"[26) 하기 때문이라는 것입니다.

> "따라서 참으로 행복하거나 행복하기를 원하는 사람은 영생하기를 원한다. 그러나 원하는 것을 현재 가지고 있지 않은 사람은 행복하게 살고 있는 것이 아니다. 그러므로 생명이 영원하지 않으면 그것은 참으로 행복하게 될 방법이 없다."[27)

그러므로 우리가 영생에 대한 확신을 가지지 못할 때, 우리의 행복은 불완전한 것이 되어버릴 수밖에 없습니다. 그런데 행복에 대한 어떤 철학적 처방도 영원한 삶에 대하여 확신을 주지 않습니다. 아니 도리어 그 시대의 지배적인 철학이었던 에피쿠로스 철학이나 스토아 철학의 행복론은, 아우구스티누스가 보기에는, 우리가 앞에서도 보았듯이 영원한 삶에 대한 희망을 말하지 않는 것은 물론이거니와 이승의 삶에 관해서도 불확실한 세계에서의 잠정적인 행복을 체념 가득한 말투로 말했을 뿐이었습니다. 그것은 소멸과 죽음의 운명에 사로잡힌 유한한 존재의 허무를 인간적인 방식으로 극복하려는 영웅적인 노력을 보여주기는 하지만 결과적으로 불행을 행복으로 바꿀 수는 없었습니다. 에피쿠로스는 한갓 덧없는 쾌락에서 행복을 찾았고 스토아 철학자들은 모든 고통을 참고 이기는 영웅적 용기에서 행복을 찾았습니다. 그러나 아우구스티누스는 스토아적 현인(賢人)이 아무리 영웅적인 용기와 놀라운 인내심을 발휘한다 하더라도, 그는 "참으로 행복한 것이 아니라 용감하게 불행할 뿐"이라고 말합니다.[28]

이들 철학자의 오류는 행복과 최고선을 유한한 세계와 불완전한 인간 속에서 찾으려 했다는 데 있습니다. 에피쿠로스의 쾌락이든 스토아적 덕성이든, 그 모든 것은 인간의 일입니다. 그러나 인간이 자기 자신만의 힘으로 참된 행복에 도달할 수는 없다고 본 점에서 아우구스티누스는 그 이전의 철학자들과 달랐습니다. 우리가 사는 이 땅은 소멸과 죽음의 땅입니다. 그리하여 인간은 이 땅에 붙잡혀서는 결코 참된 행복을 얻을 수 없는 것입니다.

"그러나 네가 찾고 있는 곳에는 참다운 안식이 없다. 너는 죽음의 땅에서 행복한 샘을 찾고 있는데 거기에는 그러한 샘이 있을 수 없다. 어찌 생명이 없는 곳에 행복한 샘이 있을 수 있겠는가?"[29]

철학자들은 이 한계를 어찌할 수 없습니다. 이성은 인간의 유한성과 죽을 수밖에 없는 운명을 인식하고 반성할 수 있을 뿐, 결코 그것을 폐지하거나 초월할 수는 없기 때문입니다. 바로 여기서 이성을 초월하는 비약, 합리적 이성을 결코 적대시하지는 않으나, 그러면서도 모든 합리적 설명을 초월하는 어떤 근원적 비약이 요구됩니다. 참된 종교는 바로 이러한 비약에 존립합니다. 그리고 아우구스티누스에게 있어서 그리스도교는 인간의 유한성을 초월하여 완전한 존재요 최고선인 하나님과 하나되게 하는 참된 종교였습니다. 인간은 이렇게 절대자에게 귀의해 그와 하나될 때 참된 행복을 얻을 수도 있습니다. 이런 의미에서 그리스도교는 그때까지 모든 철학자들이 추구해왔던 삶의 이상의 궁극적 실현이었으며, 고대적 행복주의의 최종적 완성이었던 것입니다.

"명성을 떨치는 저 철학자들이 만일 환생한다면, 그리하여 교회들이 사람들로 가득하고 신전들이 폐허가 되어 있음을 본다면, 또 인생들이 지상적이고 지나가는 사물들에 대한 욕망을 등지고 영원한 생명에 대한 희망으로, 영적이고 가지적(可知的)인 선(善)으로 불림을 받고 그리로 달려가는 모습을 본다면, 그들은—정말 그들이 우리가 들어 아는 그러한 인물들이라면—정녕 이렇게 말하리라. '이것이야말로 우리가 감히 백성들에게 설득시키려 나서지 못했던 가르침이었으며, 우리는 백성을 우리의 신념과 결의로 인도해 들이는 대신에 그들의 습속에 영합하고 말았던 것이다.'"[30]

주
1) 요한복음, 13장 34절.
2) 아우구스티누스 지음, 선한용 옮김, 『고백록』, 대한기독교서회, 1990년, 24쪽.
3) 같은 책, 113쪽.

4) 아우구스티누스 지음, 성염 옮김, 『참된 종교』, 분도출판사, 1989년, 135쪽.

5) 『고백록』, 108쪽.

6) 같은 책, 172쪽.

7) 같은 책, 19쪽.

8) 같은 책, 196쪽.

9) 같은 책, 225쪽.

10) 같은 책, 211쪽.

11) 같은 책, 228쪽.

12) 로마서, 13장 13절

13) 『고백록』, 216쪽.

14) 같은 책, 217쪽.

15) 『참된 종교』, 83쪽.

16) 같은 책, 61쪽.

17) 같은 책, 63쪽.

18) 같은 책, 57쪽.

19) 같은 책, 63쪽.

20) 같은 곳.

21) 같은 책, 67쪽.

22) 『고백록』, 116쪽.

23) 같은 책, 119쪽 아래.

24) 『참된 종교』, 27쪽.

25) 아우구스티누스 지음, 조호연 · 김종흡 옮김, 『신국론』, 현대지성사, 1997년, 551쪽.

26) 아우구스티누스 지음, 김종흡 옮김, 『삼위일체론』, 크리스천 다이제스트, 1996년, 351쪽.

27) 같은 책, 352쪽.

28) 같은 책, 349쪽 아래.

29) 『고백록』, 117쪽.

30) 『참된 종교』, 39쪽.

S P I N O Z A

영원의 빛 아래서 본 인간

스피노자

"오직 이성에 의해 인도되는 사람은 자유롭다."

●스피노자

결정론적 세계와 인간의 자유

과학혁명의 시대

스피노자(Baruch de Spinoza, 1632~77)의 시대는 갈릴레이(G. Galilei, 1564~1642)와 뉴턴(I. Newton, 1642~1727)의 시대였습니다. 역사학자들은 이 시대를 가리켜 보통 과학혁명의 시대라고 부릅니다. 혁명을 통해 기존의 질서와 권력이 붕괴되고 새로운 질서와 권력이 등장하듯이, 갈릴레이와 뉴턴으로 대표되는 새로운 자연과학이 중세적 자연관을 혁명적으로 무너뜨리고 새로운 세계관으로서 등장한 시대가 바로 이 시대였습니다. 처음에 교회는 권력을 통하여 새로운 세계관의 확산을 막으려 안간힘을 썼습니다. 르네상스 시대의 선구적 사상가였던 브루노(G. Bruno)는 화형에 처해졌고 갈릴레이도 69세의 고령에 종교재판에 회부되어 자신의 견해를 철회할 것을 강요받았습니다. 그러나 낡은 세계관을 고수하려는 교회의 노력에도 불구하고 새로운 자연과학은 끊임없이 발전하고 퍼져나가 온 유럽의 새로운 세계관으로 자리잡았던 것입니다.

우리가 오늘날 과학혁명의 시대를 회상할 때, 우리는 다른 무엇보다 천동설과 지동설의 대립을 떠올립니다. 물론 이것이 두 세계관의 대립을 상징적으로 드러내주는 것은 부인할 수 없는 일이긴 합니다만, 지구가 태양 주위를 도느냐, 태양이 지구 주위를 도느냐 하는 것이 낡은 세계관과 새로운 세계관 사이의 본질적 대립을 선명하게 보여준다고 할 수는 없습니다. 그보다 중요한 것은 자연과학의 발달에 따라 우리가 살고 있는 우주가 무한히 확장되었다는 사실입니다. 예전에 사람들은 지구가 우주의 중심에 있고 그 위로 달이 운행하는 천구(天球)로부터 시작하여 아홉 개의 천구가 지구 주위를 돌고 있고 그 위에 열번째 하늘이 움직이지 않는 하늘로서 신이 거주하는 낙원이라 생각하였습니다. 간단히 말하자면 이런 우주는 닫힌 우주였습니다. 이런 우주관은 무엇보다도 창조된 세계의 유한성을 설명하기 위해 매우 적합한 것이었습니다. 그러나 새로운 우주관은 우리가 사는 우주의 한계를 무한히 확장하였습니다. 사람들은 우주공간에서 더 이상 어떠한 한계도 발견할 수 없었습니다. 그리하여 자연은 그 자체로서 무한한 것이 되었습니다.

더 나아가 새로운 과학은 자연을 철저히 자율적인 법칙에 의해 움직이는 체계라고 보았습니다. 세계에서 일어나는 모든 일들은 내재적인 법칙에 따라 일어납니다. 그리고 그 법칙은 자연의 운행 속에서 발견될 수 있습니다. 그리하여 부분적인 사건에 관해서든 자연 전체의 운동에 있어서든 자연을 이해하기 위해 신의 존재를 상정해야 할 필요가 없어졌습니다. 기적은 원칙적으로 불가능한 것이 되었고 자연은 영원 전부터 정해진 법칙에 따라 자기의 길을 갈 뿐입니다. 성경에 보면 "여호와를 경외하는 것이 모든 지혜의 근본"이라는 말이 있습니다. 이 말처럼 중세 때는 인간의 모든 지식이 궁극적으로는 신에 대한 인식에 근거해야 한다고 생각되었습니다. 예로부터 기독교 신학자들은 이러한 신념을 신앙과 이성의 조화란 말로 요약하곤 합니다. 그러나 많은 경우 이 말은 결과적으로는 과학적 지식을 기독교 교리에 예속시키는 핑계가 되기 일쑤입니다. 그러나 근대 과학이 성공을 거두면서 상황이 달라졌습니다. 뉴턴은 거의 신비주의자에 가까우리만치 경건한 기독교인이었으나, 그러한 그도 자연을 탐구하기 위해 더 이상 성경을 뒤질 필요는 없었습니다. 자연은 이제 그 자체로서 이해되어야 할 자율적 체계였기 때문입니다.

그러나 근대의 자연과학자들은 전체로서의 자연을 이렇게 자율적인 체계로 이해하였으나 자연 내의 사물들의 운동을 설명할 때에는 철저히 외적 관계를 통해 그것을 설명하려 하였습니다. 아리스토텔레스적 자연학에 따르면 우리가 사물의 진리를 인식하는 것은 사물의 내적 본성을 인식하는 것을 뜻합니다. 사물의 본성이란 어떤 사물에 고유한 것으로서, 외적 상황이 달라진다고 해서 변화되는 것이 아닙니다. 그것은 한 사물에 고유한 본질적 형상이기 때문입니다. 그러나 갈릴레이와 뉴턴에게 있어서 자연의 운행을 설명하는 것은 언제나 하나의 사태를 다른 사태를 통해 설명하는 것을 뜻했습니다. 예를 들어 아리스토텔레스에게 있어서 돌멩이가 땅으로 떨어지고 불이 하늘로 올라가는 것은 돌멩이와 불의 본성에 의한 일이었습니다. 돌멩이가 떨어지는 것은 돌의 본성이요, 불이 하늘로 올라가는 것은 불의 본성입니다. 그러나 갈릴레이와 뉴턴은 더 이상 그런 설명에 의존하지 않습니다. 돌멩이가 땅 위로 떨어지는 것은 지구가 돌멩이를 끌어당기기 때문이며 불이 위로 올라가는 것은 그것이 공기보다 상대적으로 가볍기 때문입니다.

그러니까 근대과학은 자연현상을 철저히 외적 관계 속에서 이해합니다. 어떤 사건도 그 자체로서, 즉 그 자신의 내적 본성만으로 이해될 수 있는 것은 없습니다. 모든 것은 다른 것과의 관계 속에서 해명되어야 하는 것입니다. 근대과학의 성공은 모든 자연현상을 지배하는 외적 관계의 보편적 그물망(network)을 정밀하고 보편적인 방식으로 규정한 데 기인합니다. 예를 들어 뉴턴의 만유인력의 법칙이 그 대표적인 실례라 할 수 있습니다. 우주의 모든 부분, 모든 물체에 대하여 똑같은 방식으로 적용되는, 사물들 사이의 보편적 외적 관계의 법칙, 그것이 바로 만유인력의 법칙이었습니다. 근대과학은 이런 법칙들을 수학적 언어를 통해 기술하였습니다. 이를 통해 자연법칙은 엄밀한 정확성을 보장받을 수 있었습니다.

예전에 자연은 생성과 소멸 속에 있는 감각적 인식의 대상이었고, 그런 한에서 불확실한 인식밖에 제공할 수 없다고 여겨졌습니다. 그러나 근대과학이 자연을 수학적 언어를 통해 기술했을 때, 자연은 순수한 이성적 인식의 대상으로 격상되었습니다. 왜냐하면 수학이야말로 가장 엄밀하고 가장 순수한 이성적 인식의 모범이기 때문입니다. 그리하여 자연은 스스로를 변화무쌍한 감성적 다양성 속에서 실현하지만 동시에 수학적 공식을 통해 기술될 수 있는 순수한 이성적 실체로서 이해됩니다. 플라톤적으로 표현하자면 자연은 감성적 현상으로 나타나는 동시에 이성적인 이데아의 세계이기도 합니다.

그런데 이런 자연 속에는 목적이나 의도가 들어설 자리가 없습니다. 자연의 운행은 신이 정한 목적을 향해 일어나는 것도 아니고 신의 의도에 따라 일어나는 것도 아닙니다. 모든 일은 법칙에 따라 타자적 관계 속에서 강요되어 생겨납니다. 다시 말해 모든 일은 주어진 원인에 따라 필연적으로 일어나는 결과에 지나지 않습니다. 한마디로 말해 근대과학이 표상하는 자연은 더 이상 유기체적인 것도 목적론적인 것도 아니었습니다. 자연은 하나의 거대한 자동기계였습니다. 이 기계는 무수히 다양한 부품들로 이루어져 있고 그 부품들은 서로 빈틈없이 연결되어 있습니다. 모든 부품은 다른 부품과의 연관 관계 속에서 필연적으로 강제되어 아무런 의도나 목적 없이 기계적으로 움직일 뿐입니다. 그렇게 모든 부분이 원인과 결과의 필연적 연쇄 속에서 기계적으로 움직이는 하나의 거대한 기계가 근대과학이 표상한 자연이었습니다.

결정론적 세계관

스피노자의 철학은, 한마디로 표현하자면, 이런 과학적 세계관에 형이상학의 옷을 입힌 것이라 할 수 있습니다. 그의 형이상학의 근본사상은 '신 또는 자연'(Deus sive Natura)이라는 표현 속에 압축되어 있습니다. 이 말은 자연이 곧 신이라는 것을 뜻합니다. 자연은 그 자체로서 무한하고 완전하며 유일한 실체입니다. 자연은 창조된 것이 아니며, 영원 전부터 스스로 존재하는 '자기 원인'(causa sui)입니다. 우리가 자연을 설명하고 인식하기 위하여 어떠한 초월적 신도 끌어들일 필요가 없는 것처럼, 자연의 존재 그 자체를 설명하기 위해서도 역시 자연 밖에서 어떤 창조주를 끌어와야 할 필요가 없습니다. 자연은 그 자체로서 무한한 까닭에 도무지 자신의 외부를 허용하지 않습니다. 따라서 신이든 인간이든 존재하는 모든 것은 자연 속에 존재할 수밖에 없습니다. 그런데 신이 참된 의미의 절대자라면 자연의 한 부분일 수는 없을 것입니다. 왜냐하면 그때 신은 자연의 다른 부분에 의해 규정될 것이며, 그럴 경우 그것은 더 이상 신이라 불릴 만한 절대자가 아니겠기 때문입니다. 따라서 우리가 이 무한한 자연 속에서 신을 찾는다면 그것은 오직 전체로서의 자연 그 자체일 수밖에 없습니다. 이런 발상에 따라 스피노자는 자연을 곧 신이라 보았습니다.

그러나 스피노자가 자연을 신이라 불렀다 해서 그가 자연을 어떤 인격적 실체로 생각했던 것은 아닙니다. 사실은 정반대입니다. 그는 자연이 절대자라는 것을 말하기 위해 전통적으로 사용된 '신'이란 이름을 빌려왔을 뿐, 유대교나 기독교의 인격적 신의 관념을 철저히 배격하였습니다. 그리고 낱낱의 자연현상을 설명할 때에도 스피노자는 철저히 의도나 목적의 관념을 배제한 채 오직 기계적 필연성을 통해 자연을 설명하려 하였습니다.

"주어진 일정한 원인에서 필연적으로 결과가 생긴다. 이와 반대로 일정한 원인이 주어지지 않을 경우에는 어떤 결과도 생길 수 없다."[1]

이런 원리에 따르면 세상의 어떤 일도 우연히 일어나지 않습니다. 우리가 우연한 일이라 믿는 것들은 단지 우리가 아직 그 일의 참된 원인을 알지 못하기 때문입니다.[2] '모든 일은 신에 의해 미리 결정되어 있습니다.'[3] 이렇게 결정된 질서는 인격적 신의 자유의지나 호의에 의한 것이 아니라 신의 절대적 본성(absoluta Dei natura)에 의한 것으로서, 결코 임의로 변경될 수 있는 것이 아닙니다. 스피노자는 정해진 결정이 절대로 변경될 수 없음을 설명하기 위하여 "삼각형의 본질에서 세 각의 합이 2직각과 같다는 결론이 나오는 것과 같은 필연성에 따라 모든 것은 신의 영원한 결정에서 생긴다"고[4] 말합니다. 이처럼 세상의 모든 일들이 신(또는 자연)의 영원하고 변치 않는 본성으로부터 필연적으로 귀결된다는 것입니다.

이렇게 만사를 결정론적으로 이해할 때, 인간의 자유의지 역시 불가능한 것이 되고 맙니다. 스피노자에 따르면 인간의 자유의지를 옹호하는 사람들은 "자연 속의 인간을 국가 안의 국가처럼 생각"합니다.[5] "왜냐하면 그들은 인간이 자연의 질서에 순종하기보다는 오히려 그것을 깨뜨리며, 인간이 자신의 행동에 대하여 절대적 능력을 가지고 자기 자신 이외의 어떤 것에 의해서도 결정되지 않는다고 믿기 때문"입니다.[6] 그리하여 그들은 마치 인간을 자연 속의 일부가 아니라 자연 밖에 존재하는 어떤 사물로 다루는 것입니다.[7] 다시 말해 인간의 자유의지를 옹호하는 사람들은 자연 전체가 필연적 원인과 법칙의 지배 아래 있음에도 불구하고 그 속에 사는 인간만이 예외적으로 이러한 자연법칙의 지배로부터 제외되어 있다고 생각한다는 것입니다. 그러나 스피노자에 따르면 이것은 결코 있을 수 없는 일입니다. 왜냐하면 자연법칙은 자연의 모든 부분에 똑같이 적용되며, 이 법칙의 지배를 거부하는 자는 결코 자연 속에 존재할 수 없기 때문입니다. 그리고 이런 사정은 인간의지의 경우에도 마찬가지입니다.

"정신 안에는 절대적이거나 자유로운 의지가 존재하지 않는다. 오히려 정신은 이것 또는 저것을 의지하도록 어떤 원인에 의해 결정되며, 이 원인 역시 다른 원인으로 인하여 결정되고, 이것은 다시금 다른 원인에 의하여 결정되며, 이렇게 무한히 진행한다."[8]

사정이 이러함에도 불구하고 우리는 자신이 자유로운 의지에 따라 결단하고 행위한다고 믿습니다. "왜냐하면 사람들은 자신의 의욕과 충동을 의식하기는 하지만 충동이나 의욕에 사로잡히게 하는 원인을 모르기 때문에 그것에 관해서는 꿈에도 생각하지 않기 때문"입니다.[9]

"이처럼 젖먹이는 자유의지로 젖을 욕구한다고 믿으며, 성난 소년은 자유의지에 따라 복수를 원한다고 믿고, 겁쟁이는 자유의지로 도망친다고 믿는다. 다음으로 술주정뱅이는 나중에 술이 깨면 공연히 말했다고 후회할지라도, 그 당시에는 정신의 자유로운 결단에 의하여 지껄인다고 믿는다. 마찬가지로 미치광이, 수다쟁이, 어린아이와 이러한 종류의 많은 사람들이 사실은 그들이 갖고 있는 말하고 싶은 충동을 억제하지 못하고 지껄이면서도 정신의 자유로운 결단에 의하여 말한다고 믿는다."[10]

그러나 스피노자에 따르면 이런 믿음은 마치 언덕 위에서 아래로 굴러떨어지는 돌멩이가 자유의지에 의해 구르고 있다고 스스로 믿는 것만큼이나 어리석고 불합리한 일입니다. 우리가 자유로운 결단이라 믿는 모든 일들이 사실은 영원 전부터 필연적 원인의 연쇄를 통해 자연의 본질에 의해 결정되어 있는 것이기 때문입니다.

참된 자유를 향한 동경

결정론과 도덕

만약 우리가 결정론적 세계관을 철저히 고수한다면 윤리학이나 도덕적 권고는 설 땅이 없습니다. 왜냐하면 세상의 모든 일이 필연적으로 결정된 길을 따라 일어난다면, 선한 일이든 악한 일이든 모두 불가피하게 결정되어 있을 것이며, 더 나아가 이런 경우에는 선과 악의 개념 자체가 무의미한 개념이 되어버리고 말 것이기 때문입니다. 예를 들어 절벽 아래 서 있던 사람이 위에서 떨어진 돌에 맞아 다쳤다고 할 때, 우리는 누구도 그 돌멩이를 도덕적으로 비난하지 않습니다. 그 까닭은 돌멩이는 자유의지에 의해 떨어진 것이 아니라, 필연적인 원인에 의해 강제되어 아래로 떨어졌기 때문에, 돌멩이가 떨어진 사실에 대하여 책임을 물을 수가 없기 때문입니다. 마찬가지 방식으로 만약 인간의 의지도 돌멩이와 조금도 다를 바 없이 필연적 원인에 의해 철저히 규정되어 있다면, 우리는 인간의 어떤 행위에 대해서도 도덕적 책임을 물을 수 없을 것입니다. 이런 경우 인간의 행위는 유익하거나 해로운 것일 수 있을지는 모르나, 결코 도덕적 의미에서 선한 행위나 악한 행위는 있을 수 없을 것입니다.

이처럼 결정론적 세계관이 논리적으로 볼 때에는 분명히 도덕과 양립할 수 없는 것임에도 불구하고, 우리는 때때로 철저한 결정론적 세계관이 역설적이게도 또한 그만큼이나 엄격한 도덕적 근본주의의 옷을 입고 나타나는 것을 볼 수 있습니다. 우리는 스토아 철학에서 결정론과 도덕적 근본주의의 결합을 보았습니다만, 스피노자의 경우에도 그와 비슷한 데가 있습니다. 지금 우리가 다루고 있는 그의 책 이름부터가 『기하학적 방법에 따라 증명된 윤리학』입니다. 그러니까 이 책에서 그는 도무지 화해할 수 있는 것처럼 보이지 않는 기하학적 정신과 윤리적 정신의 통합을 추구합니다. 그는 세계를 수학적 필연성에 따라 결정된 체계로 보았으면서도 자신의 철학의 궁극적 이념을 윤리적 삶의 영역에서 찾았던 것입니다.

여기서 스피노자를 향해서 도대체 결정론과 윤리학이 어떻게 양립할 수 있는지를 따져묻는 것은 그다지 건설적인 일이라 할 수는 없을 것입니다. 왜냐하면 어차피 우리의 물음에 대하여 납득할 만한 대답을 기대하기는 어려운 일이기 때문입니다. 따라서 그보다는 결정론을 신봉하는 사람들이 추구하는 선과 행복이 어떤 것인지를 한번 경청해보는 것이 더 의미 있는 일이라 하겠습니다.

자기보존의 원리

스피노자 윤리학의 근본원리는 자기보존의 원리입니다. 자기보존의 원리란 "각 사물은 힘이 닿는 한 자신의 존재 속에 머무르려 한다"[11]는 명제로 표현됩니다. 스피노자에 따르면 모든 존재자는 자기 자신의 본래적 성질 혹은 자신의 본래적 모습에 머무르려 합니다. 그리하여 언제나 동일한 모습의 같은 자기로 머무르려 하는 것이 모든 존재의 근원적 본질입니다. 이런 사정은 인간 정신의 경우에도 마찬가지입니다. 정신은 자신의 존재 속에 한없는 시간 동안 머무르려고 노력하며, 또한 스스로 이런 노력을 의식하고 있습니다. 스피노자는 이렇게 언제나 본래의 자기로 머무르려

하는 정신의 노력을 가리켜 '의지'(voluntas)라고 불렀습니다.[12] 그러니까 의지란 영원히 동일한 존재로 머무르려는 정신의 동경인 것입니다.

그런데 한없이 동일한 존재로 머무르려는 노력은 정신에게만 있는 것은 아닙니다. 우리의 육체 역시 본질적으로 같은 노력을 합니다. 스피노자는 우리의 몸이 갖는 자기보존의 노력을 정신이 의식할 때, 그러한 의식의 상태를 가리켜 '욕망'(cupiditas)이라고 부릅니다.[13]

그런데 우리의 몸과 마음은 동일한 실체의 서로 다른 표현일 뿐이므로 정신의 본성과 육체의 본성은 원칙적으로 일치합니다. 따라서 정신은 좁은 의미의 정신적 자기보존을 추구할 뿐만 아니라, 동시에 신체의 보존을 추구합니다. "우리 육체의 존재를 긍정하는 것은 우리 정신의 첫째로 중요한 노력"입니다.[14] 그리고 "우리 육체의 존재를 부정하는 관념은 우리의 정신과 반대"됩니다.[15]

스피노자에 따르면 이러한 자기보존의 의지야말로 인간존재의 근본이며, 또한 이것은 윤리적 덕(德)의 기초이기도 합니다.

"이성은 자연에 반대되는 것을 아무것도 요구하지 않으므로 이성은 모든 사람들이 자기 자신을 사랑하거나 자기의 이익, 즉 자기에게 참으로 이익인 것을 추구하는 것 그리고 진실로 인간을 더 큰 완전성으로 이끌어주는 모든 것을 요구하거나 일반적으로 말해서 각자가 자기가 할 수 있는 한, 자기의 존재를 유지하도록 노력할 것을 요구한다. 이는 확실히 전체가 그것의 부분보다 더 크다는 사실과 마찬가지로 필연적으로 참이다. 다음으로 덕은 고유한 본성의 법칙에 따른 작용에 불과하며 누구든지 고유한 본성의 법칙에 따라서만 자신의 존재를 유지하려고 하므로, 이로부터 다음과 같은 결론이 나온다. 첫째로 덕의 기초는 고유한 존재를 유지하려는 노력 자체이며 행복은 인간이 자신의 존재를 유지할 수 있는 것 안에서 성립한다."[16]

여기서 보듯 스피노자는 도덕의 원리를 존재의 원리와 동일시하였습니다. 그리하여 윤리적 덕이란 존재 그 자체의 본성을 충실히 따르는 것에 다름 아닙니다. 그리하여 자기보존의 원리는 존재의 원리인 동시에 도덕의 원리이기도 합니다. 우리는 자기의 존재를 보존하기 위해 노력하면 할수록 더욱더 유덕한 사람이 됩니다.

"각자가 자신의 이익을 추구하면 할수록, 즉 자신의 존재를 유지하기 위하여 노력하고 달성하면 할수록 더욱더 유덕하다. 그리고 반대로 각자는 자기의 이익을, 즉 자신의 존재를 등한시하는 경우에는 무력하다."[17]

덕이란 존재의 능력과 같습니다. 자기의 존재를 보존할 수 있는 힘을 가진 사람은 유덕한 사람이며, 그렇지 않은 무능한 사람은 또한 부덕한 사람입니다. 이처럼 스피노자가 덕을 "인간이 자신의 존재를 유지하려는 노력을 통해서만 정의"한[18] 까닭에, 사람들은 그의 윤리학을 가리켜 이기주의적이라 평하기도 합니다. 이런 평가는 아마도 정당한 평가일 것입니다. 그러나 여기서 우리는 단지 스피노자뿐만이 아니라 지금까지 살펴보았던 서양 윤리학이 전체적으로 이기적 윤리학이라는 것을 말해두어야만 하겠습니다. 일반적으로 우리는 도덕과 윤리를 타인에 대한 관심에 기초한 것이라 생각합니다. 그러나 스피노자에 이르기까지 서양의 윤리학은 본질적으로 타인에 대한 관심이 아니라 자기 자신에 대한 관심에 기초합니다. 서양 윤리학의 궁극적 관심은 타인이 아니라 바로 자기 자신의 존재의 완성입니다.

예를 들어 성 아우구스티누스는 『고백록』이란 유명한 책에서 자신의 과거에 대해 지나치다 싶을 정도로 과도한 죄의식을 토로하고 있습니다. 그러나 놀랍게도 그 책에서는 단 한 구절도 그가 타인에 대하여 저지른 잘못에 대한 참회나 회한의 말을 찾아볼 수 없습니다. 그가 저질렀다고 고백하는 모든 죄는 하나님에게 지은 죄라고 하지만 신은 어차피 눈에 보이지 않는 나의 본체이므로, 그의 죄는 결국 그가 자기 자신에게 저지른 죄, 즉 자신의 존재를 등한시한 죄에 지나지 않았던 것입니다. 따라서 우리는 스피노자의 윤리학에서 볼 수 있는 자기중심적이고 이기적인 발상에 대하여 너무 놀랄 필요는 없습니다. 적어도 소크라테스로부터 스피노자까지 정도의 차이는 있지만, 모든 서양 윤리학이 비슷하게 자기중심적이기 때문입니다.

정념

아무튼 이처럼 자신의 존재를 보존하려는 노력은 모든 존재하는 것들의 근원적인 존재의 힘(existendi vis)의 표현입니다. 그런데 어떤 사물이 자신의 존재를 보존하느냐 하지 못하느냐 하는 것은 그 사물 자체 내의 상황에 따라서 결정되는 것이 아니라 언제나 다른 사물과의 관계에 따라 영향을 받게 마련입니다. 왜냐하면 모든 사물은 인과적 연쇄 속에서 다른 사물들과 연결되어 있기 때문입니다. 이렇게 인간이 타자(他者)와의 관계에서 수동적으로 받는 모든 영향이 우리의 마음에 불러일으키는 느낌을 스피노자는 '정념'(passio)이라 부릅니다.

스피노자의 경우뿐만 아니라 일반적으로 말해, 정념이란 대상의 자극에 의하여 우리의 마음속에 수동적으로 생겨나는 모든 종류의 느낌을 가리킨다고 할 수 있습니다. 이처럼 정념이 우리의 마음속에서 발생하는 수동적 느낌이기 때문에, 엄밀하게 말하자면 정념이란 인간의 근원적 불완전성과 유한성의 표현이라 하겠습니다. 만약 인간이 절대적인 의미에서 스스로 존재하며, 자족할 수 있는 존재라면 처음부터 정념이 생겨날 수도 없었을 것입니다. 그러나 인간은 자연의 일부분에 지나지 않으며, 나는 언제나 다른 사람과의 관계 속에서 살 수밖에 없으므로 이러한 외적 관계 속에서 내가 능동적으로 활동할 뿐만 아니라 수동적으로 영향을 받는 것은 어쩔 수 없는 일입니다. 따라서 "인간은 항상 정념에 필연적으로 예속되며, 또한 자연의 공통된 질서를 따르고 그것에 복종하며 사물의 본성이 요구하는 만큼 그것에 적응"하게 됩니다.[19]

그런데 어떤 사물이 다른 사물과 관계할 때, 다른 사물이 자기 존재의 힘을 억압하고 억누르는 방향으로 작용할 수도 있고 반면에 자기 존재의 힘을 증대시키는 방향으로 작용할 수도 있습니다. 스피노자에 따르면 나 아닌 다른 것과의 관계에서 내가 나의 존재의 힘이 억압당하는 것을 느낄 때, 우리는 슬픔(tristitia)을 느낍니다. 반면에 나의 존재의 힘이 증대되는 것을 느낄 때, 내가 느끼는 정념이 기쁨(laetitia)입니다.[20] 그리고 우리가 느끼는 모든 정념은 이 두 가지 정념, 즉 기쁨과 슬픔의 정념 아래 포괄될 수 있습니다.

스피노자에 따르면 선과 악의 관념, 다시 말해 좋은 것과 나쁜 것의 관념은 원칙적으로 우리의 이러한 근본정념에 뿌리박고 있습니다. 우리는 우리에게 기쁨을 주는 것을 얻으려 하고 슬픔을 주는 것을 피하려 합니다. 그렇게 우리가 의지하고 욕구하는 대상은 좋은 것이고 반대로 우리가 회피하고 혐오하는 대상은 나쁜 것입니다. 이 점에서 그 자체로서 좋은 사물이나 나쁜 사물은 없습니다. 모든 대상이 주체와의 관계에 따라 좋은 것이 되기도 하고 나쁜 것이 되기도 합니다. 따라서 같은 사물이라도 주체와의 관계에 따라 좋은 것이 되기도 하고 나쁜 것이 되기도 합니다. 예를 들어 스피노자는 "음악은 우울한 사람에게는 좋지만, 슬픈 사람에게는 나쁘며, 귀머거리에게는 좋지도 나쁘지도 않다"고 말합니다.[21] 이 점에서 그는 플라톤이나 아리스토텔레스와는 달리 선·악의 개념을 객관적이고 존재론적인 범주로 보기보다는 인간중심적이고 주관주의적으로 이해했다고 할 수 있으며, 이것이 스피노자 윤리학의 근대적 특징을 보여주는 것이기도 합니다. 왜냐하면 근대는 모든 것이 인간적 관점에서 이해되기 시작한 시대이기 때문입니다.

그러나 스피노자가 선(좋음)과 악(나쁨)의 개념을 주관주의적으로 이해했다고 해서 그가 선·악을 무차별한 상대성에 내맡긴 것은 아닙니다. 위의 음악의 예에서 보듯 특정한 사람의 특정한 경우에 따라 좋은 것과 나쁜 것이 달라질 수는 있습니다만, 그 모든 상대적 다양성 속에서도 한 가지 일반적 원칙을 말할 수 있는데, 그것은 우리 존재의 힘을 증대시키는 것은 욕망의 대상이고 좋은 것이며, 반대로 우리 존재의 힘을 억압하는 것은 나쁜 것이라는 사실입니다. 이것을 스피노자는 다음과 같이 말하고 있습니다.

"우리들은 우리 존재의 보존에 도움이 되거나 해가 되는 것을, 즉 우리의 활동능력을 증대시키거나 감소시키고 혹은 촉진하거나 억제하는 것을 선(좋은 것) 또는 악(나쁜 것)이라 부른다. 그러므로 어떤 것이 우리들을 기쁨이나 슬픔으로 자극하는 것을 우리들이 지각하는 한, 우리는 그것을 선 또는 악이라고 한다. 따라서 선과 악의 인식은 기쁨이나 슬픔의 정념 자체에서 필연적으로 생기는 기쁨이나 슬픔의 관념일 뿐이다."[22]

쉽게 말해 선과 악의 개념이란 정신에 의해 의식된 기쁨과 슬픔의 정념에 다름 아닙니다. 그런 까닭에 스피노자 윤리학의 주된 내용은 정념의 분석에 할애되어 있습니다. 선과 악의 문제는 정념의 문제이며, 우리가 어떤 삶을 사느냐는 언제나 우리가 정념을 어떻게 처리하고 그와 어떤 관계를 맺느냐 하는 것에 달려 있습니다.

이성과 자유

그러나 이처럼 정념이 인간에게 있어서 근본적으로 제거할 수 없는 것이라 해서, 정념이 무조건 바람직한 것이라는 결론이 나오지는 않습니다. 앞에서 말했듯이 스피노자에게 삶의 최고의 이상은 자기보존입니다. 자기를 보존한다는 것은 자신의 본성을 보존하고 온전히 실현한다는 것을 뜻합니다. 그러나 우리가 정념에 사로잡힌다는 것은 우리가 자기 아닌 다른 존재의 영향 아래 놓이게 된다는 것을 뜻합니다. 그리고 우리가 자기 아닌 다른 존재의 영향에 사로잡힌다는 것은 그만큼 우리의 존재가 예측할 수 없는 불안정한 상태에 놓이게 된다는 것을 뜻하는 것이기도 합니다.

> "정서에는 우리들을 자극하는 대상의 종류만큼 많은 종류가 있다. 그리고 사람들은 동일한 대상에서 서로 다른 방식으로 자극받는데, 그런 한에서 사람들은 본성상 서로 다르다. 또한 마지막으로 같은 사람이 같은 대상에 대하여 서로 다른 방식으로 자극받기도 하는데, 그런 한에서 그 사람은 변하기 쉽고 불안정하다."[23]

그러니까 인간이 정념에 사로잡히게 되면 인간은 전체 유적(類的)인 면에서나 개인적인 면에서나 어떤 한결같은 존재상태를 유지하지 못하고 이랬다 저랬다 하는 불안정한 상태에 빠질 수밖에 없습니다. 그 까닭은 정념이 자신의 변치 않는 본질에서 비롯된 것이 아니라 무한히 다양하여 종잡을 수 없는 대상으로부터 비롯된 것이기 때문입니다.

따라서 우리가 자신의 존재를 온전히 보존하고 실현하기 위해서는, 할 수 있는 한, 정념의 지배로부터 해방되지 않으면 안 됩니다. 정념의 지배를 벗어날 때, 우리는 타자적 영향에서 벗어나 자기 존재의 본질에 언제나 합치하는 삶을 살 수 있기 때문입니다. 그리고 이것이야말로 스피노자에 따르면 진정한 자유의 실현이기도 합니다. 그는 자유를 선택의 자유라 이해하지 않았습니다. 그의 입장에 따르면, 만약 자유가 이럴 수도 있고 저럴 수도 있는 선택의 자유를 뜻한다면, 그런 자유는 마음의 변덕 이외에는 아무것도 아닙니다. 참된 자유는 자기 자신의 필연적인 내적 본질에 따르는 것을 뜻합니다.

"오직 자기 본성의 필연성에 의해서만 존재하며, 자기 자신에 따라서만 행동하게끔 결정되는 것은 자유롭다고 한다. 그러나 다른 것에 의하여 특정하게 규정된 방식으로 존재하고 작용하도록 결정되는 것은 필연적이거나 강제되었다고 한다."[24]

물론 이런 의미에서 자유로운 존재는 자연 전체인 신밖에 없습니다. 그러나 인간의 경우에도 만약 자신의 영원한 내적 본질에 따라 요구되는 것만을 행할 수 있다면, 그는 신적인 자유에 참여하는 것입니다. 그런데 스피노자에 따르면 인간의 내적 본질은 이성입니다.[25] 따라서 인간이 만약 오직 이성의 인도에 따라서만 살 수 있다면, 그는 자신의 존재를 온전히 보존할 수 있으며, 참된 자유를 얻을 수 있습니다. 그리고 그런 삶이 바로 도덕적으로 유덕한 삶이기도 합니다.

"참으로 덕에 따라 행위하는 것은 우리가 자기 자신에게 유익한 것을 추구하는 것을 바탕으로 하여, 이성의 인도에 따라 행위하고, 살며, 자신의 존재를 보존하는 것에(이 세 가지는 같은 것을 뜻한다) 다름 아니다."[26]

자기의 존재를 보존한다는 것은 무조건 소멸하지 않고 존재한다는 것을 뜻하지는 않습니다. 그것은 자기의 본질을 보존하고 완성한다는 것을 뜻합니다. 왜냐하면 예를 들어 어떤 인간이 인간성을 상실한 상태에서라면, 그가 무엇으로 존재하든 그는 더 이상 인간으로서 그 자신이 아닐 것이며, 그때 그는 더 이상 존재하지 않는 것과 마찬가지일 것이기 때문입니다. 그런데 인간존재의 본질은 다른 무엇보다 이성적 능력에 있습니다. 따라서 우리가 자신의 존재를 보존한다는 것은 이제 우리의 이성적 능력을 온전히 발휘하고 실현한다는 것을 뜻합니다. 그리고 자유는 자신의 본질에 일치하는 삶, 자신의 본질에서 비롯되는 내적 필연성과 일치하는 삶에 있으므로, 이성에 따르는 삶이야말로 참된 의미에서 자유로운 삶인 것입니다.[27]

스피노자는 아리스토텔레스와 유사하게 이성을 다른 무엇보다 인식의 능력으로 이해하였습니다. "우리들이 이성에 따라 추구하는 모든 것은 인식하는 것일 뿐"이라는[28] 것이 그의 주장입니다. 따라서 그는 인식을 위해 유익한 것은 선(좋은 것)이고, 인식에 방해가 되는 것은 악(나쁜 것)이라 주장하였습니다.

"그러므로 인식 없이는 아무런 이성적 삶도 존재하지 않는다. 그리고 사물은 인식을 통해 규정되는 정신적 삶을 누리기 위하여 인간을 촉진시키는 한에서만 선하다. 그러나 이와 반대로 인간이 이성을 완전하게 하여 이성적 삶을 누리는 데 방해되는 것만을 우리들은 악이라 한다."[29]

이성을 통한 정념의 극복

이성적인 삶을 산다는 것은 달리 표현하자면 번뇌 없이 산다는 것을 뜻합니다. 아무런 마음의 동요도 회한도 불안도 없이 티없이 맑은 가을하늘처럼 사는 것, 그것이 이성적인 삶일 것입니다. 그리고 이런 의미에서라면 이성적인 삶을 싫다 할 사람은 없을 것입니다. 그럼에도 불구하고 우리가 번뇌 없는 이성적 삶을 살지 못하는 것은 우리가 정념 없이 살 수 없는 불완전한 존재이기 때문입니다. 따라서 이성적 삶을 통해 참된 자유와 행복에 도달하기 위해 우리는 무엇보다 정념을 이기는 법을 배우지 않으면 안 됩니다.

스피노자는 인간의 정념이 도덕적 훈계에 의해 억압될 수 있다고 보지는 않았습니다. 그의 견해에 따르면 우리 마음속에서 생기는 격렬한 정념을 억누르거나 제거할 수 있는 것은 추상적 도덕이 아니라 또 다른 정념입니다.

"정서(affectus)는 그것과 반대되는 정서, 그리고 억제되어야 할 정서보다 더 강한 정서에 의하지 않고는 억제될 수도 없고 제거될 수도 없다."[30]

우리가 격렬한 분노나 뜨거운 욕망, 혹은 깊은 슬픔에 사로잡혀 있을 때, 그런 정념을 가라앉혀주는 것은 도덕적 훈계가 아닙니다. 스피노자와 거의 같은 시대를 살았던 철학자 파스칼(B. Pascal, 1623~62)의 『팡세』(Pensées)에 이런 구절이 있습니다.

"불과 몇 달 전에 외아들을 잃은 저 사람, 소송과 분쟁에 시달려 오늘 아침에도 그처럼 마음이 산란했던 저 사람이 지금은 말끔히 다 잊고 있으니 무슨 까닭인가? 놀랄 것은 없다. 그는 여섯 시간 전부터 개들의 열렬한 추적을 당하고 있는 산돼지가 어디로 통과할 것인가를 지켜보는 데 열중하고 있다. 그 이상의 것이 필요 없다. 인간이 아무리 슬픔에 넘쳐 있다 해도, 만약 그를 어떤 오락 안에 끌어들이는 데 성공할 수만 있다면, 그동안은 행복해지는 것이다."[31]

이 말은 지난번 많은 사람들의 잠을 설치게 했던 월드컵 축구경기를 생각하게 합니다. 많은 사람들이 축구경기를 보며 IMF 시대의 우울을 잊었을 것입니다. 굳이 IMF가 아니라도 땅 위의 수많은 사람들이 축구를 보며 열광하는 순간에는 삶의 모든 시름을 잊을 수 있겠지요. 생각하면 누구의 어떤 도덕적 훈계나 설교가 그런 일을 할 수 있겠습니까? 이런 것들을 생각하면, 우리의 난폭하고 도야되지 않은 정념을 순화시켜주는 것은 도덕적 훈계가 아니라 또 다른 정념이라는 스피노자의 말이 틀린 말은 아니라 하겠습니다.

그러나 유감스럽게도 월드컵 경기는 언제나 있는 것은 아닙니다. 더 나아가 하나의 정념을 극복하기 위해 다른 정념에 의지하려다 우리는 처음보다 더 나쁜 결과를 초래하는 경우도 있습니다. 예를 들어 어떤 사람이 IMF의 시름을 잊기 위해 광적으로 우리 나라 대표팀을 응원하다가 우리편이 졌을 때, 그는 더 큰 분노와 좌절의 감정에 휩싸일 수도 있는 것입니다. 따라서 정념을 오직 정념을 통해서만 제어하려는 것은 그다지 안전한 방법은 아닙니다. 어차피 모든 정념이 타자 의존적인 의식상태이므로 나 자신의 통제를 벗어나 있기는 마찬가지이기 때문입니다.

따라서 우리는 정념을 통한 정념의 극복 외에 보다 지속적이고 안전한 방법을 강구하지 않으면 안 됩니다. 그리고 그것은 어떻든 내가 한결같이 보존하고 발휘할 수 있는 어떤 능력이어야만 할 것입니다. 스피노자에 따르면 그런 능력이 바로 인식하는 이성입니다.

"수동적인 정서는 우리가 그것에 대해 명석판명한 관념을 형성하는 순간 더 이상 수동적이지 않다."[32]

수동적인 정서는 정념을 뜻합니다. 그런데 우리가 정념을 객관적으로 반성할 수 없을 때, 우리는 정념의 노예입니다. 그러나 우리가 우리의 등뒤에서 우리를 사로잡으며 우리를 괴롭히는 정념을 우리 앞에 마주세워 냉정한 관찰자의 입장에서 바라보고 그에 대하여 명석판명한 관념, 즉 객관적 인식을 가질 수 있다면, 우리는 이미 그 정념의 직접적 지배에서 벗어나 있는 것입니다. 우리가 인식의 주체일 때, 우리는 객관적으로 여전히 타자적 힘의 지배 아래 있다 하더라도 더 이상 정념의 노예가 아닙니다. 그때 우리는 정신의 왕국의 주인이기 때문입니다. 파스칼은 『팡세』의 저 유명한 구절에서 이러한 확신을 다음과 같이 표현하였습니다.

"인간은 자연 중에서 가장 약한 한 줄기 갈대일 뿐이다. 그러나 그는 생각하는 갈대이다. 그를 짓누르기 위해, 전 우주가 무장할 필요는 없다. 하나의 증기, 물 한 방울이면 그를 죽이기에 족하다. 그러나 우주가 그를 짓누른다 할지라도 인간은 그를 죽이는 것보다 한결 고귀할 것이다. 왜냐하면 인간은 자신의 죽음을, 그리고 우주가 자신보다 우월하다는 것을 알기 때문이다. 우주는 아무것도 모른다."[33]

인간은 우주가 자신보다 우월한 줄 알기 때문에 우주보다 우월하고 고귀하다는 것, 이것이야말로 17세기 유럽 사람들의 의식을 사로잡았던 역설이었습니다. 그들은 무한히 확장된 세계 속에서 한 인간이 얼마나 왜소한 존재인가를 깨닫고 있었습니다. 그러나 동시에 그들은 이성적 사유의 힘을 통해 자신의 왜소함을 인식함으로써 감성적 인간의 한계를 극복하려 했습니다. 그리고 이런 시대정신에 따라 스피노자 역시 도덕적 당위가 아니라 이론적 인식에 의하여 정념을 극복하려 했던 것입니다.

그런데 정념에 대해 우리가 명석판명한 관념을 형성하는 것, 다시 말해 정념에 대해 객관적 인식을 갖는 것이란 다른 무엇보다 정념의 참된 원인을 아는 것을 뜻합니다. 예를 들어 나에게 고통을 준 어떤 사람에 대하여 내가 분노와 증오를 느끼는 경우를 상정해봅시다. 이런 경우 우리는 그 사람이 나의 마음속에 일어나는 분노와 증오의 원인이라고 생각합니다. 그러나 스피노자에 따르면 이런 식의 생각은 정념의 원인에 대한 참된 인식이 아닙니다. 왜냐하면 결정론적으로 생각할 때, 무한히 이어져 있는 자연계의 원인과 결과의 연쇄 속에서 그 사람 또한 필연적 인과관계의 맨 마지막 고리 역할을 한 것에 지나지 않기 때문입니다. 그리하여 정념의 원인에 대한 참된 인식은 이처럼 우리에게 일어나는 모든 번뇌를 필연적인 인과관계 속에서 이해할 때 가능해집니다. 그리고 우리가 정념을 인연의 사슬 속에서 필연적인 일로 받아들일 때, 우리는 정념에 대한 수동적 예속에서 벗어날 수 있으며 또한 고통스런 번민에서 해방될 수 있는 것입니다.

"말하자면 사물이 필연적이라고 하는 이 인식이 우리가 더 명백하게 그리고 한층 더 생생하게 표상하는 사물에 확장되면 될수록 정서에 대한 정신의 힘은 더욱더 크며 이것은 경험에 의해서도 증명된다. 왜냐하면 상실된 선[=좋은 것]에 대한 슬픔은 그 선[=좋은 것]을 잃은 사람이 어떤 식으로도 그 선을 보존할 수 없다고 생각하는 순간 가벼워진다는 것을 우리들이 알기 때문이다. 그와 마찬가지로 어린아이가 말하고 걷고 추리하는 일을 하지 못하고 게다가 몇 년 동안 자기의 의식을 잃은 것처럼 생활하는 것을 아무도 측은해하지 않는다는 것을 우리는 알고 있다. 그러나 만일 많은 사람들이 태어날 때부터 성인이고 한두 사람만이 어린아이로 태어난다고 한다면, 모든 사람들이 어린아이를 측은하게 여길

것이다. 왜냐하면 이 경우 사람들은 어린아이 자체를 자연적이며 필연적인 것으로 보지 않고 자연의 과오나 잘못으로 보기 때문이다."[34]

그러나 자연은 과오를 범하지 않습니다. 그리고 자연 속에서 일어나는 모든 일은, 마치 삼각형의 본질로부터 그것의 내각의 합이 2직각이라는 결론이 필연적으로 나오는 것과 마찬가지로, 자연의 영원한 본질에 의해 필연적으로 결정되어 있는 것입니다. 우리가 이것을 깨달을 때, 우리는 스쳐지나가는 모든 순간의 일들을 '영원의 관점 아래서'(sub specie aeternitatis) 바라보게 됩니다.

고통에 대한 두 가지 다른 태도

스피노자의 말은 우리가 고통의 원인을 명석하게 인식할 수 있을 때 우리는 더 이상 고통의 노예가 아니라는 뜻입니다. 그러니까 우리가 삶에서 불행과 고통을 만났을 때, 그것을 객관적 인과관계 속에서 인식할 수 있다면 우리는, 비록 주어진 사실 그 자체를 바꿀 수는 없다 하더라도, 적어도 마음의 동요와 번뇌에 일방적으로 사로잡히지는 않으리라는 것입니다. 모든 일을 영원의 관점에서 본다는 것은 모든 일을 어떤 필연성 속에서 인식한다는 것을 뜻합니다. 똑같은 불행이 내게 닥쳤다 하더라도 그것이 왜 그럴 수밖에 없었는지, 왜 그것이 필연적인 일인지를 인식할 수 있다면, 우리는 맹목적인 비탄의 감정에서 벗어나 마음의 평정을 되찾을 수 있으리라는 것이 스피노자의 생각이었던 것입니다.

언뜻 보기에 이런 생각은 고통받는 사람에게 아무런 위로도 되지 않고, 아무런 도움도 되지 않는 이야기처럼 들리기도 합니다. 그러나 곰곰이 생각하면 스피노자의 말 속에는 우리가 놓치기 아까운 보석처럼 귀한 뜻이 감추어져 있습니다. 시간 속에서 일어나는 모든 일들을 영원의 관점에서 보는 것, 이것이 번뇌에서 벗어나기 위해 스피노자가 우리에게 권하는 지혜입니다. 여기서 사물을 영원의 관점에서 본다는 것은 개별적인 일들을 보편의 지평에서 또는 전체의 눈으로 바라본다는 것을 뜻합니다.

누구도 아무런 고통 없이 삶을 살 수는 없습니다. 그리고 우리는 할 수 있는 한, 우리에게 닥칠 수 있는 고통과 불행을 피하기 위해 노력합니다. 그러나 우리의 모든 노력에도 불구하고 삶에서 고통이나 불행을 완전히 예방하고 제거하는 것은 불가능한 일입니다. 그리하여 우리는 언제라도 예기치 않았던 불행과 고통에 빠질 수 있는 유한한 인간입니다.

그렇게 우리가 고통 속에 있을 때 우리가 고통을 바라보는 시각과 관점을 바꾼다고 해서 고통스런 현실 그 자체가 바뀌는 것은 아닙니다. 우리가 생각의 방법을 바꾼다고 해서 그 즉시 현실이 바뀌는 것은 아니기 때문입니다. 하지만 그럼에도 불구하고 우리가 겪는 고통에 대해 우리 자신이 어떤 시각과 관점을 취하느냐 하는 것은 대단히 중요한 문제입니다. 그 까닭은 똑같은 고통이 사람을 지극히 이기적이 되게 만들 수도 있고, 반대로 같은 사람을 깊고 성숙하게 만들 수도 있기 때문입니다.

대개의 경우 고통은 인간을 메마르게 하고 이기적이 되게 만듭니다. 생각하면 해방 이후 오늘에 이르기까지 우리 사회가 점점 더 각박한 경쟁사회가 되었던 까닭은 무엇보다도 우리가 6·25전쟁을 통해 생존의 벼랑끝까지 내몰렸던 고통스런 기억 때문이었을 것입니다. 그렇게 극단적인 고통을 경험해본 사람들은 대개 다시는 그런 고통에 빠지지 않기 위해 수단과 방법을 가리지 않으려 하는데, 개인개인의 그런 의지가 사회 속에서는 이기적 경쟁의 형태로 나타나게 됩니다. 예를 들어 전쟁통에 비참한 가난과 배고픔을 경험한 사람들이 모두 다시는 그런 고통을 당하지 않기 위해 수단과 방법을 가리지 않고 재산을 축적하려 할 때, 사회 전체적으로 보면 모든 사회 구성원들이 탐욕스런 경쟁관계에 빠져들게 되는 것입니다.

일반적으로 말해서 이처럼 고통이 인간의 정신을 깊고 고귀하게 만들지 못하고 도리어 이기적으로 만들고 탐욕스럽게 만드는 것은 우리가 그 고통을 언제나 오직 자기 한 사람의 일이라고만 생각하기 때문입니다. 예를 들어 어떤 사람이 가난 때문에 고통받고 있을 때, 그가 자기가 받는 고통이 오직 자기 혼자만이 받는 것이라고 생각한다면, 또는 같은 말이지만 자기뿐만 아니라 다른 사람들도 자기와 같은 고통을 겪고 있다는 것을 생각할 줄 모른다면, 그는 고통의 체험을 통해 더욱 메마르고 이기적인 사람이 될 수밖에 없을 것입니다.

그러나 고통이 우리를 언제나 그렇게 나쁘게 만드는 것은 아닙니다. 괴테는 「하프 타는 노인」이라는 유명한 시에서 이렇게 노래했습니다.

한 번도 눈물과 함께 자기의 빵을 먹어보지 못한 사람은,
한 번도 근심 가득한 밤들을 잠자리에서 눈물로 지샌 적이 없는 사람은,
그대를 알지 못하나니, 그대 천상의 힘이여.

여기서 천상의 힘이란 삶의 비극적 진실을 뜻합니다. 그러나 "한 번도 눈물과 함께 자기의 빵을 먹어보지 못한 사람은" 결코 삶의 깊은 의미를 깨달을 수 없습니다. 우리는 오직 고통을 통해서만 삶의 깊이와 존재의 진리에 도달하는 것입니다. 그러나 그렇게 고통을 통해 깊어지기 위해, 우리는 자기가 겪는 고통을 '영원의 관점에서' 볼 수 있어야만 합니다. 소박하게 말하자면 내가 겪는 어떤 고통이나 혼자만의 고통이 아니라 나와 같은 수많은 다른 사람들이 같이 겪는

고통이라는 것을 기억할 때, 그리하여 내가 나의 고통을 통해 나와 같이 고통받는 사람들의 고통에 참여한다는 것을 깨달을 때, 고통은 나의 정신을 깊게 하는 것입니다.

물론 우리가 이렇게 생각을 바꾼다 해서 당장 현실이 달라지는 것은 아닙니다. 그러나 요즘처럼 어려운 시기에 고통받는 모든 사람들이 자기가 겪는 고통을 자기만의 고통으로 받아들이느냐 아니면 우리 모두가 같이 겪는 고통의 한 부분으로 받아들이느냐 하는 것은 한갓 공허한 관념의 문제만은 아닙니다. 지혜로운 겨레는 어려울수록 서로 돕고 협동합니다. 그러나 어리석은 겨레는 작은 어려움 앞에서도 자기의 이익만을 생각하고 분열합니다. 그리하여 세상은 더욱 각박하고 살기 힘들어지고, 그러다 보니 다시 사람들은 더욱 이기적이고 탐욕스러워지는 것이 이런 사람들이 모여사는 사회의 악순환인 것입니다.

인간은 고통 없이 살 수 없습니다. 그러나 고통을 통해 깊어지느냐 아니면 고통 때문에 메마르고 비열해지느냐는 많은 부분 우리들 자신에게 달려 있는 문제입니다. 내가 나의 고통을 우리의 고통의 한 부분으로 볼 때, 나의 고통은 우리의 고통 속에서 넓어지고 깊어집니다. 이때 나는 나의 고통을 아파하면서 동시에 우리의 고통을, 시대와 역사의 고통을 같이 아파하는 것입니다. 그리고 그렇게 보편적 고통으로 확장된 나의 고통의 깊이와 넓이 속에서 나의 정신 역시 보다 깊어지고 넓어집니다. 왜냐하면 정신의 넓이와 깊이는 오직 고통의 깊이와 넓이 이외에는 아무것도 아니기 때문입니다.

주

1) 스피노자 지음, 강영계 옮김, 『에티카』, 서광사, 1990년, 15쪽.
2) 같은 책, 51쪽.

3) 같은 책, 55쪽.

4) 같은 책, 125쪽.

5) 같은 책, 129쪽.

6) 같은 곳.

7) 같은 곳.

8) 같은 책, 116쪽.

9) 같은 책, 56쪽.

10) 같은 책, 136쪽.

11) 같은 책, 139쪽.

12) 같은 책, 141쪽.

13) 같은 곳.

14) 같은 책, 142쪽.

15) 같은 곳.

16) 같은 책, 225쪽.

17) 같은 책, 227쪽.

18) 같은 곳.

19) 같은 책, 216쪽.

20) 같은 책, 142쪽.

21) 같은 책, 210쪽.

22) 같은 책, 218쪽.

23) 같은 책, 235쪽.

24) 같은 책, 14쪽.

25) 스피노자는 다른 곳에서는 인간을 몸과 마음의 통일체로 보다가 정념에 대해 말할 때면 인간을 오직 이성적 능력을 통해 규정하려 합니다. 이는 논리적으로 설명하기 힘든 서양적 인간이해의 반영이라 하겠습니다.

26) 『에티카』, 229쪽.

27) 같은 책, 267쪽.

28) 같은 책, 230쪽.

29) 같은 책, 274쪽.

30) 같은 책, 217쪽.

31) 파스칼 지음, 이환 옮김, 『팡세』, 서울대학교출판부, 1985년, 164쪽.

32) 『에티카』, 292쪽.

33) 『팡세』, 221쪽.

34) 『에티카』, 295쪽.

H U M E

동정심의 윤리학

흄

"인간을 사회적인 존재로 만드는 것은
인간의 약함이다.
우리의 마음에 인간애를 느끼게 하는 것은
우리들 공통의 비참함이다.
인간이 아니었다면,
우리는 인간애 같은 것을 느낄 필요가 전혀 없는 것이다.
모든 애정은 부족함의 증거이다."
●루소

이성과 감정

흄(David Hume, 1711~76)은 18세기 영국의 철학자였습니다. 역사학자들은 보통 18세기를 가리켜 계몽주의(Enlightenment) 시대라고 부릅니다. 서양에서 근대적 정신은 18세기 계몽주의를 통해 그 정점에 도달합니다. 1789년에 일어난 프랑스 대혁명은 근대적 시대정신이 현실에서 얻어낸 가장 값진 열매였습니다. 그 후 서양인들은 비록 근대적 가치에 대해 비판적 물음을 던지기 시작하기는 했지만 결코 혁명 이전의 상태로 되돌아갈 수는 없었습니다. 이런 의미에서 프랑스 혁명으로 대표되는 18세기는 서양의 역사에서 하나의 분수령이었습니다. 15세기 이탈리아 르네상스 운동에서 시작된 근대적 정신은 18세기 계몽주의와 프랑스 대혁명을 통해 하나의 완성에 도달합니다. 만약 우리가 어떤 사물의 본질을 알려고 할 때, 그것의 맹아적 단계를 관찰하는 것보다 다 자라 완성되고 열매맺은 단계를 관찰하는 것이 보다 쉬운 일이라면, 우리들 역시 근대적 시대정신을 이해하기 위해 18세기라는 프리즘을 통해 근대를 돌아보는 것이 나쁘지 않을 것입니다.

서양 지성사에서 그리스와 로마적 사유의 영향이 얼마나 엄청난 것이었던가를 알기 위해, 우리는 서양철학의 거의 모든 근본개념들이 고대 그리스어나 라틴어에서 유래했다는 사실을 상기하는 것으로 충분합니다. 근대철학이 고대나 중세 철학과 아무리 다르다 하더라도 그들이 사용한 개념을 보면 거의 모든 개념이 여전히 고대적, 중세적이었습니다. 그리고 그런 한에서 근대적 시대정신 역시 고대·중세적 전통과의 연속성 속에서 발전해나온 것이라 하겠습니다. 우리는 그런 연속성을 스피노자에게서도 볼 수 있었습니다. 소박하게 말하자면 스피노자는 적어도 윤리학적 측면에서 본다면 17세기에 환생한 스토아 현인(賢人)이었던 것입니다.

그런데 비단 철학자들뿐만 아니라 모든 근대인들이 늘 사용하던 말 가운데 고대나 중세인들에겐 조금 낯선 말이 하나 있었습니다. 그것이 '나'(I)라는 말이었습니다. 우리가 처음 영어를 배울 때 '나'(I)라는 말은 제일 먼저 배우는 낱말 가운데 하나입니다. 그리고 외국인과 영어로 대화를 할 경우에는 가장 많이 사용하는 말 가운데 하나가 또한 '나'(I)라는 말입니다. 그러나 그리스어나 라틴어의 경우에는 사정이 약간 다릅니다. 이 언어들의 경우에도 당연히 '나'나 '너'를 표시하는 인칭대명사가 있었습니다. 그러나 고대어의 경우에는 1인칭이나 2인칭 주어는 그다지 자주 쓰이지 않았습니다. 그 까닭은 현대 유럽언어와는 달리 고대어는 동사의 어미가 인칭에 따라 변하기 때문에 굳이 주어를 따로 표시하지 않아도 되기 때문입니다. 예를 들어 라틴어에서 I think는 ego cogit-o, you think는 tu cogita-s, s/he thinks는 ea(is) cogita-t, we think는 nos cogita-mus, you think는 vos cogita-tis, they think는 ii cogita-nt입니다. 그러니까 1인칭 단수 cogito부터 3인칭 복수 cogitant까지 동사의 어미가 같은 것이 하나도 없습니다. 이런 까닭에 고대인들은 굳이 ego나 tu라는 1, 2인칭 주어를 따로 써줄 필요가 없었습니다. ego cogito라고 말하든 cogito라고 말하든 '나는 생각한다'를 표시하기는 마찬가지이기 때문입니다. 따라서 고대인들은 '나'라는 말을 특별히 강조할 필요가 있을 때가 아니면 일상적으로 사용하지 않았습니다.

그러나 현대 유럽언어는 다릅니다. I think, you think, we think, they think의 경우에서 보듯, 동사만을 보아서는 주어가 무엇인지 알 수 없는 경우가 대부분입니다. 이런 사정은 프랑스어나 독일어의 경우에도 크게 다르지 않습니다. 그리하여 근대에 들어와 시인과 철학자들이 더 이상 유럽 공통의 언어인 라틴어로 글을 쓰지 않고 자신의 모국어로 글을 쓰기 시작했을 때, 오늘날 우리가 보듯이 '나'라는 낱말이 말과 글의 전면에 등장하지 않을 수 없게 된 것입니다.

다소 과격하게 단순화시켜 말하자면, 철학이란 말의 자기 반성에 다름 아닙니다. '나'라는 말이 새롭게 말과 글의 전면에 등장함으로써 '나'라는 개념이 철학적 사유의 중심을 차지하게 된 것은 너무도 자연스런 일이었습니다. 그리고 근대철학의 새로움은 바로 이 개념 하나에 다 달려 있다 해도 과언이 아닙니다. 그리하여 세상 만사를 '나' 속에서 바라보기 시작한 시대, 그것이 근대입니다. 이런 의미에서 우리는 근대를 가리켜 주관주의(subjectivism)나 반성(reflexion)의 시대라고 특징짓는 것입니다.

소박하게 말하자면 사람은 처음에는 대상 혹은 외부세계를 먼저 의식할 수밖에 없습니다. 이것은 발생론적으로 보아도 그렇고 논리적으로 보아도 그렇습니다. 우리가 먼저 의식하는 것은 언제나 대상적인 것입니다. 이에 반해 자기에 대한 의식은 대상을 매개로 하여 반성적으로 일어납니다. 서양 지성사 전체를 놓고 볼 때에도 사정은 비슷합니다. 고대철학은 세계의 존재를 탐구하였습니다. 중세 기독교 철학은 세계와 존재 일반의 근거를 절대자인 신 속에서 찾았습니다. 그리하여 근대 이전의 철학은 세계존재와 신에 대한 사변이었습니다. 이런 점에서 근대 이전의 철학은 객관세계를 지향하고 있었습니다. 여기서 철학하는 정신은 대상세계의 무한한 다양성과 깊이에 몰입하여 자기 자신을 잊어버리고 있었던 것입니다.

이에 반해 근대는 햄릿(Hamlet)의 시대, 곧 자기반성의 시대입니다. 이미 오래 전에 성 아우구스티누스는 『고백록』에서 "인간은 자기 자신에게 헤아릴 수 없는 심연"(grande profundum est ipse homo)이라고 말했었습니다.[1] 그러나 중세인들은 이 말의 참된 의미를 아직 이해할 수 없었습니다. 근대가 시작되고 철학하는 정신이 3인칭의 '그것'에 대한 관심으로부터 1인칭의 '나'에 대한 반성으로 돌아왔을 때, 비로소 생각하는 나, 주체로서의 내가 측량할 수 없는 신비로 다가왔습니다. 이전에 철학자들에게 존재란 무엇인가, 신이란 무엇인가 하는 것이 가장 근본적인 물음이었다면, 이제 근대인들에게 가장 중요한 물음은 '나는 누구인가'라는 물음이었습니다.

이 물음이 중요해진 까닭은 이중적입니다. 한편으로 그것은 근대인들이 '나'를 새롭게 발견하고 의식하게 되었기 때문이기도 하지만 다른 한편 우리가 무엇을 보고 무엇을 생각하든 이제 그 모든 것이 나에게 주어진 것이므로, 우리는 내가 누구인지 앎을 통해서만 나에게 주어진 세계의 본질도 알 수 있게 되었기 때문입니다. 세계는 더 이상 그 자체로서 존재하는 피조물(ens creatum)이 아니라 나에 의해 감각되고 사유되는 대상(objectum)으로 이해됩니다. 다시 말해 세계는 그 자체로서 있는 것이 아니라 나에 의해 의식되고 사유되어 있습니다. 아마도 원숭이가 보는 세계와 참새가 보는 세계는 인간이 보고 생각하는 세계와 같지 않을 것입니다. 그렇듯 인간이 보는 세계와 신이 보는 세계 역시 다를 수밖에 없을 것입니다. 그러므로 우리는 우리가 보는 세계의 참모습을 파악하기 위해서는 세계를 보는 우리 자신을 먼저 이해해야 하는 것입니다. 이리하여 '나'에 대한 물음이 철학의 근본물음이 된 시대, 그 시대가 근대였습니다.

도덕의 주관적 근거에 대한 물음

이런 시대정신은 윤리학에도 영향을 미쳤습니다. 고대와 중세의 철학자들은 선을 원칙적으로 사물의 객관적 성질로 이해하였습니다. 플라톤과 아리스토텔레스적 전통에 따르면 선이란 존재 그 자체의 완전성 또는 탁월함을 의미하는 것이었습니다. 어떤 존재가 자기의 일을 탁월하게 수행하거나 자신의 가능성을 온전히 실현하고 있을 때, 그 존재는 좋은 것 또는 선한 것입니다. 인간의 경우에도 사정은 마찬가지입니다. 우리가 인간의 고유한 본성을 가장 완전하게 실현할 때, 우리는 훌륭한 사람이 되는 것입니다. 그리하여 덕이란 다름아니라 우리를 인간존재의 탁월함과 온전함으로 인도하는 성품을 말하는 것이었습니다.

이처럼 고대 윤리학에서 선의 표준은 존재 그 자체의 완전성이었습니다. 따라서 우리가 선을 실현하기 위해서는 존재 그 자체의 본성적 질서를 알고 따르지 않으면 안 됩니다. 우리는 인간의 본성을 바르게 인식해야 할 뿐만 아니라 우리가 관계맺는 모든 사물들의 본성적 성질을 바르게 알고 거기에 맞게 행위해야만 합니다. 그럴 경우에만 우리는 인간에게 주어진 일을 가장 탁월하게 수행할 수 있는 것입니다. 그런데 인간과 사물의 본성과 질서를 인식하는 것은 이성입니다. 따라서 고대적 윤리학에 따르면 선하고 훌륭한 사람이 되기 위해 우리에게 가장 필요한 능력은 사물을 바르게 판단하는 이성입니다.

이렇듯 고대적 윤리학은 객관주의적 윤리학이며 이성 중심의 윤리학이었습니다. 우리가 실현해야 할 선은 존재 그 자체의 객관적 본질이었고 거기에 이르는 길은 인식하는 이성에게 있었습니다. 그런데 인간의 경우 궁극적으로 이성은 인간존재의 객관적 본질이기도 하므로 이성의 실현은 인간이 추구해야 할 최고의 탁월함, 최고의 선이기도 합니다. 이런 의미에서 이성은 윤리적 행위의 궁극목적인 동시에 또한 거기에 도달하기 위한 가장 중요한 수단이기도 했습니다. 그런 까닭에 고대적 윤리학은 한마디로 이성의 윤리학이었습니다.

이런 전통은 17세기 스피노자의 윤리학에까지 그대로 이어져왔습니다. 그러나 18세기 철학자들은 더 이상 도덕의 문제를 객관적 존재나 이성의 힘을 통해 이해하고 설명하려 하지 않았습니다. 도덕은 어떤 당위에 관계합니다. 윤리학은 그런 당위의 근거에 대한 반성입니다. 예를 들어 "도둑질하지 말라"는 것은 윤리적 당위의 표현입니다. 그리고 많은 사람들이 그 명령을 지키면서 삽니다. 그런데 철학자는 왜 도둑질을 하면 안 되는지, 그 근거를 묻습니다. 윤리학이란 이처럼 당위의 근거에 대한 물음과 함께 시작되는 것입니다.

그런데 고대적 윤리학은 인간이 마땅히 지켜야 할 당위의 근거를 존재의 객관적 본성으로부터 얻어옵니다. 간단히 말해 우리는 이러저러한 도덕적 법칙들을 따를 때에만 존재의 완전성과 탁월함을 실현할 수 있습니다. 그러므로 우리는 도덕적 명령에 따르지 않으면 안 됩니다. 그러나 18세기 철학자들은 이런 추리를 받아들이려 하지 않았습니다. 그들은 마치 사춘기의 반항적인 청소년과도 같습니다. 그는 어렸을 적에는 어머니가 먹기 싫은 보약을 지어주면 싫지만 먹었습니다. 몸에 좋다는 어머니의 말 때문이었습니다. 그러나 사춘기에 접어들면 그는 더 이상 예전처럼 고분고분하게 굴지 않습니다. 그는 때마다 '내가 왜' 이 일을 해야 하는지 묻는 것입니다. 그리고 그는 어른들이 아무리 '객관적인 근거'를 들이대며 설득한다 하더라도 자기 스스로 '주관적인 확신'이 서기 전까지는 아무것도 하려 하지 않습니다. 그리고 이때 주관적 확신이란 사물에 대한 추론적 인식에서 오는 것이 아니고 직접적인 느낌에서 오는 것입니다.

설명이 필요 없는 직접적 느낌, 그것만이 우리를 행위로 이끌 수 있습니다. 그렇게 도덕적 당위의 근거를 오로지 나 자신의 직접적 느낌 속에서 찾았던 시대가 18세기였습니다. 이리하여 이 시대의 철학은 도덕의 본질 역시 '나' 속에서 찾으려 했던 것입니다.

감정의 윤리학

이성의 무능력

윤리학의 역사에서 흄이 차지하는 역사적 의의는 다른 무엇보다 그가 인간의 도덕적 능력을 이성능력과 구별했다는 데 있습니다. 우리가 지금까지 살펴보았듯이 "정념과 이성의 싸움을 이야기하며 이성의 편을 들고, 사람은 이성의 명령에 따르는 만큼 유덕할 뿐이라고 주장하는 것"은[2] 흄 이전의 대다수 철학자들의 일반적인 경향이었습니다. 흄은 이런 전통적 견해를 계속해서 다음과 같이 서술합니다.

"이성적 존재는 이성을 통해 자신의 행동을 통제하지 않으면 안 된다. 그리고 만일 다른 동기나 원리가 그의 〈이성적〉 행동지침과 어긋날 경우에는, 그 〈비이성적인〉 동기나 원리가 완전히 사라지거나 적어도 〈이성적〉 상위원리와 합치될 때까지 그는 그 동기나 원리와 맞서야 한다. 근대 및 고대의 도덕철학은 대부분 이런 사고방식에 토대를 둔 것으로 생각된다. ……지금까지 이성의 영원불변성 및 그 신적 기원은 〈이성이 가진〉 최고의 장점이라 여겨졌다. 〈반면에〉 정념의 맹목성 및 불안정성과 기만성 따위는 매우 강하게 강조되었다."[3]

예로부터 철학자들은 이성을 인간 속에 깃들인 신적인 능력이라고 생각해왔습니다. 이에 반해 정념은 맹목적이고 불안정하며 기만적이라고 생각되었습니다. 따라서 이성적 존재는 이성을 통해 자신의 행동을, 다시 말해 이성을 통해 비이성적인 정념을 통제하지 않으면 안 됩니다. 플라톤이 그의 대화편 『파이드로스』(Phaidros)에서 인간의 영혼을 두 마리의 말을 한 사람의 마부가 이끄는 마차에 비유한 이래—거기서 말은 넓은 의미의 정념에 속하는 것이었고, 마부는 인간의 이성을 상징하는 것이었습니다—이성을 통한 정념의 지배는 오랫동안 서양 윤리학의 공리와도 같은 것이었습니다.

그러나 흄은 더 이상 그 공리를 자명한 공리로서 인정하려 하지 않았습니다. 그는 그 이유를 크게 다음의 두 가지로 나누어 설명합니다.

"첫째, 이성은 그 자체만으로는 어떤 의지 활동의 동기도 될 수 없다. 둘째, 이성은 의지의 방향을 결정할 때 결코 정념과 상반될 수 없다."[4)

이성은 흄에 따르면 참과 거짓을 발견하는 능력입니다.[5) 이것은 관조적 능력이지 활동적인 능력이 아닙니다. 이성은 관념과 관념 사이의 일치나 불일치를—예를 들어 1+1 = 2, 1+2≠4 따위를—식별할 수 있고, 관념과 사실 사이의 일치나 불일치를 판단할 수 있습니다. 그러나 이성은 무엇이 참이고 거짓인지를 우리에게 가르쳐줄 수 있을 뿐, 우리에게 어떤 것을 하라거나 하지 말라고 강요할 수는 없습니다. 따라서 이성을 통해 정념을 통제할 수 있다고 생각하는 것은 이성에 대한 오해에서 비롯된 잘못된 믿음입니다. 이성은 전적으로 비활동적인(inactive) 능력이므로, 이성 자신만으로는 어떤 행동도 유발할 수 없고 어떤 의욕도 불러일으킬 수 없습니다.[6) 다시 말해 이성은 어떤 정념을 막거나 어떤 정념을 선택하도록 다툴 능력도 없습니다.[7] 따라서 이성은 정념을 이끄는 마부 노릇을 할 수 없는 것입니다.

도리어 사정은 정반대입니다. 흄에 따르면 이제 인간의 영혼을 이끄는 마부는 정념이며 이성은 정념이 이끄는 대로 따르는 노예에 지나지 않습니다.

"이성은 정념의 노예이고 또 노예일 뿐이어야 하며, 정념에게 봉사하고 복종하는 것 이외에는 결코 어떤 직무도 탐낼 수 없다."[8]

간단히 말해, 이성은 수동적이며 도구적인 능력에 지나지 않습니다. 따라서 그것은 인간을 선하게 만들지도 악하게 만들지도 못합니다. 만약 우리가 인간을 선하게 만들기를 원한다면, 우리는 더 이상 그 처방을 이성에게 물어서는 안 됩니다. 이성은 선도 악도 분별하지 못하는 가치중립적 능력입니다. 따라서 우리가 많이 배운다고 해서 자동적으로 선한 사람이 되지는 않습니다. 지식은 인간을 선하게 만드는 데는 원칙적으로 아무런 쓸모도 없습니다. 인간을 선하게 만들고 악하게 만드는 것은 이제는 이성이 아니라 감정이나 정념입니다.

이렇게 하여 흄을 통해 인간의 도덕적 능력이 이성으로부터 독립을 얻게 되었습니다. 그리고 이와 더불어 윤리학 또한 형이상학의 그늘에서 벗어나 자기 고유의 자율성을 추구하게 되었던 것입니다.

도덕감

그러나 덕이나 악덕(vice and virtue)이 이성으로부터 유래한 것이 아니라면 우리의 도덕성의 뿌리는 무엇이겠습니까? 이 물음에 대한 흄의 대답은 다음과 같습니다.

"덕과 악덕은 단지 이성에 의해 발견될 수 있는 것도 아니고 관념들의 비교에 의해 발견될 수 있는 것도 아니기 때문에, 우리가 그들 사이의 차이를 식별할 수 있는 것은, 덕이나 악덕이 유발하는 어떤 인상이나 정서를 통해서임이 분명하다."[9]

소박하게 말하자면, 이 말은 덕과 악덕을 분별할 수 있는 우리의 능력은 이성에서 유래한 것이 아니므로, 그것은 오직 감각에서 유래한 것일 수밖에 없다는 뜻입니다. 그리하여 우리의 도덕성(morality)은 본질적으로 어떤 종류의 감각, 즉 도덕감(moral sense)으로서 발생하는 것입니다. 이것을 분명히 하기 위해 흄은 "도덕성은 판단된다기보다는 느껴진다"(Morality is more properly felt than judg'd of)고 말합니다.[10] 그리하여 도덕은 이제 우리가 직접적으로 느끼는 감각에 뿌리박고 있는 것으로 이해되었습니다. 흄은 "바로 이 느낌(feeling)이 우리의 도덕적인 칭찬이나 경탄을 구성한다"고[11] 말합니다. 그러니까 도덕의 본질은 감각적 느낌인 것입니다.

이와 같은 흄의 입장을 이해하기 위하여 우리는 흄이 고전적 경험론을 대표하는 철학자임을 상기할 필요가 있습니다. 경험론(empiricism)이란 간단히 말해, 우리의 모든 의식활동을 감각자료(sense-data)로 환원시키는 입장을 뜻합니다. 오래 전에 아리스토텔레스는 "먼저 감각 속에 있지 않았던 것은 어떤 것도 이성 속에 있을 수 없다"는 말로 경험론적 입장을 정식화했었습니다. 근대의 경험론은 이런 입장을 그 극단까지 추구했던 철학이었습니다. 우리가 무엇을 느끼고 무엇을 생각하든지 간에 마음속의 모든 의식내용이 감각으로부터 생겨난다는 것이 경험론의 입장입니다. 이런 사정은 도덕적 판단의 경우에도 마찬가지입니다. 그리하여 흄은 우리가 어떤 사람의 행위나 성품을 판정할 때 적용하는 선과 악, 덕이나 악

덕 같은 윤리적 범주들 역시 어떤 종류의 감각에서 유래한 것이라고
자연스럽게 결론내리는 것입니다.

그러나 앞에서 보았듯이 흄은 선·악을 구별하는 도덕적 능력과
지식을 습득하는 이성적 능력을 근본적으로 구별하였습니다. 하지
만 도덕과 지식이 똑같은 종류의 감각에서 유래된다면, 도덕과 지
식 사이에 본질적 차이가 있을 수 없을 것입니다. 따라서 도덕과 지
식이 본질적으로 다른 것이라면, 그 둘은 똑같이 감각에서 생겨나는
것이라 하더라도 서로 다른 종류의 감각에 뿌리박고 있어야만 할 것
입니다. 우리에게 지식을 전해주는 것과 똑같은 종류의 감각적 인상
(impression)이 동시에 도덕감의 원천일 수는 없는 것입니다. 그
렇다면 어떤 종류의 감각이 도덕의 원천이겠습니까? 흄은 그것이
고통과 쾌락(pain and pleasure)이라고 대답합니다.

"우리가 이미 살펴보았듯이 도덕적 구별은 고통이나 쾌락이라
는 특정한 감정에 전적으로 의존한다. 그리고 우리들 자신이나 다
른 사람들의 마음씨(mental quality)를 우리가 바라보거나 반
성할 때, 그것이 우리에게 만족감을 준다면, 그런 마음씨는 당연
히 유덕하다(virtuous). 인간의 모든 일들 가운데 불편함을 주
는 것은 부덕하다(vicious). 그런데 우리들 자신의 성품이든 다
른 사람의 성품이든 쾌락을 주는 성품(quality)은 언제나 긍지와
사랑을 불러일으킨다. 불편함을 주는 사람은 모두 경멸과 증오를
불러일으킨다. 따라서 이 두 특성은 우리의 마음씨에 있어서 덕과
악덕에 대응하는 것으로 간주되는데, 덕은 사랑이나 긍지를 산출
하는 능력이고, 악덕은 경멸이나 증오를 산출하는 능력이다. 따라
서 모든 경우에 우리는 양쪽 가운데 하나를 통해 다른 것을 판단
하는 것이 분명하다. 우리는 사랑이나 긍지의 원인이 되는 마음의
성품을 유덕하다고 하고 증오와 경멸의 원인이 되는 마음의 성품

을 부덕하다고 말할 수 있을 것이다."[12)

유덕한 행위는 '유쾌한'(agreeable) 느낌을 줍니다. 이에 반해 악하고 부덕한 행위는 거북하고 '불편한'(uneasy) 느낌을 줍니다. 그리하여 원칙적으로 우리에게 쾌락을 주는 것은 선하고 고통을 주는 것은 악하다고 우리는 말할 수 있습니다. 이처럼 쾌락과 고통의 감각에서 선·악의 관념의 기원을 찾았다는 점에서 흄의 윤리학은 에피쿠로스의 윤리학과 닮은 데가 있습니다.

그러나 흄은 우리에게 쾌락을 주는 것이 모두 선하다고 주장하지는 않습니다. 인간의 성격과 행위에서 도덕적 칭찬의 대상이 되는 것들이 주는 쾌락은 일반적 의미의 쾌락과 언제나 같은 것은 아닙니다. 예를 들어 전쟁터에서 적이 보여주는 용기는 우리에게 쾌락보다는 고통을 준다고 할 수 있습니다. 그럼에도 불구하고 우리는 용감한 적에 대하여 도덕적 존경심을 느낍니다. 따라서 우리가 도덕적 문맥에서 느끼는 쾌락과 고통은 일반적인 의미의 쾌락이나 고통과는 다른 "특별한 종류의 쾌락과 불편함"의 감각이라고 흄은 말하는 것입니다.

"어떤 행위나 감정 또는 성격이 유덕하거나 부덕하다 할 때, 그 이유가 무엇인가? 그것을 보는 것이 특별한 종류의 쾌락이나 불편함을 야기하기 때문이다."[13)

구체적으로 말해 도덕감의 원천인 쾌락과 고통은 우리가 어떤 행위나 성격을 나 개인의 입장에서가 아니라 보편적이고 일반적인 관점에서 바라볼 때 느끼는 쾌락이나 고통입니다. 이것을 흄은 다음과 같이 표현하고 있습니다.

"적의 좋은 성품은 우리에게는 해롭지만 우리의 부러움과 존경심을 유발할 수 있다. 어떤 성격을 우리 자신의 개별적 이익과 무관하게 일반적으로 관찰할 경우에만 그 성격은 도덕적으로 선하거나 악하다고 이름붙일 수 있는 느낌이나 감정을 불러일으킨다."[14]

여기서 어떤 행위를 우리 자신의 개별적 이익과 무관하게 일반적으로 관찰한다는 것이 정확히 무엇을 뜻하는 것인지에 대해 흄은 더이상 자세한 설명을 하지는 않습니다. 그러나 우리의 도덕감이 좁은 의미의 개인의 이기심을 초월하는 어떤 능력이라는 것만은 분명합니다. 그것은 어떤 종류의 보편적인 고통 또는 보편적인 쾌락에 대한 감수성인 것입니다.

이것은 생각해보면 많은 뜻을 내포한 말입니다. 전통적으로 철학자들은 오직 이성만이 보편을 인식하는 능력이라 생각했었습니다. 그에 반해 감각이나 정념은 일회적이고 개별적인 것이라 여겨졌습니다. 이런 입장에 따르면 우리가 감각이나 정념에 얽매이면 얽매일수록 우리는 개별적인 자기의 한계 내에 고립될 수밖에 없습니다. 그리고 도덕적인 측면에서 볼 때에도 우리가 감성적 차원에 매이면 매일수록 우리는 더 자기중심적이 되고 이기적이 될 수밖에 없다는 것이 전통적인 철학의 견해였습니다. 그러나 흄의 견해는 그렇지 않습니다. 우리에게는 보편적인 입장에서 쾌락과 고통 그리고 기쁨과 슬픔을 느낄 수 있는 감수성이 있습니다. 그리고 그것이 바로 우리의 도덕적 능력인 것입니다. 그리하여 도덕감이란 한마디로 말하자면 보편적인 기쁨과 슬픔의 감수성인 것입니다.

이러한 흄의 입장에 따른다면 사람들을 참된 의미에서 하나되게 하는 것은 이성이라기보다는 감성입니다. 1+1=2라는 것은 나에게도 참이고 너에게도 참이고 또한 모든 사람에게 참입니다. 그리고 아마도 인간이 1+1=2라는 것을 인식하든 하지 않든 1+1=2가 참이라는 사실에는 아무런 변화도 없을 것입니다. 그러나 1+1=2라는 지식을 모든 사람이 똑같이 공유한다고 한들, 1+1=2라는 지식의 보편성이 모든 인간을 참된 의미에서 하나로 만들어줄 수는 없는 일입니다. 그러므로 이성적인 지식이 모든 사람에게 보편적인 효력을 가진다고 해서 그것이 인간의 고립과 분열을 치유해줄 수는 없습니다. 쉽게 말해 인간이 보편적 지식을 습득하는 것은 인간이 이기심으로부터 벗어나는 것과는 아무런 상관도 없습니다. 가장 많이 배운 사람이 가장 이기적인 인간일 수도 있는 것입니다. 인간을 참된 의미에서 하나되게 하는 것은 우리가 공유하는 기쁨과 슬픔 그리고 쾌락과 고통입니다. 그리고 도덕성이란 우리가 공유하는 기쁨과 슬픔, 고통과 쾌락에서 피어나는 꽃인 것입니다.

동정심

그러나 아직 물음이 남아 있습니다. 흄은 보편적으로 공유할 수 있는 쾌락과 고통에 대하여 말합니다. 그러나 어떻게 쾌락과 고통이 공유될 수 있는 것입니까? 엄밀하게 말하자면 어떤 경우에도 내가 느끼는 감각은 타인과 공유할 수 없습니다. 왜냐하면 감각은 육체를 통해 발생하기 때문입니다. 나의 육체는 오직 나만의 것입니다. 따라서 나의 육체에서 발생하는 감각은 나의 육체를 넘어 타인의 육체로 이전될 수 없습니다. 그런 까닭에 우리는 원칙적으로 어떤 감각을 다른 사람과 공유할 수 없습니다. 감각은 개별적이고 일회적입니다. 그리하여 우리가 만약 자신의 고통이나 쾌락이라는 감각에 대하여 지나치게 예민한 감수성을 가질 때, 우리는 자기 자신의 개별성에 함몰되기 쉽습니다. 쉽게 말해 쾌락과 고통에 대한 지나친 감수성은 사람을 자기중심적이고 이기적이 되게 만들 수 있는 것입니다.

스피노자에 대한 강의에서도 말했듯이, 고통은 때때로 사람을 깊게 만듭니다. 그러나 같은 고통이 때로는 사람을 이기적이 되게 만들 수도 있습니다. 현명한 사람은 자기의 고통을 통해 타인의 고통을 헤아리는 법을 배우지만, 어리석고 탐욕스런 사람은 오로지 자기가 고통받지 않기 위해 타인을 고통 속에 빠뜨리는 것입니다. 그렇다면 무엇이 우리로 하여금 고통과 쾌락의 감각 속에서도 오로지 자기 자신에게 함몰되지 않고 보편적 고통과 보편적 쾌락의 감수성을 갖도록 할 수 있겠습니까? 흄에 따르면 그것은 우리의 마음속에 본성적으로 주어져 있는 근원적 능력인 동정심(sympathy) 때문입니다. 동정심을 뜻하는 말 sympathy는 그리스어 심파테이아(sympatheia)에서 온 것인데 이 낱말은 같이(with)를 뜻하는 syn이란 전치사와 감각이나 정념을 뜻하는 파토스(pathos)라는 말이 합쳐져서 만들어진 낱말입니다. 그러니까 심파테이아란 파토스를 공유하는 것, 특히 슬픔이나 고통의 정념을 같이 느끼는 것을 뜻합니다. 이런 의미에서 그것은 동정심을 의미하는 말이었던 것입니다.

흄은 동정심의 발생을 현악기에서 한 현(絃)의 떨림이 다른 현에게 전달되는 것에 비유했습니다. 우리의 감각능력은 모두 비슷한 방식으로 조율되어 있기 때문에 다른 사람의 고통은 고통스런 표정이나 몸짓 혹은 소리 같은 외적 징표를 통해 우리 마음에 일정한 파장을 불러일으킨다는 것입니다.

"모든 사람의 정신은 그 느낌이나 작용에서 비슷하며, 어떤 다른 사람도 전혀 느낄 수 없는 그런 정념에 의해 자극받는 사람은 아무도 없다. 똑같이 조율된 현(絃)들 가운데 하나의 운동이 나머지 현들에게 전달되듯이 모든 정념은 한 사람에게서 다른 사람으로 쉽게 옮아가며 모든 사람들 속에 상응하는 운동[=감정의 움직임]을 불러일으킨다. 어떤 사람의 목소리나 몸짓에서 내가 그의 고통의 결과를 볼 때, 나의 마음은 즉시 이런 결과들로부터 그 것의 원인으로 옮아가서, 그 자리에서 고통의 정념 그 자체로 전 환될 정도로 생생한 고통의 관념을 형성한다. 비슷한 방식으로 내 가 어떤 감정의 원인을 지각할 때 나의 마음은 그것이 낳는 결과 로 인도되어 비슷한 감정에 의해 자극을 받게 된다. 내가 만약 무 시무시한 외과 수술에 입회한다면, 수술이 시작되기 전이라도, 수 술도구를 준비하고 붕대를 정돈하며 철제기구를 열로 소독하는 것을 볼 때, 그리고 환자와 보호자의 얼굴에 공포와 염려의 빛이 퍼지는 것을 볼 때, 이 모든 광경이 나의 마음에 커다란 영향을 미 쳐 매우 강한 연민과 공포의 감정을 유발할 것이다. 다른 사람이 느끼는 〈고통의〉 정념 그 자체가 직접 〈나의〉 마음에 느껴질 수는 없다. 우리는 〈다른 사람이 느끼는 정념의〉 원인이나 결과를 감각 할 수 있을 뿐이다. 우리는 이것으로부터 정념을 추리한다[=연상 한다]. 그리고 결과적으로 이것들[=원인이나 결과]이 우리의 동 정심을 불러일으키는 것이다."[15]

여기서 흄이 말하고 있듯이 타인이 느끼는 고통의 정념을 우리 가 똑같이 느낄 수는 없습니다. 그러나 우리는 고통의 원인이나 결 과, 즉 고통의 외적 표현이나 고통을 유발하는 사물들을 지각할 수 는 있습니다. 그런데 모든 사람의 정신은 느낌이나 작용에서 비슷하 기 때문에 우리는 다른 사람이 고통스러워하는 모습을 볼 때, 우리 가 그의 고통을 똑같이 느끼지는 못하지만 그의 고통을 상상하고 짐 작할 수는 있습니다. 그렇게 우리가 타인의 고통을 간접적으로 연상 (聯想)할 때 우리의 마음속에는 타인의 고통에 대한 관념적 영상(影 像)이 형성되는데, 때때로 우리가 예민한 감수성의 소유자이거나 아 니면 우리가 보는 고통의 광경이 특별히 끔찍할 경우에는 우리 마음 속에 만들어진 고통의 관념적 그림자가 마치 고통 그 자체인 듯 생생하고 강렬하게 느껴지기도 하는 것입니다. 이처럼 우리가 타인의 고통을 강하게든 약하게든 간접적으로 같이 느끼는 것을 흄은 동정심[=공감]이라 불렀습니다. 그것은 우리가 타인과 정념을 공유할 수 있는 능력 그 자체를 뜻하기도 하고 또한 정념을 공유함으로써 결과적으로 생겨나는 연민을 뜻하기도 합니다. 요컨대 타인의 고통이 내 마음에 야기하는 고통의 감수성이 곧 동정심입니다.

흄에 따르면 동정심이야말로 도덕성의 참된 근거입니다. 도덕은 타인에 대한 관심을 전제합니다. 그런데 인간이 오직 자기의 쾌락과 고통에 대해서만 예민할 뿐, 타인의 기쁨과 슬픔에 대해 전적으로 무관심하다면, 도덕은 처음부터 불가능할 것입니다. 이런 경우 사람들은 타인이 고통을 느끼든 말든 자신이 쾌락을 누리고 고통을 피하기 위해서라면 무슨 일이든 서슴지 않을 것이기 때문입니다. 따라서 타인이 고통받는 것을 볼 때 자기도 가슴 아프게 느끼고 타인이 기뻐하는 것을 볼 때 자기도 기뻐할 줄 아는 공감과 동정심이 없다면 우리는 결코 선한 사람이 될 수 없습니다. 자기에게 일어나는 고통을 피하듯 타인이 고통을 받는 것을 꺼리고, 자기의 기쁨을 추구하듯 타인의 기쁨을 추구하는 사람만이 선한 사람일 수 있는 것입니다.

동정심의 윤리적 의의

18세기는 동정심의 시대였습니다. 영국에서 흄이나 애덤 스미스(Adam Smith)가 동정심을 말할 때 프랑스에서는 루소(J. J. Rousseau)가 동정심을 말했고 독일에서는 작가이자 비평가였던 레싱(G. E. Lessing)이 동정심을 말했습니다. 이들은 모두 고통이 인간을 도덕적으로 하나되게 만드는 데 주목하였습니다. 루소는 『에밀』(*Emile*)에서 이렇게 말합니다.

"인간을 사회적인 존재로 만드는 것은 인간의 약함이다. 우리의 마음에 인간애를 느끼게 하는 것은 우리들 공통의 비참함이다. 인간이 아니었다면, 우리는 인간애 같은 것을 느낄 필요가 전혀 없는 것이다. 모든 애정은 부족함이 있다는 증거이다. 우리들 한 사람 한 사람이 다른 인간을 전혀 필요로 하지 않는다면, 다른 인간과 교류하려는 따위의 생각은 아무도 하지 않을 것이다."[16]

이리하여 도덕은 신의 일이 아니라 인간의 일이 되었습니다. 불완전한 인간, 육체를 가진 인간 그리고 고통을 느끼는 인간만이 도덕적 능력을 가질 수도 있다는 것입니다. 이런 통찰에 따라 레싱은 연극을 통해 관객의 동정심을 자극함으로써 당시의 봉건적 질서 아래서 억압받는 사람들을 통일된 계급의식 속에 결속하려 했습니다.

생각해보면 이 시대의 철학자들이 동정심을 강조한 것은 새로이 등장하는 시민사회에서 사람들이 점점 더 고립되고 자기중심적이 되어가는 것에 대한 경고이기도 했습니다. 루소가 『인간 불평등 기원론』에서 말했듯이 동정심은 인간의 가장 원초적인 능력에 속합니다. 그런데 이 능력은 문명화된 경쟁 사회에서는, 다른 종류의 원초적인 능력이 그러하듯, 쉽게 퇴화될 위험에 처합니다. 왜냐하면 문명사회에서 경쟁이 격화되면 될수록 사람들은 자신의 이익과 손해 그리고 자기의 고통과 쾌락에 대해 예민해지고 그에 반해 타인의 고통에 대해서는 무감각해지기 때문입니다. 그런데 근대 시민사회는 한편에서 개인을 독립적이고 자율적이 되게 만들었지만 다른 한편에서는 개인을 그만큼 다른 사람으로부터 고립시켰습니다. 이런 상황에서 사람들은 이기적이 되기 쉬우며 타인의 고통에 대해 무감각해지기 쉽습니다. 그런 상황에서 고대적 의미의 이성적 윤리학을 말하는 것만으로는 인간의 도덕성을 고양시킬 수 없습니다. 왜냐하면 고대적 윤리학은 인간존재의 탁월함을 숭배하는 윤리학인데, 이것만으로는 타인에 대한 관심을 불러일으키기에는 역부족이기 때문입니다. 따라서 철학자들은 동정심의 중요성을 강조함으로써 타인에 대한 관심과 공공적 이익에 대한 관심을 고취하려 했던 것입니다.

우리는 오늘 우리 사회에 대해서도 비슷한 반성을 해볼 수 있습니다. 우리는 인격형성기에 있는 청소년들을 무의미하고 극단적인 입시경쟁으로 내몰면서 그들의 본성적인 동정심을 퇴화시키고 있습니다. 그리고 우리 모두는 성인이 되면 약자를 위해 거의 아무런 사회보장제도도 마련되어 있지 않은 이 살벌한 세상에서 낙오하지 않기 위해 생사를 걸고 경쟁하지 않으면 안 됩니다. 이런 사회에서 사람들 마음속에 따뜻한 인정과 동정심이 남아 있으리라고 기대하기는 어렵습니다. 몇 년 전 강남의 어느 고등학교에서 심장병을 앓는 병약한 학생을 같은 반 친구들 몇몇이 무려 1년 동안이나 학대하고 폭행한 사건이 있었습니다. 피해자인 학생은 오랜 고통에 시달리다 못해 정신질환까지 얻게 되었습니다. 가해자들은 그 반에서 공부 잘하는 우등생들이었고 그 중에는 학급간부도 끼여 있었다고 합니다. 그런데 참으로 놀라운 것은 가해자들이 경찰에서 조사를 받을 때 했다는 말입니다. 피해자를 괴롭힐 때 느낌이 어땠느냐고 형사가 물었을 때, 가해자인 아이들은 "우스웠다"고 대답했다 합니다. 만약에 우리 사회가, 타인의 고통을 보며 동정심을 느끼기는커녕 우습다고 느끼는 아이들이 학교에서 우등생이고, 일류대학 나와 사회에서 부귀영화를 누리는 사회라면, 그런 사회에 과연 희망이 있을 수 있겠습니까?

돌이켜 보면 우리 사회는 폭력에 중독된 사회입니다. 얼마 전에는 검찰 수사관들이 피의자에게 가혹행위를 하는 것을 어느 사법연수원생이 폭로한 것이 방송을 통해 보도된 일이 있었습니다. 검사는 그 상황에서, 피의자가 맞을 짓을 했으니까 맞는 것이 아니냐고 대수롭지 않게 말했다 합니다. 세상에 맞을 짓은 없습니다. 법을 어겼으면 벌을 받으면 그만입니다. 검찰이 할 일은 불법적 행위를 밝혀

내고 법정에 기소하는 것이지 임의로 폭력을 행사하는 것이 아닙니다. 그러나 어디든 우리 사회에는 핑계 아닌 것을 핑계삼아 타인의 신체에 고통을 가하면서 쾌감을 느끼는 사람들이 너무도 많습니다. 이런 사람들이 줄어들지 않는다면, 우리 사회는 미개한 야만상태를 벗어날 수 없습니다.

이제 우리가 사는 세상을 인간다운 세상으로 만들기 위하여 무엇이 선인지 다시 생각할 때입니다. 따뜻한 동정심 없이, 타인의 고통에 대한 예민한 감수성 없이 선한 사람이 될 수는 없습니다. 가정이나 학교에서 그리고 사회에서 우리는 폭력에 대해 너무도 관대합니다. 그러니 어떻게 우리 사회가 선할 수 있겠습니까? 그리고 사회가 선하지 않은데 어떻게 그 속에 사는 우리의 삶이 행복할 수 있겠습니까?

주

1) 『고백록』, 120쪽.
2) 데이빗 흄 지음, 이준호 옮김, 『인간 본성에 관한 논고 2 ─ 정념에 관하여』, 서광사, 1996년, 158쪽.
3) 같은 곳.
4) 같은 곳.
5) 데이빗 흄 지음, 이준호 옮김, 『인간 본성에 관한 논고 3 ─ 도덕에 관하여』, 서광사, 1998년, 28쪽.
6) 『정념에 관하여』, 160쪽.
7) 같은 곳.
8) 같은 책, 160쪽.
9) 『도덕에 관하여』, 41쪽.
10) 같은 곳.
11) 같은 책, 42쪽.
12) 같은 책, 146쪽.
13) 같은 책, 42쪽.

14) 같은 책, 43쪽.

15) 같은 책, 147쪽.

16) 장 자크 루소 지음, 민희식 옮김, 『에밀』, 육문사, 1993년, 291쪽.

KANT

의무의 윤리학

칸트

"아니야, 제롬. 아니야,
미래의 보상을 위해서 우리가 덕을 쌓으려고 노력하는 것은 아니야.
우리의 사랑이 찾고 있는 것은 보상이 아니야.
자기 고통에 대한 보수라는 생각은
고귀하게 태어난 영혼에게는 모욕적인 말이야.
덕이란 그런 영혼을 위한 장신구가 아니야.
그것은 그런 영혼이 지니는 아름다운 형식인 거야."
 ●앙드레 지드, 『좁은 문』

도덕적 강제의 본질에 대한 물음

도덕적 강제의 본질에 대한 물음 │

이제 우리의 여행도 마지막에 이르렀습니다. 칸트는 서양 윤리학의 역사에서 최고의 봉우리입니다. 우리에겐 더 이상 올라가야 할 봉우리가 없습니다. 그리고 우리는 더 이상 깊이 내려갈 수도 없습니다. 칸트는 서양 정신의 가장 깊은 심연이기도 합니다. 그는 서양 윤리학의 완성입니다. 그러나 칸트에게 있어서 완성은 동시에 전복(顚覆)이기도 하였습니다.

소크라테스 이래 서양 윤리학은 선이 무엇인지를 물어왔습니다. 그러나 그들이 문제삼았던 선은 한 번도 순수한 의미의 도덕성(morality)이었던 적이 없었습니다. 선은 좋음과 뒤섞여 있었고 도덕에 대한 관심은 언제나 행복에 대한 관심과 구별되지 않고 있었습니다. 그리하여 윤리학은 도덕적 근본주의자들이었던 스토아 철학자들에게서조차 순수한 의미에서 도덕적 선의 본질에 대한 성찰이 아니라 행복론의 옷을 입고 나타날 수밖에 없었던 것입니다. 이런 의미에서 칸트 이전의 윤리학은 한 번도 순수한 의미의 윤리학이었던 적이 없었습니다. 그것은 존재의 탁월함이나 완전성, 행복 또는 쾌락과 고통 따위의 개념에 너무도 강하게 사로잡혀 있었던 까닭에 한 번도 도덕적 현상을 그 자체로서 고찰할 수 없었던 것입니다.

그렇다면 순수한 의미의 도덕적 현상이란 무엇입니까? 그것은 우리의 마음속에서 발생하는 도덕적 당위와 강제의 의식입니다. 인간의 도덕성은 지혜로운 이성적 판단에 존립하는 것도 아니고 우리가 감각을 통해 느끼는 쾌감과 불쾌감에 존립하는 것도 아닙니다. 도덕은 오직 특수한 종류의 당위와 강제의 의식에 존립합니다. 예를 들어 우리가 성경에 나오는 착한 사마리아 사람의 이야기를 들을 때, 우리는 우리 자신도 착한 사마리아 사람처럼 행위할 수 있으리라 자신할 수는 없습니다. 강도가 우글거리는 어두운 산길에서 강도를 만나 상처입은 사람을 돕는다는 것은 자기보존의 원리라는 존재의 근본원리에 비추어 볼 때, 현명한 일이라 하기는 어렵습니다. 더구나 그것은 유쾌한 일도 아닙니다. 자기 역시 강도들의 습격을 받을지도 모르는 어두운 산길에서 다른 사람 때문에 머뭇거리는 것은 사람의 마음에 공포를 불러일으킵니다. 그리고 공포야말로 가장 큰 불쾌감의 하나인 것입니다. 그러나 그렇게 위험한 산길에서 곤경에 처한 사람을 돕는 것이 결코 현명한 일도 아니고 유쾌한 일은 더더욱 아님에도 불구하고, 우리는 강도 만난 사람을 도와야만 한다고 생각합니다. 이것이 바로 도덕적 강제의 의식입니다.

　　물론 우리가 곤경에 처한 사람을 돕는 것이 마땅하다고 생각한다 해서 우리가 언제나 그대로 행위하는 것은 아닙니다. 그리하여 당위가 언제나 현실이 되는 것은 아닙니다. 그러나 당위가 비현실이라 해서 당위의 효력이 상실되는 것도 아닙니다. 설사 세상 모든 사람이 사기꾼들'이라' 하더라도 여전히 도덕은 우리에게 성실하고 정직'해야만 한다'고 요구합니다. 그렇듯 도덕적 당위는 현실의 변명에 귀기울이지 않는 무조건적 요구로서 우리에게 다가옵니다. 그리하여 우리는 착한 사마리아 사람처럼 살지 못한다 하더라도 그런 사람에게 거짓없는 존경심을 느끼는 것입니다.

　　그러나 그렇게 우리에게 막무가내로 명령하는 도덕적 강제의 정체는 무엇입니까? 그것이 뿌리박고 있는 바탕은 무엇이며, 또한 그것이 공통적으로 추구하는 보편적 원리는 무엇입니까? 돌이켜 보면 칸트 이전의 서양 윤리학은 이 물음에 대해 대답은커녕 물음조차 던질 줄 몰랐습니다. 그러나 윤리학이 도덕적 강제의 본질을 정면으로 물어 들어가지 않을 때, 그것은 불완전하고 불충분한 윤리학일 수밖에 없습니다. 칸트 윤리학의 역사적 의의는 그것이 처음으로 도덕적 강제의 본질적 의미를 윤리학의 중심에 놓았다는 데 있습니다. 그리고 이 점에서 칸트는 제2의 소크라테스였습니다. 소크라테스는 삶에서 좋은 것이 무엇인지 물음으로써 윤리학의 시조가 되었습니다. 그러나 그것은 아직 참된 의미의 순수한 윤리학은 아니었습니다. 칸트는 막연한 의미의 좋음이 아니라, 도덕적 강제의 본질적 의미를 물음으로써 순수한 윤리학의 창시자가 되었던 것입니다.

행복주의

비록 도덕적 강제의 본질적 의미를 정면으로 문제삼지는 못했으나 칸트 이전의 윤리학도 도덕적 강제의 근거를 간접적으로 해명하는 설명틀을 나름대로 가지고는 있었습니다. 그 중에서 가장 오래 된 설명방식은 행복주의적 설명이라 할 수 있습니다. 왜 우리는 선을 행하고 악을 멀리해야 하는가라고 묻는다면 행복주의자는 행복을 얻기 위해서라고 대답합니다.

"우리가 오직 행복하기 위해서 사랑하는 여러 가지 덕성이 혹시 우리에게 행복 자체를 사랑하지 말라고 설득하려 한다면 문제가 달라질 것이다. 만일 그렇다면 우리는 물론 그 덕성들을 사랑하지 않게 될 것이다. 우리가 덕성들을 사랑한 것은 오직 행복을 사랑하기 때문이었다."[1]

이것은 기독교가 낳은 가장 위대한 성인으로 꼽히는 아우구스티누스의 말입니다. 여기서 그는 덕과 행복의 관계에 대해 말하고 있습니다. 그런데 그의 주장을 한마디로 요약하자면, 우리가 도덕적 선을 추구하는 까닭은 우리가 행복을 원하기 때문이라는 것입니다. 이런 견해에 따르면 도덕적 강제의 근거는 행복을 지향하는 인간의 자연적 욕구에 다름 아닙니다. 우리가 선하게 살아야 하는 까닭은, 선을 통해서만 우리가 행복에 이를 수 있기 때문입니다. 그리하여 선은 행복에 이르기 위한 수단으로 이해됩니다. 우리가 이미 아리스토텔레스에게서 보았듯이 삶의 궁극적 목적은 행복이며 그 밖의 모든 것은—도덕적 선조차도—행복을 위해 봉사하는 수단이 되고마는 것입니다.

칸트의 윤리학은 이러한 행복주의에 대한 비판에서 시작됩니다. 만약 선에 대한 동경과 행복을 추구하는 욕망이 동일한 것이거나, 더 나아가 선을 향한 의지가 행복을 추구하는 욕망에 봉사하는 도구적 의지에 지나지 않는다면, 도덕은 이기심의 노예에 지나지 않을 것입니다. 그리고 우리의 모든 도덕적 행위는, 그것이 아무리 자기희생적인 것이라 하더라도 결국은 행복이라는 보상을 얻기 위한 타산적인 행위로 전락하고 말 것입니다. 그러나 도덕이 이기적 타산과 같은 줄에 설 때, 도덕의 가치는 소멸할 수밖에 없습니다. 그런 까닭에 칸트는 도덕을 행복의 원리를 통해 설명하려는 모든 시도를 비판하는 것입니다.

"자기 행복의 원리는 가장 혐오스런 것이다. 그것은 단지 그 원리가 틀렸기 때문만도 아니고 잘사는 것이 언제나 선량한 태도에 달려 있다는 주장이 경험과 상치되기 때문만도 아니다. 또한 그것은 한 사람을 행복한 사람으로 만드는 것과 선한 사람으로 만드는 것이 다른 문제이고, 또한 그 사람을 영리하고 자신의 이익에 밝게 만드는 것과 그를 덕스럽게 만드는 것이 다른 문제이기 때문에, 자기 행복의 원리가 도덕성을 확립하는 데 아무런 기여도 하지 못하기 때문만도 아니다. 〈그 원리가 배척되어야만 하는 보다 중요한 이유는〉 그것이 도덕성의 토대를 허물어뜨리고 도덕성의 모든 숭고함을 무화(無化)시키는 그런 동기를 도덕성의 기초에 놓기 때문이다. 그 동기는 덕을 향한 동인(動因)을 악덕을 향한 동인과 같은 줄에 놓고 오로지 계산을 더 잘하는 것만을 가르치며, 둘[=덕과 악덕] 사이의 종류상의 차이를 아주 완전히 없애 버리기 때문이다."[2]

여기서 칸트는 행복의 원리가 도덕성의 토대를 파괴하고 도덕의 숭고함을 파괴한다고 매우 강경한 어조로 말하고 있습니다. 이런 염려가 기우가 아니라는 것을 우리는 위에서 인용한 아우구스티누스의 말을 통해 확인할 수 있습니다. 그의 말에 따르면, 만약 도덕적 선행이 우리를 행복으로 인도해주지 않는다면 우리는 더 이상 선을 행하려 하지 않을 것입니다. 그러나 도덕과 선행이 행복이라는 보상 때문에 가능한 것이라는 생각은 앙드레 지드의 말처럼 순수한 도덕의 입장에서는 참으로 '모욕적인' 발상이 아닐 수 없습니다. 칸트 윤리학의 첫번째 공적은 도덕과 행복의 등식을 파괴한 데 있습니다. 도덕의 가치는 행복에 의존하지 않습니다. 도덕은 그 자체로서 정당하며 그 자체로서 숭고합니다. 그리하여 다른 어떤 것으로도 환원되지 않는 도덕 고유의 가치를 해명하는 것, 그것이 칸트 윤리학의 이념이었던 것입니다.

그러나 오해하지 말아야 할 것은 칸트가 행복의 원리를 도덕성의 기초로서 인정하지 않는다고 해서 그가 행복의 추구를 악덕에 속하는 것이라고 보았다거나 행복의 원리가 언제나 도덕의 원리와 대립한다고 본 것은 아니라는 점입니다. 이것을 칸트는 다음과 같이 설명하고 있습니다.

"그러나 행복원리와 도덕원리를 이같이 구별하는 것은 그렇다고 해서 곧 양자의 대립을 의미하는 것이 아니다. 순수한 실천 이성은 사람이 행복에 대한 모든 요구를 포기해야 할 것을 바라는 것이 아니다. 그것은 오직 의무가 문제일 때에 행복을 전혀 돌보지 않으려고 할 뿐이다."[3]

사람이 자신의 행복을 추구하는 것은 칸트의 경우에도 자연스러운 일이며 게다가 도덕적으로도 마땅한 일이기까지 합니다. 이런 의미에서 칸트는 여기저기에서 "자기의 행복에 마음을 쓰는 것은 어떤 점에서는 의무이기도 하다"고[4] 말합니다. 그러나 도덕적 의무가 문제일 때, 다시 말해 도덕적 선이 문제일 때 자기의 행복만을 먼저 생각하는 것은 선한 일일 수 없습니다. 그것은 선과 의로움보다 자기의 이익을 앞세우는 것이기 때문입니다. 이런 의미에서 칸트는 의무가 문제일 때에는 행복을 전혀 돌보지 않아야 한다고 말하는 것입니다.

신의 의지를 통한 도덕의 근거설정

칸트 이전의 윤리학이 도덕적 강제를 설명하고 정당화시키려 할 때 행복을 향한 자연적 욕망만큼이나 자주 끌어들였던 것이 신의 뜻이었습니다. 오늘날도 마찬가지입니다만 많은 기독교 신학자들이 예로부터 인간이 선하게 살아야 할 이유를 신의 의지와 신의 명령에 돌려왔습니다. 이들은 도덕을 종교보다 우위에 두거나 종교 밖에 두려는 태도를 혐오합니다. 절대적인 선은 오직 신에게서만 발견될 수 있으므로, 모든 상대적이고도 인간적인 선은 신의 완전한 선, 신의 신성한 의지에 따를 때에만 선해질 수 있다는 것이 이들의 주장입니다. 이런 의미에서 그들은 도덕이 종교 아래 있어야 하며 인간의 선한 의지가 언제나 신앙 아래 있어야 한다고 말하는 것입니다.

어떤 종류의 일이든 인간이 하는 일은 불완전할 수밖에 없습니다. 그런 한에서 사람들이 인간의 도덕의 어쩔 수 없는 불완전성을 일깨워주고, 도덕이 지나친 자기확신과 교만에 빠지는 것을 막기 위해 신의 완전한 선과 신성한 의지를 말한다면, 그것은 충분히 이해할 수 있는 일이며 때로는 필요한 일이기까지 합니다. 실제로 인류의 역사 특히 서양의 역사를 놓고 볼 때 무신론적 도덕의 해악은 종교적 광신의 해악에 비해 결코 작지 않았습니다. 스탈린적인 공포정치가 좋은 예라고 할 수 있겠습니다만, 인간이 모든 초월적·종교적 차원을 부정하고 철저히 세속적 삶의 지평에 스스로를 가둘 때, 그는 스스로를 신격화시키게 되며, 그 결과 모든 일을 마음대로 자행할 수 있는 사람이 될 위험에 처하게 됩니다. 파스칼이 말했듯이 참된 신을 상실한 다음엔 어차피 모든 것이 신이 될 수 있기 때문입니다. 그리하여 인간의 삶이 신적인 중심, 초월적 지평에 의한 제한으로부터 벗어나면, 흔히 인간적인 것이 신적이고 절대적인 권력을 참칭(僭稱)하게 됩니다. 이것이 스탈린이 자기가 믿는 세속적 도덕에 따라 눈 하나 깜짝하지 않고 수천만의 사람들을 살해할 수 있었던 이유입니다.

서양에서 종교(religion)라는 말의 어원이 되는 라틴어 '렐리기오'(religio)는 원래 '꺼림칙함'을 뜻하는 말이었습니다. 무엇인지는 모르나 인간이 자기 자신의 삶과 행위에 대하여 느끼는 꺼림칙함과 저어함이야말로 종교의 본질에 속하는 것입니다. 그것은 우리가 인간존재의 불완전함을 느낄 때 발생하는 어떤 도덕적·존재론적 겸손의 의식(意識)입니다. 우리가 무슨 일을 하든 나의 결단, 나의 행위가 완전하고 절대적인 정당성을 갖는 것은 아니라는 겸허

함의 표현일 때, 종교는 인간의 삶을 깊게 하고 또한 건강하게 합니다.

그러나 기독교 신학자들이 도덕을 종교 아래 두려 할 때, 그들은 인간 사회에서 하나의 권력집단으로 고착된 기독교라는 특정한 종교의 교리체계 아래 도덕을 두려 합니다. 그러나 절대적 진리, 신적인 의지의 독점적인 대변인을 자처하는 것은 비단 기독교뿐만 아니라 모든 종교가 으레 행하는 일의 하나입니다. 그런데 문제는 그 많은 종교들이 서로를 근본적으로 인정하지 않는다는 데 있습니다. 그리하여 도덕이 이런 식으로 특정한 종교에 종속되어야만 한다면 서로 대립하는 종교의 수만큼이나 많은 이질적이고 대립적인 도덕의 체계가 있어야만 할 것입니다. 그러나 그것은 있을 수 없는 일입니다. 신앙은 달라도 양심은 보편적입니다. 그런 한에서 종교를 도덕보다 우위에 놓으려는 모든 시도는 불가능한 일입니다.

그런데 칸트가 도덕을 종교 아래 둘 수 없다고 보는 보다 근본적인 이유는 대부분의 종교가—특히 서양 종교의 경우 이런 경향이 두드러집니다만—"〈신의 무한한〉 힘과 〈믿지 않는 자에 대한〉 복수심이라는 무서운 관념"과 결합해 있기 때문입니다.[5] 예를 들어 통속적인 기독교의 가르침에 따르면 종교적 구원의 의미는 기독교를 믿는 사람들이 죽은 뒤에 지옥불에 들어가지 않고 천당에 가 복락을 누리는 것을 뜻합니다. 종교적 구원의 의미가 이렇게 천박하게 이해되고 그에 더하여 도덕이 종교의 권위 아래 예속되어버린다면, 인간이 악을 행하지 않고 선을 행하는 까닭은 단 하나, 지옥불에 들어가지나 않을까 두려워하는 인간의 원초적 공포심에 지나지 않을 것입니다. 이 경우 인간의 도덕성이란 절대적이고 무한한 폭력 앞에서의 비굴한 예속에 다름 아닐 것입니다. 그렇게 도덕이 인간의 자유의 발로가 아니라 두려움에 뿌리박은 맹목적 굴종이라면 도덕의 가치는 사라지고 맙니다. 강요된 도덕은 참된 도덕일 수 없습니다. 칸트의 표현에 따르면 그런 도덕은 타율(他律, Heteronomie)에 속합니다. 그러나 우리가 타율적으로 어쩔 수 없이 선을 행한다면, 그런 선행은 내적 가치를 가질 수 없습니다. 오직 선 그 자체를 위하여 행해지는 선행만이 참된 도덕적 가치를 가질 수 있는 것입니다.

도덕성과 동정심

돌이켜 보면 행복주의와 기독교는 두 가지 종류의 타율적 도덕을 말합니다. 이들은 모두 도덕의 근거를 밖에서 끌어온다는 점에서는 차이가 없습니다. 다만 행복주의가 선행(善行)에 대한 보상의 관념을 통해 선을 고취하려 하는 데 반해, 기독교는 불순종에 대한 보복이라는 공포의 관념을 통해 인간을 도덕적으로 순치하려 한다는 점이 다를 뿐입니다. 그러나 보상이든 공포이든, 그 모든 것이 도덕의 내적 가치를 허물어뜨리는 타율적 원리임에는 차이가 없습니다. 칸트는 우리가 도덕적으로 살아야 하는 까닭을 도덕 밖에서 찾으려는 모든 시도를 배척함으로써 도덕의 순수성을 확보하려 했습니다.

그런데 이를 위해 그가 마지막으로 비판의 화살을 겨누는 대상이 경험론적 동정심의 윤리학입니다. 칸트는 전반적으로 동정심에 대해 비판적인 태도를 취했습니다. 그의 표현은 때때로 도를 지나친 데가 없지 않고, 또 오해를 불러일으킬 만큼 충분히 모호하기도 하였던지라, 그 이후의 철학자들에게 격렬한 비판의 대상이 되곤 하였습니다.

칸트는 동정심의 윤리학이 행복주의적 윤리학보다 도덕의 본질을 보다 합당하게 파악하고 있다는 것을 인정합니다. 그 까닭은 그런 윤리학이 "덕에 대한 만족과 존경의 감정을 직접 덕에 귀속시킴으로써 덕에 대하여 경의를 표하고, 그녀[=덕]의 면전에서 우리를 그녀[=덕]에게 이끌리게 하는 것은 그녀의 아름다움이 아니라 오직

이익일 뿐이라는 식으로 말하지는 않기" 때문입니다.[6]

그러나 칸트를 따라 계속 비유적으로 말하자면 동정심의 윤리학은 도덕 그 자체의 아름다움 즉 도덕 그 자체의 가치에 주목하기는 하였으나, 그녀의 출생에 관해서는 그녀가 감각 경험이라는 천민 신분에 속하는 것이라 오판하였습니다. 즉 흄(D. Hume)의 견해에 따른다면 도덕이란 아가씨는 비록 얼굴이 아름답고 매혹적이기는 하지만 천민 출신이라는 것입니다. 그것은 감각과 감정에 뿌리박고 있기 때문입니다.

칸트가 감각에서 유래한 모든 것을 천민에 비유하는 까닭은 무엇보다 감각이나 감정이 결코 보편적 타당성을 가질 수 없기 때문입니다. 만약 도덕이 흄이 말하듯이 쾌감이나 고통의 감각에서 비롯된 것이라면 어떤 도덕적 명령도 보편적 정당성을 가질 수 없을 것입니다. 왜냐하면 우리가 어떤 것에 대하여 쾌감을 느끼느냐 불쾌감을 느끼느냐 하는 것은 경험적인 습관에 따라 무한히 다양하게 다를 수 있기 때문입니다. 물론 누구나 몸에 상처가 나면 고통을 느낄 것입니다. 그런 점에서 고통의 감각은 모든 사람에게 비슷하다고 말할 수 있을지도 모릅니다. 그러나 곰곰이 생각해보면 사정이 그렇게 단순하지만은 않습니다. 많은 사람이 몸에 상처가 나면 고통을 느끼지만 어떤 사람은 육체적으로 학대받으면서도 성적(性的)인 쾌감을 느낄 수도 있습니다. 또는 음식의 경우를 생각해보면 상황은 더 나쁩니다. 우리는 음식점에서 고기를 먹을 때, 종종 마늘을 같이 먹으면서 맛있다고 합니다. 그러나 서양사람들에게 마늘이란 그 무시무시한 드라큘라도 도망치는 아주 지독하게 혐오스런 물건입니다. 따라서 만약 도덕이 감각에 그 원천을 두고 있는 것이라면, 사람들 사이에 입맛이 다양하듯 서로 다를 뿐 아니라 때때로는 대립되는 도덕의 여러 체계들이 가능해질 것입니다. 그러나 이것은 있을 수 없는 일입니다. 도덕이 입맛과 같은 것이 되어버린다면, 그리하여 습관에 따라 이럴 수도 있고 저럴 수도 있는 것이 되어버린다면, 그런 도덕은 더 이상 정당한 효력을 가질 수가 없습니다. 예전에 박정희는 자기가 보기에 불쾌하다고 장발단속령을 내린 적이 있었습니다. 만약 도덕이 쾌감과 불쾌감에 뿌리박고 있다면 우리는 더 이상 그런 몰상식한 독재자의 행위를 도덕적으로 비난할 수도 없을 것입니다. 마늘을 싫어하는 것이나 남의 장발을 싫어하는 것이나 본질적으로 다른 것이 아니기 때문에, 도덕이 감각과 취향의 문제가 되어버리면 도덕성의 내적 가치는 그 순간 상실되고 오직 누구의 취향이 현실 속에서 더 강한 힘을 갖느냐 하는 권력의 문제만이 남기 때문입니다.

칸트가 도덕을 감각에 기초시키려는 시도를 비판하는 또 다른 이유는 모든 감각과 감정이란 우리 마음속에서 수동적으로 발생하는 것이기 때문입니다. 본질적으로 모든 감각은 외적인 자극의 심리적 흔적이며 감정은 외적 자극에 대한 수동적 반응입니다. 따라서 만약 우리의 도덕적 마음씨가 감각이나 감정에 전적으로 의존하고 있다면 인간의 도덕성이란 외적 자극에 대한 한갓 수동적인 반응에 지나지 않을 것입니다. 그러나 정말로 인간의 도덕성이 외적 자극에 대한 수동적 반응의 체계라면, 어떤 사람이 아무리 훌륭한 선행을 한다 하더라도 도덕적으로 존경받아야 할 주체는 선행을 한 인간 자신이 아니라 그가 경험한 감각적인 자극일 것입니다. 왜냐하면 이런 경우에는 인간 자신이 아니라 감각적 자극이 도덕의 주체일 것이기 때문입니다. 그에 비하면 인간은 그런 자극에 따라 움직이는 꼭두각시에 지나지 않는 것입니다.

칸트는 같은 이유에서 동정심이 도덕의 근본원리일 수는 없다고 주장합니다. 칸트에 따르면 동정심이 하나의 수동적 정념이며 심리적인 공감(共感)의 메커니즘에 의해 발생하는 간접적 감각인 한에서, 그것은 남이 하품하는 것을 보고 자기도 같이 하품하게 되는 것과 본질적으로는 전혀 다를 것이 없다는 것입니다.[7] 남이 하품하는 것을 보면 나도 하품하고 싶어지는 것이 생리적으로 자연스러운 일이듯이—이것은 칸트의 말인데, 이 말이 옳은지 그른지는 의사에게 물어보아야 하겠습니다— 능력이라는 심리적 메커니즘에 따라 고통에 처한 인간을 보았을 때 동정심을 느끼는 것이 심리적으로 거의 반(半)자동적인 메커니즘에 속하는 것이라고 한다면, 남이 하품한다고 나도 하품하는 것이 도덕적인 가치를 갖지 않듯, 타인의 고통에 대하여 동정심을 느끼는 것 역시 도덕적 가치를 갖는 것은 아니라고 칸트는 말합니다. 왜냐하면 강요된 행위가 도덕적 가치를 가질 수 없는 것처럼 자동적인 행위도 도덕적인 가치를 가질 수 없기 때문입니다. 예를 들어 고등학생들이 내신성적을 높이기 위해 어쩔 수 없이 마음에도 없는 봉사활동을 한다면, 그런 봉사는 참된 도덕적 가치를 가질 수 없습니다. 직접적으로든 간접적으로든 강요된 선은 선이 아닙니다. 그것은 자기모순입니다. 마찬가지로 수동적이거나 자동적으로 일어난 일도 참된 도덕적 가치를 가질 수는 없습니다. 자동차는 사람에게 봉사하는 좋은 기계입니다. 그러나 우리는 자동차에게 많은 혜택을 입고 있음에도 불구하고 그것에 대하여 도덕적 칭찬을 하지는 않습니다. 그 까닭은 자동차가 행하는 모든 일은 정해진 메커니즘에 따라 자동적으로 일어나는 것이기 때문입니다. 동정심의 경우에도 사정은 크게 다르지 않습니다. 만약 그것이 우리에게 고유한 심리적 메커니즘에 따라 타인의 고통을 볼 때 수동적·자동적으로 발생하는 감각의 일종이라면 예민한 시각(視覺)을 가진 눈이 도덕적 칭찬의 대상이 될 수 없는 것과 마찬가지로 예민하고 풍부한 동정심의 소유자가 도덕적 칭찬의 대상이 될 수도 없다는 것입니다. 시각이든 동정심이든, 결국 그 모든 것이 감각에 지나지 않는 것이지만, 어떤 경우이든 도덕의 뿌리가 감각에 있는 것은 아니기 때문입니다.

동정심의 한계

칸트가 동정심이 도덕성의 근본원리가 될 수 없다고 보는 이유들 가운데 마지막으로 소개할 만한 것은 동정심의 무원칙성입니다. 이미 루소도 지적한 적이 있습니다만 "타인의 불행에 대하여 느끼는 동정심은, 그 불행이 크고 작음에 비례하는 것이 아니라, 우리가 그 불행으로 괴로워하고 있는 사람에 대해 베푸는 감정에 비례"합니다.[8] 예를 들어 사람들은 아프리카에서 기아와 내전으로 매일 죽어가는 사람들에 대해서보다 자기 자식의 질병에 대해 더 큰 동정심을 느끼게 마련입니다. 굳이 따지자면 아프리카에서는 훨씬 더 많은 사람들이 훨씬 더 큰 고통을 겪고 있음에도 불구하고 우리는 보다 가까이 있는 사람의 사소한 고통에 대해 더 큰 연민을 느끼는 것입니다.

모든 감각은 가까이 있는 대상으로부터 온 것일 때 더욱더 생생하게 마련입니다. 그것은 우리가 대상으로부터 어차피 수동적으로 받아들이는 자극이므로 나와 대상 사이의 거리가 얼마나 가까우냐에 따라 희미해지기도 하고 생생해지기도 하는 것입니다. 우리 마음속에서 일어나는 수동적 정념이라는 점에서는 동정심 역시 비슷한 상황에 놓여 있습니다. 내가 어떤 사람과 맺고 있는 마음의 거리가 얼마나 가까우냐에 따라 그 사람의 고통에 대해 내가 느끼는 연민의 강도나 크기도 달라지는 것입니다. 이런 점에서 우리가 멀리 있는 사람보다 가까이 있는 사람의 고통에 대해 더 큰 연민을 느끼는 것은 동정심의 심리적 메커니즘에 비추어 볼 때 불가피한 일이며, 그런 한에서 그것을 인지상정이라 이해할 수 있는 일입니다.

그러나 문제는 가까이 있는 사람에게 더 큰 연민을 느끼는 동정심의 메커니즘이 자주 도덕의 원리와 충돌을 일으킨다는 데 있습니다. 사람들은 어떤 사람이 분명히 잘못을 저질렀음에도 불구하고 그가 단지 나와 가까운 사람이라는 이유 때문에 그를 무조건 두둔하고 변호하는 경우가 많습니다. 예를 들어 1980년 광주에서 수많은 사람들이 죄없이 목숨을 잃고, 살아 남은 사람들도 아물지 않는 유형 무형의 상처로 인해 고통을 받을 때, 그 많은 사람들의 그 엄청난 고통에 대해서는 아무런 연민도 분노도 느끼지 못하고 침묵하고 있었던 바로 그 사람들이, 이 사건의 가해자가 법의 심판을 받게 되었을 때, "피의자를 아침도 먹지 않은 상태에서 구속했다"고 동정하고 분개했다고 합니다. 우리가 이런 사정을 생각해본다면 동정심이 왜 숭고한 도덕의 원천일 수 없으며 도리어 때에 따라서는 경멸받아 마땅한 노예적 정념에 지나지 않는 것인지를 더 이상 설명할 필요조차 없을 것입니다.

물론 이것은 동정심이 그 자체로서 악한 정념이라거나 참된 도덕성을 실현하기 위해 배척되어야만 할 정념이라는 것을 뜻하지 않습니다. 칸트가 말하려 하는 것은 동정심이 그 자신만으로는 선의 근본원리가 될 수 없다는 것입니다. 그것은 선하게도 작용할 수 있고 악하게도 작용할 수 있습니다. 루소가 말했듯이 단지 자기와 가까운 사람이라 해서 "악인에 대해 연민의 정을 갖는 것은 다른 사람들에 대하여 대단히 잔혹한 일"이 되는 것입니다.[9] 이처럼 악하게도 될 수 있고 선하게도 될 수 있는 동정심을 선하게 만들어주는 것은 동정심 그 자체가 아닙니다. 그것은 동정심과는 다른 종류의 어떤 선의 원리, 정의(正義)의 원리입니다. 동정심을 도덕의 근본원리라고 보았던 루소 자신도 이미 동정심의 이런 한계를 꿰뚫어보고 있었습니다. 그리하여 그도 역시 동정심이 이성과 정의의 원리 아래 종속될 때에만 선한 것이 될 수 있다고 말했던 것입니다.

"동정이 변하여 약점이 되도록 하지 않기 위하여, 그것을 일반화하고 전 인류에게로 펼쳐나가야 한다. 그렇게 하면 정의와 일치할 때에만 사람은 동정을 가지게 된다. 모든 미덕 중에서 사람들의 공동의 행복에 가장 이바지하는 것은 정의이기 때문이다. 이성과 자기애(自己愛)는 우리로 하여금 우리의 이웃보다는 인류에 대하여 더 큰 사랑을 베풀도록 강요한다. 그리고 악인에 대하여 연민의 정을 갖는 것은 다른 사람들에 대하여 대단히 잔혹한 일이 된다."[10]

우리가 마땅히 연민을 느껴야 할 사람에 대해 연민을 느끼고 지나친 연민을 절제해야 할 사람에 대해 연민을 절제할 수 있기 위해 우리는 동정심이란 정념을 보다 높은 선의 원리 아래 종속시키지 않으면 안 됩니다. 그러나 과연 참된 선의 원리란 무엇입니까? 이 물음과 함께 우리는 다음으로 넘어갑니다.

의무의 윤리학

선한 의지의 윤리학

"이 세계 안에서 아니 더 넓게 이 세계 밖에서
라도, 우리가 제한 없이 선하다고 볼 수 있는 것은 오직 선한 의지
이외에는 아무것도 없다."[11] 『도덕철학서론』의 본문 첫머리는 바
로 이 유명한 문장으로부터 시작됩니다. 그리고 이 짤막한 말을 통
해 칸트는 이전까지의 모든 윤리학과 작별합니다. 윤리학자들은 참
으로 선한 것이 무엇인지를 물어왔습니다. 그리고 더러는 행복을 더
러는 이성을 더러는 쾌락을 그리고 더러는 따뜻한 동정심을 선한 것
혹은 좋은 것이라 말해왔습니다. 그러나 선한 것이 문제이든 좋은
것이 문제이든 간에, 그런 차이와 상관없이 칸트는 이제 조건 없이
선한 것, 어떤 경우에도 어떤 상황에서도, 비단 인간의 세계 내에서
뿐만 아니라 우리가 사는 세계의 외부, 천사나 신의 영역에서라 할
지라도 제한 없이 선하고 좋은 것은 오직 하나, 선한 의지밖에 없다
고 선언합니다.

이에 반해 선한 의지 이외의 모든 것은 오직 선한 의지를 통해서
만 좋은 것이 되고 또 선한 것이 됩니다. 사람들이 선망하는 많은 것
들도 선한 의지가 없을 때에는 무가치한 것에 지나지 않으며, 오직
선한 의지를 통해서만 가치를 갖는 것입니다.

"지성, 재기(才氣), 판단력, 그 외에도 이름이 무엇이든 정신의 재능들, 또는 용기, 과단성, 한번 결심한 것을 굳게 지키는 마음씨 등 기질상의 성질들은 의심할 바 없이 여러 가지 점에서 좋은 것이요 바람직한 것이다. 그러나 이러한 천부적 소질도, 만약 그것을 사용하는 의지, 그리고 그것의 특유한 성질을 성격이라고 부르는 의지가 선하지 않다면 극단적으로 악하고 해로운 것이 될 수 있다."[12]

지성이나 재기, 판단력 같은 정신의 재능들은 아리스토텔레스에 따른다면 인간존재의 완전성과 탁월함을 이루는 가장 중요한 소질들이라 할 수 있습니다. 그리하여 고대적 윤리학에 따른다면 이런 것들은 우리가 훌륭한 사람이 되기 위해 반드시 요구되는 덕목이었던 것입니다. 그러나 칸트는 선한 인간이 되기 위해 우리에게 필요한 것이, 고대인들이 생각했던 것처럼, 이성적 소질의 탁월함이라 보지 않았습니다. 사람이 아무리 머리가 좋고 아는 것이 많으며 굳은 의지를 가지고 있다 하더라도 그의 의지가 타락해 있을 경우에 그는 결코 선한 사람이 될 수 없으며 그의 재능 또한 없느니만 못한 것이 되고 말기 때문입니다.

이런 사정은 비단 이성뿐만 아니라 정념에 관한 재능의 경우에도 마찬가지입니다. 의지가 악에 물들어 있을 때에는 절제나 극기(克己) 따위의 재능도 곧바로 악에 봉사하는 도구가 되어버리기 때문입니다.

"이러한 선한 의지의 작용에 도움이 되고 선한 의지가 하는 활동을 매우 용이하게 하는 성질들도 약간은 있다. 그럼에도 이런 성질들 역시 자체 내적인 무조건적 가치를 가지는 것이 아니라 항상 선한 의지를 전제한다. 선한 의지는 이런 성질들에 대하여 여타의 경우라면 우리가 정당하게 가질 수 있는 존경을 제한하고, 그것을 무조건적으로 선하다고 하는 것을 허락하지 않는다. 〈예를 들어〉 격정이나 열정을 절제하는 것이나 극기 그리고 냉철한 심사숙고는 여러 가지 점에서 좋을 뿐 아니라 인격의 내적인 가치의 일부를 이루는 것처럼 보이기까지 한다. 그러나 (비록 그런 것들이 고대인들에 의해 무조건적으로 칭송되기는 하였으나) 그것들을 제한 없이 선하다고 선언하기에는 아직도 부족한 것이 많다. 왜냐하면 선한 의지의 원칙이 결여되어 있을 경우에는 그런 것들은 최고로 악한 것이 될 수도 있기 때문이다. 악한(惡漢)의 냉철함은, 그가 냉철함이 없는 악한일 때보다 그를 훨씬 더 위험하게 만들 뿐만 아니라 우리가 직접 눈으로 보기에도 훨씬 더 험오스런 인간이 되도록 만든다."[13]

여기서 칸트는 다른 무엇보다 고대 철학자들의 칭송의 대상이 되었던 절제의 덕에 대해 말하고 있습니다. 칸트는 절제의 덕이 많은 점에서 좋은 것임을 부인하지 않습니다. 그러나 절제조차도 선한 의지가 없을 경우에는 최고로 악한 것이 될 수 있습니다. 오직 마음이 착한 사람이 절제의 미덕을 가질 때, 절제는 온전히 선한 것이 됩니다. 그렇지 않고 악한 사람이 냉철하게 절제를 실천한다면 그는 더욱 치밀하고 주도면밀하게 악을 행할 수 있을 것이며, 그런 경우 절제란 차라리 없었으면 더 좋았을 사악한 성품이 되고 마는 것입니다. 따라서 우리는 선한 의지 그 자체를 제외하고는 다른 어떤 대상이나 성질에 대해서도 무조건적인 존경심을 표시할 수 없습니다. 인간에게서 참된 의미의 도덕적 가치를 갖는 것, 그리하여 자기 자신에게 있어서나 타인에 대해서나 참된 긍지와 존경심의 대상이 될 수 있는 것은 오직 한 가지, 선한 의지 그 자체밖에 없습니다.

유용성과 무용성을 초월하는 선한 의지

그런데 선한 의지가 무제한적인 도덕적 가치를 갖는 까닭은 그것이 어떤 다른 목적을 위해 유용한 수단이 되기 때문이 아닙니다. 때때로 우리의 선의(善意)는 완강한 현실 속에서 무기력하고 보잘것없습니다. 우리는 많은 선한 것을 의욕(意欲)하고 최선을 다하지만 현실적으로는 아무런 좋은 결과도 얻지 못할 때가 많습니다. 더 나아가 우리의 의도는 선한 것이었지만 결과는 의도와는 반대로 나쁘게 나타나는 경우조차 있습니다. 그러나 칸트는 의지의 선을 말할 때 선한 의지가 초래하는 모든 결과의 좋고 나쁨을 전적으로 도외시합니다. 선한 의지가 선한 까닭은 선한 의지가 우리에게 유익한 결과를 가져다주기 때문이 아닙니다. 만약 선한 의지가 그것이 낳는 결과 때문에 선해지는 것이라면 참으로 선한 것은 결과이며 선한 의지는 그 결과를 낳기 위한 수단으로서만 선한 것이 되고 말 것입니다. 그러나 칸트는 선이 선 아닌 다른 것의 도구가 될 수 있다는 것을 인정하지 않습니다. 이성도 지혜로운 판단력도 건강도 부와 재산도 모든 행복도 그리고 절제까지도 도구적인 것이 될 수 있습니다. 그러나 선은 도구일 수 없습니다. 선한 의지가 선한 것은 어떤 다른 것 때문이 아닙니다. 그것은 "의욕만으로, 즉 그 자체로서 선합니다."[14] 칸트는 선한 의지가 그것이 낳는 결과와 무관하게 그 자체로서 선하다는 것을 다음과 같이 설명합니다.

"비록 운명적으로 타고난 박복함 때문에 또는 계모 같은 자연이 인색하게 혼수를 마련해주었기 때문에 〈어떤 사람의〉 이러한 선한 의지가 자신의 의도를 관철할 능력을 전적으로 결여하고 있다 하더라도, 그리고 비록 그가 최선의 노력을 다했음에도 불구하고 그로부터 어떠한 〈의도된〉 결과도 나오지 않고 오직 선한 의지만이 남았을 뿐이라 하더라도 그것은 자신의 온전한 가치를 자기 자신 속에 가지고 있는 어떤 것으로서 마치 하나의 보석과도 같이 그 자체로서 빛을 발할 것이다. 유용성이나 무용성은 이것의 가치에 무엇인가를 더 보탤 수도 없고 빼앗을 수도 없다. 그런 것 [=유용성과 무용성]은 이를테면 그 보석을 둘러싸는 테[=반지]와도 같은 것이어서, 보석을 일상적 거래에서 더 잘 다룰 수 있게 하거나, 또는 그 보석을 잘 모르는 사람들의 주의를 끌게 할 수는 있겠지만, 그 보석을 잘 식별할 줄 아는 사람에게는 권할 만한 것이 아니며 따라서 보석의 가치를 결정할 수도 없는 것이다."[15]

여기서 칸트는 선한 의지를 보석에, 그것이 낳는 결과적 유용성이나 무용성을 보석을 둘러싼 테두리와 반지에 비유하면서 선한 의지는 아무런 결과를 낳지 못하는 경우에조차도 보석처럼 찬란히 빛나는 것이라 말하고 있습니다. 한 사람에게 있어서 보석과 같은 불변의 가치를 지니고 언제나 그 자체만으로 눈부시게 빛나는 것은 오직 인간의 도덕성, 마음속의 선한 의지밖에 없습니다. 그 외의 모든 것은 보석을 둘러싸는 테두리에 지나지 않는 것으로서 오직 보석을 통해서만 가치와 존재이유를 갖는 것입니다.

무엇을 존경하고 무엇을 멸시해야 하는가

칸트는 인간에게서 참된 존경의 대상이 되는 것은 오직 착한 마음씨, 즉 선한 의지 이외에는 아무것도 없다고 말합니다. 이것은 뒤집어 말하자면, 우리가 부끄러워하거나 경멸해야 할 대상은 오직 악한 의지밖에 없다는 말이기도 합니다. 그러나 우리는 무엇을 존경하고 무엇을 경멸합니까? 그리고 우리는 무엇에 대해 긍지를 느끼고 무엇에 대해 수치와 열등감을 느낍니까? 병든 사회에서 사람들은 존경하고 긍지를 느끼지 말아야 할 것에 대해 존경과 긍지를 느끼고, 경멸해서는 안 되는 것, 수치나 열등감을 느낄 필요가 없는 것들에 대해 경멸이나 열등감을 느낍니다.

특히 칸트의 윤리학은 인간의 내면적 선한 의지가 아니라 결과적인 성공과 성취를 존중하는 문화, 그리고 통틀어 말해 맹목적으로 탁월함을 숭배하는 문화에 대한 비판입니다. 플라톤 이래 서양의 윤리학은 탁월함에 대한 숭배에서 완전히 벗어나 본 적이 없었습니다. 비록 기독교를 통해 고대적인 탁월함의 윤리가 어느 정도 완화되기는 하였으나 여전히 선의 개념은 존재의 완전성의 개념과 너무도 밀접하게 결합되어 있었던 것입니다. 물론 우리가 이미 살펴보았듯이 플라톤이나 아리스토텔레스가 말하는 탁월함이나 존재의 완전성의 개념이 결코 천박한 것이라 말할 수는 없습니다. 그러나 칸트는 고대적 의미의 탁월함의 윤리가 아무리 고상한 열정에 의해 인도된다 하더라도 그것이 빠질 수 있는 함정을 놓치지 않았습니다. 이미 우리가 살펴보았듯이 탁월함의 척도는 일에 있습니다. 일을 잘하는 것이 탁월함이요, 일을 잘하지 못하는 것이 열등함입니다. 이런 의미에서 탁월함의 윤리는 결과적 성취를 숭상하는 윤리이기도 합니다. 그런 까닭에 플라톤은 장애아나 허약한 아이가 태어나거든 기르지 말고 버리라고까지 말했던 것입니다.

그러나 칸트는 인간에게서 참된 존경을 바칠 수 있는 가치를 지닌 유일한 것은 인간이 성취한 일이 아니라 그의 선한 의지일 뿐이라고 함으로써 윤리학의 귀족주의를 타파하였습니다. 인간의 도덕적 가치는 그가 얼마나 많은 일을 이루었느냐 하는 데 있는 것이 아니라, 그가 얼마나 선한 의지와 착한 마음씨를 가지고 있느냐 하는 데 있습니다. 인간이 아무리 많은 일을 이룩한다 하더라도 그의 마음속에 선한 의지가 없다면, 그는 무가치한 인간이며 멸시받아 마땅한 인간입니다. 그러나 어떤 사람이 아무리 가난하고 허약하며 많이 배우지 못한 보잘것없는 사람이어서 무엇인가 눈에 띄는 유익한 일을 한 것이 없다 하더라도 그의 마음속에 양심과 선한 의지가 살아 있을 때, 그는 무한히 고귀하고 가치 있는, 참된 존경의 대상이 되는 것입니다. 그러므로 우리는 선한 의지 이외의 어떤 것도 숭상해서는 안 됩니다. 그리고 악이 아닌 다른 어떤 것을 멸시하거나 부끄러워해서도 안 됩니다. 세상에서 참으로 훌륭한 사람은 오직 의지가 선한 사람뿐이기 때문입니다.

의무의 윤리학 |

그러나 도대체 선한 의지란 무엇입니까? 우선 부정적으로 말하자면 선한 의지는 인식하는 이성도 아니요 감각에 의존하는 수동적 감정도 아닙니다. 인식하는 이성이나 감정은 모두 정적(靜的)인 능력입니다. 그러나 의지는 동적(動的)인 힘을 뜻합니다. 그것은 인식이나 감정이 아니라 적극적이고 능동적인 욕구의 능력입니다. 의지는 능동적인 운동의 동인(動因)이라는 점에서 수동적인 감정과 다릅니다. 마찬가지로 의지는 어떤 관념에 따라 관념의 대상을 욕구한다는 점에서 단지 관념을 이해하고 파악하는 이론적 이성과 다릅니다. 칸트는 이처럼 의지를 이론적 이성이나 감정과 명확히 구별함으로써, 인간의 도덕성을 이론적 이성이나 감정에 예속시키지 않고 독립적 소질로서 탐구할 수 있었습니다. 다시 말해 선을 의욕하고 악을 멀리하려는 인간의 도덕성은 지성적 능력에 속하는 것도 아니고 감정과 정서의 능력에 속하는 것도 아닙니다. 칸트에 따르면 도덕은 남의 집에 세들어 사는 마음의 능력이 아닙니다. 인간의 도덕성은 의지라는 독립된 자기 땅 위에 지은 자기 집에서 거주하고 있습니다. 이렇게 하여 윤리학이 처음으로 이성적 존재론이나 정념론으로부터 분리되어 철학의 자율적이고도 독립된 학문분야로 정립될 수 있게 되었습니다.

그러나 선한 의지가 무엇이냐는 물음에서 보다 중요한 문제는 의지가 무엇이냐 하는 것이 아니라 의지가 선하다 할 때, 그 선함이 어떤 것이냐 하는 것입니다. 그런데 이 물음에 대답하기 위해 칸트는 아무런 사전 설명 없이 다짜고짜 의무의 개념을 제시합니다. 그는 의무 때문에 하는 행위만이 선한 것일 수 있다고 말합니다. 그러니까 칸트에게 있어서 선한 의지는 한마디로 말하자면 의무감이라 할 수 있습니다. 의무에 따르는 의지, 그것이 선한 의지인 것입니다.

칸트가 선한 의지를 의무를 통해 설명할 때, 그가 말하는 의무는 납세의 의무, 병역의 의무처럼 현실 속에서 우리에게 주어지는 모든 의무를 무차별하게 승인해서 그런 말을 하는 것은 결코 아닙니다. 그리하여 우리가 현실적으로 우리에게 부과되는 모든 종류의 의무를 그것이 선한 것이든 악한 것이든 정당하든 부당하든 맹목적으로 이행해야 한다는 것을 말하려 하는 것도 아닙니다. 깊은 생각 없이 말을 하고 글을 쓰는 사람들 가운데에는, 제2차 세계대전 때 유대인 학살에 적극적으로 가담했던 사람들이 나중에 법정에서 자신의 행위는 오직 의무에 따른 행위였다고 강변하는 것을 두고 이것이 칸트 윤리학의 영향 때문이라 비판하는 사람도 있습니다. 그러나 이런 종류의 비판은 예수의 이름으로 악한 사람들이 십자군 전쟁을 일으켰다 해서 예수를 십자군 전쟁의 원흉이라 몰아붙이는 것만큼이나 어리석은 일입니다.

의무감

칸트가 선한 의지를 의무와 결합시키는 까닭은 도덕적 의식의 독특한 부정성을 분명히 하기 위해서입니다. 그는 의무에 대해 처음 말을 꺼내면서 의무의 개념이, "비록 어떤 주관적 제한과 방해 아래 있는 것이기는 하나 선한 의지의 개념을 포함하고 있다"고 말합니다. 그러고 나서 그는 선한 의지를 방해하는 주관적 제한과 방해들에 대해 말하면서, "그것들이 선한 의지를 감추고 은폐하기는커녕, 도리어 그것을 대조를 통해 두드러지게 하고 그럴수록 더욱 밝게 빛나도록 한다"고 주장합니다.

"이 선한 의지의 개념은 우리의 모든 행위의 가치를 평가함에 있어서 항상 상위에 놓여 있고 모든 다른 가치의 조건이 된다. 이 개념을 발전시키기 위해 의무의 개념을 취해보자. 이 의무의 개념은 어떤 주관적 제한과 방해 아래 있기는 하지만 선한 의지의 개념을 포함하고 있다. 그렇다고 해서 이 제한과 방해가 의무의 개념을 숨겨서 분별할 수 없게 하는 것은 아니며, 오히려 서로 대조함으로써 의무개념을 드러내 보이고 더욱더 반짝이게 하는 것이다."16)

그런데 여기서 칸트가 의무의 개념이 주관적 제한과 방해 아래 있는 선한 의지의 개념을 포함한다고 말할 때, 이 말은 선한 의지가 따로 있고 주관적 제한 아래 있는 선한 의지가 따로 있다는 것을 뜻하지 않습니다. 정확히 말하자면 선한 의지는 그 자체로서 주관적 제한과 방해 아래 있는 의지입니다. 다시 말해 그것은 오직 주관적 제한과 방해를 통해서만 발생하는 의지입니다. 부정적으로 말하자면 주관적인 방해에 직면하지 않는 의지, 쉽게 말해 아무런 내적 갈등 없이 발생하는 의지는 선한 의지가 아닙니다. 그리고 칸트는 이러한 주관적 방해가 선한 의지를 감추는 것이 아니라 더욱 두드러지고 돋보이게 한다고 말하는 것입니다.

이것은 무엇을 뜻하는 말입니까? 간단히 말해 칸트에게서 의무감이란 한편에서는 하기 싫은 마음에도 불구하고 그런 마음을 억누르고 해야만 할 일을 해야 한다고 생각하는 마음을 뜻합니다. 여기서 하기 싫다고 생각하는 마음이 칸트가 말하는 주관적 제한과 방해입니다. 예를 들어 어떤 사람이 깊은 밤중에 인적이 드문 산길을 가다가 강도를 만나 상처를 입고 돈을 다 뺏긴 채 길가에 버려져 있습니다. 여러 사람이 그 길을 지나면서 그 사람을 보았지만 그 누구도 감히 도와줄 생각을 하지 못합니다. 거기서 머뭇거리다가는 자기 자신도 강도들에게 습격을 당할 수 있기 때문입니다. 그런데 어떤 사마리아 사람이 지나가다 그를 보았습니다. 그도 역시 두려움을 느낍니다. 그의 마음 한편에서는 빨리 길을 재촉해 위험지역을 벗어나라는 다급한 목소리가 들립니다. 그것은 너무도 자연스러운 자기보존 원리의 발로입니다. 그리고 그 목소리야말로 선한 의지를 가로막는 주관적 제한이요 장애물입니다. 그러나 착한 사마리아 사람은 자기를 사로잡는 두려움을 억누르고 가던 길을 멈춥니다. 그러고는 위험을 무릅쓰고 강도 만난 사람을 부축해 주막으로 데리고 갑니다.

의무감이란 우리가 자연적 정념에 따라 생각할 때에는 하기 싫은 일을, 그럼에도 불구하고 어떤 도덕적 요구에 따라 행해야만 한다고 느끼는 마음입니다. 선한 사마리아 사람이 강도 만난 사람을 보았을 때, 그는 마음속에서 너도 같은 불행을 당하기 전에 어서 도망가라는 목소리를 들을 것입니다. 그러나 그는 동시에 자기의 마음속에서 위험에 처한 사람을 보고 모른 체해서는 안 된다는 또 다른 목소리를 들을 것입니다. 그 목소리는 특정한 법률이 지정하는 명령도 아니고, 현실적으로 존재하는 권력의 요구도 아닙니다. 그것은 다만 보편적인 양심의 목소리일 뿐입니다. 칸트에 따르면 의무감이란 우리가 이처럼 자연적 본성의 유혹을 뿌리치고 내면에서 울려오는 양심의 요구와 명령에 따르려는 의지의 결단에 존립합니다. 그리고 선한 의지는 우리의 바로 이런 의무감과 같은 것입니다.

정념의 저항과 도덕의 강제

도대체 무엇이 사마리아 사람으로 하여금 자기에게 임박한 위험에 대한 공포를 이길 수 있도록 했겠습니까? 그것은 동정심일 수 없습니다. 루소가 지적했듯이 우리는 오직 자기보다 불행한 사람에 대해서만 동정심을 느낄 수 있습니다.[17] 그에 반해 내가 타인과 똑같은 불행, 똑같은 고통에 처할 때 우리는 자기보존의 원리에 따라 타인을 염려하고 동정심을 느끼기 전에 자기 자신의 고통과 불행을 먼저 염려할 수밖에 없습니다. 따라서 착한 사마리아 사람이 강도 만난 사람을 보고 자기도 똑같은 일을 당할지 모른다는 강렬한 두려움을 느낄 때, 그에게 동정심이 들어설 자리는 없습니다. 이런 경우에 착한 사마리아 사람으로 하여금 타고 가던 나귀에서 내려 상처입고 쓰러진 사람을 부축하게 하는 것은 수동적 동정심의 발로가 아니라 비상한 용기의 발로이며 이러한 용기는 오로지 인간의 능동적 의지의 표현인 것입니다.

그런데 칸트는 착한 사마리아 사람의 경우처럼 오직 의지가 주관적 저항을 이겨내고 마땅히 해야 할 일을 욕구할 때 그런 의지가 비로소 선한 의지라고 말합니다. 칸트는 이것을 분명히 하기 위해 복음서의 가르침을 예로 들고 있습니다.

"자기의 이웃을 사랑하고 우리들의 원수까지도 사랑하라고 명령하는 복음서의 가르침 역시 의심할 여지 없이 이렇게 이해되어야만 한다. 왜냐하면 경향성으로서의 사랑은 명령될 수 있는 것이 아니기 때문이다. 그러나 의무 자체로부터 나온 선행은, 어떤 경향성도 그것을 부추기지 않는다 하더라도, 아니 게다가 자연적이고도 뿌리치기 힘든 거부감에 직면한다 하더라도 실천적인 사랑이며, 수동적 정념에 따른 사랑이 아니다. 실천적 사랑이란 의지에 놓여 있는 것이지 감각의 성벽(性癖)에 놓여 있지 않으며, 행위의 원칙에 존립하는 것이지, 감미로운 동정심에 존립하는 것이 아니다. 그리고 오직 이런 실천적인 사랑만이 명령될 수 있는 것이다."[18]

선한 의지는 우리가 정념의 자연적인 경향성을 부정하고 극복할 때 발생합니다. 경향성(Neigung/inclination)이란 마음의 자연스러운 기울어짐, 이끌림을 뜻합니다. 그런데 칸트는 참된 의미에서 도덕적 가치를 갖는 선한 일은 인간 정념의 자연적 경향성과 대립하는 것이라 주장합니다. 도덕성의 본질은 우리가 느끼는 어떤 도덕적 강제에 있습니다. 그런데 만약 인간의 자연적 정념이 언제나 도덕과 합치하는 것이라면 도덕은 강제의 형태, 당위의 방식으로 발생할 필요가 없었을 것입니다. 도덕이 본질적으로 강제와 당위의 형태를 띠는 까닭은 우리의 자연적 정념이 도덕을 거부하기 때문입니다. 칸트는 도덕의 이러한 당위적 본질에 주목합니다. 그리고 그는 당위와 강제라는 도덕의 본질을 자연적 정념과 선한 의지의 긴장과 대립의 소산으로 이해하는 것입니다. 즉 도덕이 강제와 명령의 형태를 띨 수밖에 없는 까닭은 정념이 도덕에 저항하기 때문입니다.

그런데 칸트는 이 말을 뒤집어 이렇게 이해합니다. 즉 정념의 저항에 직면하지 않는 의지는 선한 의지가 아니라는 것, 그런 의지는 도덕적 의지가 아니라는 것입니다. 그 까닭은 정념의 저항에 부딪히지 않는 욕구는 명령될 필요도 강제될 필요도 없는 욕구이기 때문입니다. 그러나 강제되고 명령될 필요가 없는 당위는 자기모순입니다. 그것은 더 이상 당위가 아닙니다. 그리하여 의지와 정념이 싸우기 시작할 때 비로소 도덕과 선·악의 문제가 발생하며, 이 싸움에서 의지가 정념을 부정하고 극복할 때, 우리의 의지와 행위는 도덕적 승인을 얻게 되는 것입니다.

자기와의 싸움 속에 있는 인간

많은 사람들이 선을 너무 쉽게 생각합니다. 그저 타고난 마음씨가 좋으면 사람은 착하고 선하게 사는 것이려니 생각합니다. 그리고 그렇게 생각하는 사람들의 대다수는 자기의 마음씨도 그다지 나쁘지는 않다고 생각하면서 막연한 자기도취 속에서 살아갑니다. 그러나 우리가 이런 식의 자기도취에 빠져 사는 한, 참으로 선한 사람이 되기는 어렵습니다.

칸트의 윤리학은 양심과 욕망이 쉽게 합일할 수 있다고 믿는 모든 도덕적 낭만주의에 대한 엄숙한 경고입니다. 삶은 여유로운 여행길이 아닙니다. 칸트에 따르면 삶은 호기심 어린 눈으로 평화로이 사방을 구경하면서 때로는 길을 잘못 들어 고생하기도 하고 때로는 길에서 만난 사람과 사랑하기도 하고 다투기도 하고 때로는 길가의 거지에게 동정하기도 하면서 정처없이 걷는 그런 방랑길이 아닙니다. 삶은 선과 악이, 선한 양심과 야수적인 욕망이 치열하게 싸우는 전쟁터입니다. 우리는 그 전쟁터의 병사와도 같습니다. 그리하여 선하게 살기 위해서는, 우리는 전쟁터의 병사처럼 깨어 있지 않으면 안 됩니다.

인간이 만약 신과 같은 완전한 존재였다면, 우리의 자연적 욕구는 보편적인 양심의 요구와 언제나 일치하였을 것입니다. 공자는 70이 되니 내 마음대로 행하여도 도리에 어긋남이 없더라고 말했습니다. 이 말은 자연적 욕구와 보편적 도덕의 완벽한 조화를 말하는 것이라 하겠습니다. 그러나 칸트는 공자가 말했던 욕구와 도덕의 완전한 일치가 육체의 옷을 입고 사는 인간에게는 가능하지 않다고 보았습니다.

인간은 본질적으로 분열 속에 있는 존재입니다. 그는 야수도 아니지만 천사도 아닙니다. 그러나 그는 한편에서는 야수와 같은 존재이기도 하고, 다른 한편에서는 천사와 같은 존재이기도 합니다. 우리가 자연적 욕망과 충동의 지배 아래 있을 때, 우리는 야수와 다를 것이 없습니다. 그러나 우리가 양심의 지배 아래 있을 때, 우리는 천사와 같은 존재입니다. 우리 속에 내재해 있는 이 두 가지 본성은 결코 최종적인 화해에 도달하지 않습니다. 그리하여 우리의 내면이란 영원한 싸움터와도 같습니다. 그것은 자연적 욕망과 양심이 끝없이 부딪치는 싸움터인 것입니다.

도덕은 바로 이런 우리의 자기분열로부터 발생합니다. 우리의 의지가 만약 언제나 보편적 양심과 도덕률에 따라서만 발생한다면 우리에겐 도덕적 강제라는 것이 필요 없었을 것입니다. 그러나 우리의 마음속에는 양심의 소리에 귀기울이려 하지 않는 야수적 욕망이 있기 때문에, 우리의 양심은 언제나 야수적 욕망과의 대립과 긴장 속에서 발생할 수밖에 없습니다. 그리고 칸트가 말하는 도덕이란 내면적 투쟁 속에서 야수적 욕망의 유혹을 뿌리치고 양심의 소리에 따르려는 의무감에 존립하는 것입니다.

주

1) 아우구스티누스 지음, 김종흡 옮김, 『삼위일체론』, 크리스천 다이제스트, 1996년, 352쪽.
2) I. 칸트 지음, 최재희 옮김, 『도덕철학서론』(1992년 박영사에서 펴낸 『실천이성비판』에 수록되어 있음), 235쪽.
3) I. 칸트 지음, 최재희 옮김, 『실천이성비판』(박영사, 1992), 103쪽.
4) 같은 곳.
5) 같은 책, 236쪽.
6) 같은 책, 235쪽.
7) 『실천이성비판』, 27쪽.
8) 장 자크 루소 지음, 민희식 옮김, 『에밀』, 육문사, 1993년, 297쪽.
9) 같은 책, 342쪽.
10) 같은 곳.

11) 『도덕철학서론』, 189쪽.

12) 같은 곳.

13) 같은 곳.

14) 같은 책, 190쪽.

15) 같은 곳.

16) 같은 책, 193쪽.

17) 『에밀』, 294쪽.

18) 『도덕철학서론』, 195쪽.

KANT

법칙 속에 있는 선

칸트

"내가 그것을 더욱 자주
그리고 더욱 오랫동안 생각하면 할수록,
내 마음을 그만큼 더 새롭고 더 증대되는 경탄과 외경심으로
가득 채우는 것이 두 가지 있다—
내 머리 위의 별이 빛나는 하늘 그리고 내 마음속의 도덕법."

●칸트

원칙 속에 있는 선

의무와 법칙

칸트에 따르면 도덕적 선은 행복을 추구하는 욕망도 아니고 수동적 정념인 동정심도 아니며, 오직 의무감에 존립합니다. "의무는 법칙에 대한 존경에서 비롯된 행위의 필연성"입니다.[1] 여기서 '행위의 필연성'이란 자연의 사실적 필연성이나 개념들 사이의 논리적·수학적 필연성이 아니라 어떤 행위의 '마땅함'이나 '해야함'을 뜻합니다. 다시 말해 어떤 행위의 필연성이란 그 행위를 반드시 해야만 한다는 당위적 필연성을 뜻하는 것입니다. 그런데 칸트는 어떤 행위의 당위적 필연성이 법칙에 대한 존경심에 뿌리박고 있을 때, 그것을 선한 의지의 본질인 의무감이라 보는 것입니다. 다시 말해 우리가 도덕적 법칙에 대한 존경심 때문에 어떤 행위를 해야만 한다고 느낄 때, 이런 당위적 필연성의 의식이 의무감입니다. 그리고 이러한 의무감이야말로 선한 의지의 실체인 것입니다.

선한 의지가 행복에 대한 욕망도 아니고, 동정심도 아니라 오직 법칙에 대한 존경심에 존립하는 한에서, 우리는 칸트에게서 도덕적 선이 의지를 규정하는 법칙에 존립한다고 말할 수 있습니다. 그러나 여기서 칸트가 말하는 법칙은 각 나라의 법전에 씌어 있는 실정법의 체계나 사람들이 자명한 듯이 받아들이는 관습이나 미풍양속 같은 것들을 뜻하지는 않습니다. 이런 의미에서 칸트가 말하는 의무감 또한 실정법에 대한 무비판적이고 맹목적인 복종심이나 충성심 따위와는 아무런 상관도 없습니다. 오직 의지를 규정하고 지배하는 법칙이 양심에 위배되지 않고 도덕적으로 정당한 것인 한에서 그런 법칙에 대한 존경심에서 비롯된 행위가 선한 행위인 것입니다.

이렇게 하고 보면 의지의 선과 악은 의지가 따르는 법칙이 선하냐 악하냐에 달려 있다고도 말할 수 있겠습니다. 사실 우리의 삶에서 모든 실천적 행위, 즉 선과 악의 범주에 종속하는 모든 행위는 결단과 선택의 행위이기도 합니다. 그러나 우리가 선과 악 사이에서 이것이냐 저것이냐 결단해야 할 때, 우리는 결코 아무런 판단기준이나 선택의 원리 없이 맹목적으로 결단하지는 않습니다. 때마다 우리는 나름대로의 신념이나 판단기준에 따라 이렇게든 저렇게든 결단하게 됩니다. 그렇게 우리의 의지의 방향을 규정[=결정]하는 주관적 신념이나 판단기준이 선할 때, 우리의 의지와 행위도 선한 것이 되는 것입니다.

준칙

예를 들어 요즘처럼 경제가 어려운 때, 직장을 잃은 어떤 사람이 서울역 화장실에서 많은 돈이 들어 있는 지갑을 우연히 주웠다고 가정해봅시다. 아무도 보는 사람 없는 밀폐된 공간에서 큰 돈이 든 지갑을 발견했을 때, 그는 지갑을 자기 주머니에 넣고 사라질 수도 있을 것이고, 아니면 그것을 들고 파출소로 갈 수도 있을 것이며, 또는 이 두 가지 경우가 아니라 하더라도 다른 여러 가지 방식으로 행위할 수 있을 것입니다. 그런데 이런 경우 칸트의 입장에서 보았을 때, 지갑을 발견한 사람이 아무런 심사숙고 없이 그 순간의 기분이나 충동에 따라 결정하고 행위한다면 그것은 가장 나쁜 경우라 할 수 있습니다. 다시 말해 그 사람이 주머니에서 동전을 꺼내 바닥에 떨어뜨려 앞면이 나오면 파출소에 갖다주고 뒷면이 나오면 자기가 갖겠다고 마음먹고 축구 심판처럼 동전을 던진다면, 그것은 최악의 경우라 하겠습니다. 마찬가지로 만약 그가 화장실에 들어오기 전 서울역 광장에서 본 걸인과 실직자들에 대해 참을 수 없는 연민을 느껴 아무런 이성적 판단이 없는 상태에서 지갑의 돈을 그들에게 나누어 주었다면, 이 또한 칸트의 입장에서는 선하다고 할 수 없는 일입니다. 왜냐하면 그는 어떤 원칙에 따라 행위하지 않고 맹목적 충동으로서의 동정심이라는 정념에 따라 행위했기 때문입니다.

그러나 우리가 비합리적 충동이나 정념에 따라 행위하지 않고 어떤 일관된 원칙에 따라 행위한다고 해서 우리의 의지와 행위가 자동적으로 선해지는 것은 아닙니다. 왜냐하면 우리는 악한 원칙에 따라 행위할 수도 있을 것이기 때문입니다. 예를 들어 지갑을 주운 사람이 냉정하게 주위를 살피고 아무도 본 사람이 없다는 것을 확인한 다음에 그것을 자기 주머니에 넣고 제 갈길을 갈 때, 그는 '남에게 들킬 염려가 전혀 없는 상황에서 주운 돈은 주인에게 돌려줄 필요가 없다'는 평소의 소신에 따라 행위한 것일 수 있습니다. 그의 이런 소신 역시 원칙은 원칙입니다. 다만 그것이 선한 원칙이 아니라는 것이 문제일 뿐입니다. 이에 반해 그는 '남의 물건을 주웠을 때에는 어떤 경우이든 주인에게 돌려주어야 한다'는 원칙에 따라 그것을 파출소에 가져갈 수도 있습니다. 이렇게 우리가 결단하고 행위할 때 우리가 따르는 판단기준이나 원칙을 칸트는 '의지의 원리'(Prinzip des Willens)라고 부릅니다.[2] 결단과 행위는 의지에 의해 이루어지므로 실천적 결단의 원칙은 곧 의지의 원리인 것입니다. 그런데 칸트는 의지의 원리를 세분하여 우리들 각자가 자기 나름대로 정립하는 의지의 원리를 준칙(準則, Maxime)이라 부릅니다. 그러니까 우리가 도덕적 결단의 기로에 섰을 때 우리가 따를 수 있는 모든 종류의 판단기준, 모든 종류의 의지가 준칙입니다. 이것을 표현하기 위해 칸트는

"준칙이란 의욕의 주관적 원리이다"라고 말합니다.[3] 각각의 주관이 정립하는 모든 종류의 의지의 원리가 준칙인 것입니다.

원칙 속에 있는 선

우리가 명백히 의식하든 아니든 우리의 의지적 행위는 어떤 종류의 원리 즉 준칙에 의해 규정됩니다. 그런데 칸트는 의지의 선·악을 오직 준칙의 선·악에서 찾았습니다. 우리가 무엇인가를 의욕하고 행위할 때, 우리의 의지를 규정하는 준칙이 선하면 우리의 행위와 의지도 선한 것이 됩니다. 그러나 우리가 따르는 의지의 원리가 악할 때, 행위의 결과가 어떠하든, 의지는 악에 떨어지는 것입니다.

"의무로부터 나온 행위는 그것을 통해 달성해야 할 의도 속에서 도덕적 가치를 가지는 것이 아니라, 우리가 행위하려고 결단할 때 따르는 준칙 속에서 그것의 도덕적 가치를 가진다. 따라서 그런 행위〈의 가치〉는 행위의 대상의[=행위가 추구하고 의도하는 대상의] 현실성에 달려 있는 것이 아니라, 욕구능력의 모든 대상들을 도외시한 채 그 행위가 따라 일어나는 의욕의 원리에 달려 있다. 우리가 행위할 때 가질 수 있는 의도나, 의지의 목적이나 동기인 행위의 결과는 그 행위에 대하여 어떤 무제약적인 도덕적 가치도 줄 수 없다는 것은 앞에서 말했던 것에 비추어 분명하다. 만약 그렇게 도덕적 가치가 기대되는 결과에 관계된 의지에 존립하는 것이 아니라면 그 가치는 어디에 놓여 있는 것인가? 그것은 의지의 원리를 제외하고는 다른 어디에도 있을 수 없다. 그리고 여기서 우리는 그러한 행위를 통해 결과될 수 있는 목적을 도외시한다."[4]

여기서 보듯 칸트는 의지를 선하게 해주는 것을 행위의 의도나 결과에서 찾지 않습니다. 의지는 의지가 지향하는 결과 때문에 선해지는 것이 아니라 오직 의지 자신의 내적 가치에 의해 선해지는 것입니다. 그런데 의지의 내적인 도덕적 가치를 결정하는 것은 의지의 준칙, 즉 의지가 따르는 원리 그 자체입니다. 여기서 의지의 원리는 다른 말로 표현하자면 의지를 규정하는 형상이라 할 수 있습니다. 선한 의지란 올바른 준칙에 의하여 규정된 의지, 다시 말해 선한 형상을 지닌 의지입니다. 그리하여 우리의 의지는 그것의 형상이라 할 수 있는 준칙이 어떠하냐에 따라 선한 것이 되기도 하고 악한 것이 되기도 하는 것입니다.

이와 같은 칸트의 윤리학설은 우리에게 많은 것을 생각하게 합니다. 그의 주장을 한마디로 요약하자면, 선은 오직 우리가 따르는 원칙 속에 있는 것이라고 말할 수 있습니다. 부정적으로 표현하자면 원칙이 없는 곳에는 선 또한 있을 수 없습니다. 우리가 엄격한 원칙을 따라 행위하려 하기보다는 그때 그때의 기분과 감정에 따라 행위하려 할 때, 우리가 아무리 인정 많고 따뜻한 마음의 소유자라 하더라도 우리는 선해지기 어렵습니다. 아니 도리어 원칙을 저버린 인정이야말로 심각한 사회악의 원인이 되기도 합니다. 예를 들어 사람들이 우리 사회의 병폐라고 지적하는 학연이나 지연, 혈연의식은 원칙을 저버린 인정(人情)의 전형적 실례라고 할 수 있겠습니다. 단지 같은 학교 출신 선배의 부탁이기 때문에 정에 이끌려 원칙에 어긋나는 일을 한다면, 그것이 곧 악입니다. 우리가 인정이 아니라 원칙에 따라 의욕하고 행위할 때, 우리의 행위는 선해집니다. 그리고 그렇게 원칙을 따라 사는 사람들이 많아질 때, 우리 사회도 보다 정의로운 사회가 될 것입니다.

보편적 합법칙성의 원리

준칙의 보편적 합법칙성에 대한 요구

선은 우리가 따르는 원칙 속에 있습니다. 의지가 따르는 원칙이 선하면 의지와 행위도 선해지고, 그 원칙이 악하면 의지와 행위도 악에 떨어지게 됩니다. 그러나 도대체 어떤 원칙, 어떤 준칙이 선한 것이고 어떤 것들이 악한 것입니까? 문제는 이것입니다. 이 물음에 대하여 칸트는 다음과 같이 대답합니다.

"의지가 단적으로 제한 없이 선하다고 불릴 수 있기 위해서는, 어떤 법칙의 표상이 이로부터 기대되는 결과를 고려하지 않고도 의지를 규정해야만 한다. 그러나 과연 어떤 종류의 법칙이 그런 것일 수 있겠는가? 어떤 법칙을 따를 때 의지에게 생겨날 수 있는 모든 충동을 내가 의지로부터 빼앗아버렸기 때문에, 〈이제〉 의지를 〈규정하기〉 위한 원리가 될 수 있는 것은 오로지 행위의 보편적 합법칙성 일반만이 남아 있을 뿐이다. 즉 나는 나의 준칙이 하나의 보편적 법칙이 되기를 동시에 바랄 수 있도록 행위하지 않으면 안 된다. 이제 여기서는 (어떤 특정한 행위들을 규정하는 특정한 법칙을 근거에 두고 말하는 것이 아니라) 순수한 합법칙성 일반〈만〉이 의지를 〈규정하기〉 위하여 원칙이 되는 것이며, 또한 의무가 도무지 하나의 공허한 망상과 키메라 같은 환상적 개념이 되지 않으려면, 오직 합법칙성 일반만이 의지를 〈규정하기〉 위한 원리가 되어야만 하는 것이다."[5]

칸트가 의무감과 선한 의지의 본질을 법칙에 대한 존경심에서 찾 았을 때, 그가 말하는 법칙은 "어떤 특정한 행위를 규정하는 특정한 법칙"이 아닙니다. 다시 말해 그것은 십계명 같은 종교적 계율도 아 니고 이 나라 저 나라의 실정법 체계도 아니며 사람들이 자기 나름 대로 막연하게 마음에 품고 사는 미풍양속 같은 것은 더더욱 아닙니 다. 그리하여 법칙에 대한 존경심에서 비롯된 행위가 선한 행위라고 할 때, 칸트는 결코 어떤 특정한 법칙을 모든 행위의 척도로서 우리 에게 제시하려 하지 않습니다. 왜냐하면 시대와 장소에 따라 도덕적 규범의 내용이 다를 수밖에 없고, 아무리 자명한 듯이 보이는 도덕 적 요구라 하더라도 사람과 상황에 따라 예외가 없을 수 없기 때문 입니다. 따라서 칸트가 법칙에 대한 존경을 말할 때, 그는 어떤 특정 한 법칙도 염두에 두지 않은 채, 그런 말을 하고 있는 것입니다.

그렇다면 칸트가 말하는 법칙이란 실은 아무런 내용이나 실체가 없는 허깨비란 말입니까? 그렇기도 하고 아니기도 합니다. 세상에 '이것만이 보편적 도덕법칙이다'라고 말할 수 있는 것은 아무것도 없습니다. 백번 양보해서 그런 것이 설령 있다 하더라도 밖에서 주 어지는 법칙은 타율적 강요에 지나지 않을 것입니다. 그리고 타율적 강요 속에 참된 도덕성이 깃들일 수 없다는 것은 이미 앞에서 말한 바와 같습니다.

그렇다면 무엇이 보편적 법칙이란 말입니까? 칸트의 대답을 한마 디로 표현하자면 '보편성을 얻은 준칙'이 곧 법칙입니다. 앞에서 보 았듯이 준칙은 의욕의 주관적 원리입니다. 이에 반해 의욕의 객관적 원리 즉 보편적 원리는 실천적 법칙입니다.[6] 그런데 여기서 주관적 원리인 준칙이 따로 있고 객관적 원리인 법칙이 따로 있어서, 준칙이 법칙을 따라야 한다는 것은 아닙니다. 사실은 의지가 따라야 할 법칙은 보편성과 객관성을 얻은 준칙에 다름 아닙니다. 그리하여 모든 준칙은 법칙이 될 수 있습니다. 준칙이 보편성, 즉 합법칙성을 얻기만 한다면 그 준칙은 동시에 법칙이 되는 것입니다. 따라서 객관적 도덕법칙이란 의지의 주관적 원리인 준칙 밖에 따로 있는 것이 아니라 보편성과 합법칙성을 얻은 준칙 그 자체입니다. 이런 의미에서 칸트는 의지를 규정하는 최고의 도덕법칙을 행위의, 보다 정확히 말하자면, 준칙의 보편적 합법칙성 일반이라고 말하는 것입니다. 그리고 우리가 합법칙성을 얻은 준칙에 따라 행위할 때 우리의 행위는 선한 것이 됩니다. 칸트는 이것을 표현하기 위하여 "나의 준칙이 언제나 동시에 하나의 보편적 법칙이 될 수 있기를 내가 바랄 수 있는, 그런 준칙에 따라서만 행위하라"고 말하는 것입니다.

예를 들어 사업에 실패하여 경제적 곤란에 처한 사람이 당장의 어려움에서 벗어나기 위하여 1년 후에 꼭 갚겠노라고 거짓 약속을 하고 친구에게 큰 돈을 빌리려 한다고 가정해봅시다. 이런 행위가 선한가 악한가 그리고 의무에 합당한가 아닌가를 판단하기 위해 그 사람은 자기에게 이렇게 물어보기만 하면 될 것입니다.

"어떤 거짓된 약속이 의무에 합당한가 아닌가라는 물음에 대하여 가장 단순하면서도 오류 없이 대답하기 위하여 나는 자신에게 이렇게 물어본다. (참되지 않은 약속을 통하여 곤경에서 벗어나려는) 나의 준칙이 (나 자신뿐만 아니라 다른 사람에 대해서도) 보편적인 법칙으로서의 효력을 가진다 하더라도 내가 만족할 수 있겠는가? 그리하여 누구든 다른 방식으로는 벗어날 수 없는 곤경에 처했을 때에는 참되지 않은 약속을 해도 좋다고 내가 나에게 말할 수 있겠는가? 이렇게 해보면 나는 내가 거짓말을 〈하기를〉 원할 수는 있지만 결코 거짓말을 할 보편적인 법칙을 원할 수는 없다는 것을 금세 깨닫게 된다. 왜냐하면 그런 법칙에 따른다면 〈참된 약속이든 거짓 약속이든지 간에〉 애당초 어떤 약속도 있을 수 없겠기 때문이다. 그 까닭은 나의 말을 믿지 않는 사람들에게, 혹은 그들이 경솔하게 내 말을 믿는다 하더라도 〈나중에〉 같은 방식으로 나에게 보복할 사람들에게 나의 미래의 행위에 대하여 나의 의지를 말하는 것이 아무 소용 없는 일이며, 그 결과 나의 준칙은 보편적 원칙이 되자마자 자기 자신을 파괴할 것이기 때문이다."[7]

쉽게 말하자면 우리가 어떤 행위를 할 때, 그 행위가 선하냐 악하냐를 판단하기 위해 우리는 자기 자신에게 똑같은 상황에서 다른 모든 사람들이 나와 똑같이 행위하기를 나 자신이 기꺼이 바랄 수 있는지를 되물어보기만 하면 됩니다. 서울역 화장실에서 남의 지갑을 주웠을 때 내가 그것을 내 주머니에 넣고 그냥 가고 싶은 유혹을 느낀다면 나는 스스로에게 이렇게 물어보기만 하면 됩니다. 이런 상황에서 다른 모든 사람들도 나와 똑같은 방식으로(즉, 나와 똑같은 준칙에 따라) 행위할 것을 내가 바랄 수(즉, 원할 수) 있겠는가? 또는 사마리아 사람처럼 위험한 곳에서 곤경에 처한 사람을 발견했을 때 나는 나 자신에게 이렇게 되물을 수 있습니다. 곤경에 처한 사람을 보았을 때 모든 사람이 나와 마찬가지로 그를 외면하고 제 갈길을 가는 것이 보편적 당위법칙이 되어도 좋다고 내가 바랄 수 있겠는가? 그리하여 내가 만약 보편적 입법자라고 가정할 때 모든 사람은 곤경에 처한 사람을 보거든 그를 도우려 하지 말고 먼저 자기의 안전을 좇아 피신하라는 실천적 법칙을 공포할 수 있겠는가? 우리가 이렇게 묻는다면 우리는 어떤 일을 해야 하며 어떤 일을 해서는 안 되는지를 명확히 알 수 있다고 칸트는 주장합니다. 요컨대 우리가 법칙이 될 수 없는 준칙에 따라 행위할 때, 그때 의지는 악에 떨어집니다. 오직 내가 나뿐만 아니라 모든 사람이 같은 상황에서 똑같이 지킬 것을 바랄 수 있는 법칙에 따라 행위할 때, 그때 나의 의지와 행위는 떳떳한 것일 수 있는 것입니다.

"그래서 선한 의지를 얻기 위하여 내가 무엇을 해야 할지를 알아내기 위해서는 그다지 심오한 통찰력을 필요로 하지 않는다. 세상물정에 어둡고 세상에서 일어나는 일에 대처할 능력이 없는 나는 단지 다음과 같이 나에게 되물을 뿐이다. 즉 너도 너의 준칙이 보편적 법칙이 되기를 의욕할 수 있느냐고. 만일 그와 같이 의욕할 수 없다면 그 준칙은 버려야만 한다. 그리고 이런 일은 그 준칙이 너나 너 아닌 다른 사람에게 초래할 수 있는 손해 때문이 아니라, 그 준칙이 가능한 보편적인 입법[=법칙수립]의 원리로서 통용될 수 없기 때문이다."[8]

보충설명

칸트가 도덕적 준칙의 합법칙성을 준칙의 도덕적 정당성의 기준이라 말한다면, 현대의 현자들은 되물을 것입니다. '준칙이 보편적 자연법칙이 되어도 좋을지 아닐지를 내가 어떻게 알 수 있겠는가?' 다시 말해 '하나의 준칙이 주관적 원리에 머무르지 않고 보편성을 얻을 수 있는지 없는지를 누가 판정할 수 있겠는가?' 좋은 질문입니다. 그러나 이것은 필요 없는 질문입니다. 왜냐하면 문제는 나의 준칙이 다른 모든 사람들의 보편적 동의를 받을 수 있느냐 없느냐에 달려 있는 것이 아니기 때문입니다. 적어도 칸트의 경우에 이것은 문제가 되지 않습니다. 선이란 보편성을 가져야 합니다. 그러나 이때 보편성이란 오직 주체성 속에서 정초된 보편성입니다. 다시 말해 여기서 문제되는 보편성은 모든 사람이 모여 투표라도 해서 결의했다는 의미의 보편성이 아닙니다. 어차피 그것은 여기서 문제될 필요조차 없습니다. 왜냐하면 칸트가 문제삼는 것은 의지 자체의 선함이기 때문입니다. 그리하여 여기서 문제는 나의 준칙이 다른 모든 이들의 동의를 얻느냐 얻지 못하느냐 하는 데 놓여 있는 것이 아니라, 나의 의지를 규정하는 원리가 선한가 아닌가에 놓여 있는 것입니다. 그리고 여기서 그 원리가 선하냐 아니냐의 판단을 위해 결정적인 관건이 되는 것은 다른 사람들의 동의가 아니라 '나 자신의 일관성', 나의 의지의 일관성입니다. 다시 말해 '너의 준칙이 동시에 보편적인 법칙일 수 있느냐' 하는 물음은 타인을 향해 세상 사람들을 향해 물어야 할 것이 아니라, 오직 나 자신에 대해서만 물어야 할 물음입니다. 그것은 '너의 준칙이 동시에 자연법칙이 된다 하더라도 '너의 편'에서 아무런 상관이 없겠느냐?' 하는 물음인 것입니다.

이 물음이 중요한 까닭은 다른 데 있지 않습니다. 우리의 의지는 어떤 준칙에 따라 욕구하되, 이 욕구는 많은 경우 이미 자기 자신 속에서 보편성을 유보하고 제한합니다. 모두가 욕구하기를 바랄 수 있는 욕구만이 선한 의지입니다. 그러나 우리는 어떤 것을 욕구하되, 오직 나만이 그것을 욕구하기를 바라는 때가 허다합니다. 즉 많은 준칙이 예외의 법칙인 경우가 비일비재한 것입니다. 그리고 이와 같은 예외에의 욕구 그 자체가 의지의 악입니다. 그리하여 '의지가 악에 떨어지는 것은 의지의 준칙을 타인이 보편적으로 동의해주느냐 아니냐에 달려 있는 것이 아닙니다. 도리어 의지가 악에 떨어지는 것은 의지가 자신의 준칙을 자기 자신이 보편적으로 적용하고 입법하려 하지 않을 때인 것입니다!'

칸트는 어떤 경우에도 선의 준거를 외적 조건에 두지 않습니다. 그것은 준칙의 보편성의 경우에도 마찬가지입니다. 준칙의 보편성은 결코 외적인 동의(同意)가 아닙니다. 주관적인 의지가 어떻게 다른 이들의 의지까지를 책임질 수 있겠습니까? 그리고 만약 다른 사람의 동의를 얻지 못한다 해서 나의 준칙이 도덕적 가치를 가질 수가 없다면, 세상의 어떤 사람이 온전한 의미에서 선할 수가 있겠습니까? 왜냐하면 현실에서 어떤 행위도 모든 사람의 동의를 얻어낼 수는 없을 것이기 때문입니다(왜냐하면 누군가가 그 행위를 통해 불이익을 받을 수 있겠기 때문입니다). 그리하여 의지의 원리가 오직 모든 사람의 보편적 동의를 얻을 수 있을 때에만 선한 것일 수 있다면, 그때 선한 의지, 선한 행위는 불가능합니다. 하지만 이것이 칸트의 의도와 아무런 상관도 없는 것이란 사실은 너무도 분명하여 재론할 여지조차 없습니다. 선·악의 기준과 원리는 나의 의지 밖에 있지 않습니다. 나의 의지의 진정성, 나의 의지의 올곧음, 나의 의지의 일관성, 나의 의지의 본래성, 그것 자체가 선입니다. 의지가 자기 자신과 빈틈없이 합치할 때, 즉 의미가 자기동일성 속에 있을 때—내가 의욕하는 것을 내가 보편적으로 의욕할 때—그때 의지는 선한 것입니다.

준칙의 보편성에 대한 요구는 객관적 보편성에 대한 요구가 아닙니다. 윤리학은 선·악의 문제를 객관적 지평 속에서 근거짓기를 원치 않습니다. 우리는 타인의 동의 때문에 선해지는 것도 아니고 타인의 동의가 없다고 악해지는 것도 아니기 때문입니다. 세상 모든 사람들이 동의하는 준칙이라고 하더라도 단지 그 이유 때문에 하나의 준칙이 도덕법칙이 될 수 있는 것은 아닙니다. 예를 들어 어떤 남자가 남의 눈에 발각될 위험도 없고 어떤 식으로도 증거가 남지 않을 경우에는, 자기가 성욕을 느낄 때 임의의 여자를 통해 강제로 욕망을 채우리라는 준칙을 세웠다고 가정합시다. 어쩌면 이 준칙은 세상 모든 남자들의 동의를 얻을 수도 있을 것입니다. 그러나 세상 모든 남자들이 이런 준칙을 가지고 산다 해서, 그 때문에 그 준칙이 도덕적 법칙이 되는 것은 아닙니다. 우리가 이런 사정을 생각해보면 칸트 윤리학의 참된 의미가 어디 있는지가 분명해집니다. 윤리적 정당성이란 타인 앞에서 나의 행위를 정당화시키는 데 달려 있는 문제가 아닙니다. 도리어 도덕의 문제란 의지의 자기정당화의 문제일 뿐입니다. 여기서 문제는 오직 내가 나 자신한테 떳떳할 수 있느냐는 것뿐입니다. 도덕이란 누군가를 손가락질하기 위해서 있는 것이 아닙니다. 문제는 오직 나 자신일 뿐입니다.

또한 도덕의 문제는 인식의 문제도 아닙니다. 때때로 보편성의 문제는—그것이 칸트의 경우처럼 철저히 주관적 의지 속에서 정초된 보편성이라 하더라도—지식을 요구하는 경우가 있습니다. 하나의 준칙이 보편법칙이 되어도 좋겠는지를 내가 정확히 판단하기 위해서는 사물에 대한 객관적 지식이 필요한 경우도 있는 것입니다. 그러나 이것 역시 엄밀한 의미에서는 도덕의 문제와는 상관이 없습니다. 왜냐하면 비록 내가 객관적 지식의 결여로 인하여 판단의 잘못을 범했다 하더라도, 즉 내가 보다 정확한 지식을 가졌더라면 보편법칙으로 의욕하지 않았을 것을 지식의 결여로 인해 내가 의욕했다 하더라도, 나의 의지가 이러한 지식의 모자람에 의한 판단착오 때문에 악해지는 것도 아닙니다. 선·악의 문제는 앎의 문제가 아니기 때문입니다. 따라서 지식의 모자람으로 말미암아 잘못된 판단을 내리고, 자신의 행위를 보편법칙에 합당한 행위라고 생각하며 어떠한 행위를 행했다고 할 때, 그는 여전히 도덕적 정당성을 얻을 수가 있습니다. 문제는 그가 자기 의욕의 보편성을 확신했느냐, 아니면 보편적으로 의욕할 수 없다고 믿는 것을 사사로이 의욕했느냐에 달려 있는 것이기 때문입니다.

목적으로서의 인격

행위의 목적에 대한 물음 | "준칙이 동시에 보편적 법칙이 되기를 네가 바랄 수 있도록 하는 그런 준칙에 따라서만 행위하라."[9] 이것이 칸트가 제시하는 도덕의 첫째 원리입니다. 이 원리는 준칙이 가질 수 있는 모든 내용(즉 목적이나 의도)을 도외시한 채 오직 준칙의 합법칙성, 다시 말해 준칙의 보편성에만 주목하기 때문에 도덕의 형식적 원리라고 말할 수 있습니다. 여기서는 우리가 무엇을 의욕하든, 의지를 규정하는 준칙이 보편적 합법칙성을 가질 수 있느냐 아니냐 하는 것만이 문제일 뿐입니다. 그리고 준칙의 보편성 여부가 준칙의 내용과 무관한 한에서, 준칙의 보편적 합법칙성에 대한 요구는 도덕의 형식적 원리라고 말할 수 있을 것입니다.

그러나 우리의 행위는 의지의 형식적 규정만으로는 아직 충분히 규정된 것이 아닙니다. 모든 행위에서 의지는 준칙의 규정 아래 있는데 모든 준칙은 그 형식에서 한낱 개별적이고 주관적일 수도 있고 보편적이고도 객관적일 수도 있습니다. 그러나 어떤 준칙이 보편적 합법칙성을 가질 수 있는지 없는지를 내가 되물을 때, 여기서 내가 판단의 기준으로 삼을 수 있는 것이 무엇입니까? 그것은 결국 나의 의지와 행위가 지향하고 추구하는 목적일 수밖에 없습니다. 원칙적으로 말해서 내가 무슨 일을 하든 내가 행하는 일이 적합한 일이냐 아니냐는 내가 그 일을 통해 이루려는 목적이 무엇이냐 하는 데 달려 있습니다. 다시 말해 내가 어떻게 행위해야 하는가는 내가 그 행위를 무엇을 위해 하는가에 의해 결정되는 것입니다. 그리하여 어떤 행위가 합당한 행위인가 아닌가 하는 것은 그것이 추구하는 목적이 무엇인가에 의해 가장 정확하게 판단될 수 있는 것입니다.

그러나 우리가 앞에서 보았듯이 칸트는 의지와 행위의 도덕성을 그것이 지향하는 목적을 통해 판단하려 하지 않습니다. 그 까닭은 첫째로 선한 의지는 어떤 경우에도 자기 아닌 다른 목적을 위한 수단일 수 없으며, 둘째로 우리의 행위가 지향하는 목적은 때마다 다르고 또 사람에 따라 서로 달라 상대적일 수 있기 때문입니다. 그러나 선한 의지에 따른 행위가 보편적으로 지향하는 목적이 전혀 없다면, 그리하여 선한 의지가 추구하는 목적은 때마다 상황에 따라 상대적이요, 오직 준칙의 형식적 보편성만이 문제된다면, 선한 의지는 무엇을 위한 것도 아닌 의지, 따라서 맹목적인 의지에 떨어질 수도 있을 것입니다. 그리고 이런 경우라면 칸트가 말하는 선한 의지란 니체가 야유했듯이 '의무의 자동기계'를 돌리는 태엽에 지나지 않을 것입니다.

목적으로서의 인격

이것은 하나의 이율배반적 상황입니다. 선한 의지로부터 모든 목적을 제거해버린다면, 그것은 맹목적인 것이 되고 말 것입니다. 그에 반해 선한 의지가 지향할 목적을 상정할 경우 선한 의지는 이 목적을 위한 수단이 되어버릴 것입니다. 이러한 이율배반적 상황을 넘어서기 위해 칸트는 우선 상대적이고도 주관적인 목적과 객관적인 목적을 구별합니다. 그리고 어떤 상대적 목적도 선한 의지의 규정근거일 수 없다는 것을 분명히 합니다.

"이성적 존재자가 그 행위의 결과로서 임의로 설정한 목적(실질적 목적)은 모두 상대적일 뿐이다. 왜냐하면 주관의 특수한 종류의 욕구능력에 대한 목적의 관계만이 그와 같은 목적에 가치를 부여하기 때문이다. 그러므로 그러한 가치는 모든 이성적 존재자에 대해서뿐만 아니라 모든 의욕에 대해서도 보편적으로 타당하고 필연적인 원리, 즉 실천적 법칙을 부여할 수 없다. 이에 모든 이러한 상대적 목적은 조건적 명령법(命令法, Imperativ)의 근거일 뿐이다."[10]

어떤 행위에서 우리가 임의로 설정하는 목적 X는 조건부 명령의 근거일 뿐입니다. '만약 네가 X를 얻기를 원한다면 Y를 하라!' 이것이 조건적 명령입니다. 그러나 이런 명령은 참된 보편성을 가질 수 없습니다. 왜냐하면 여기서 'Y를 하라'는 명령은 X를 얻기 위한 수단적 가치만을 갖는 것이지만, 사람들이 추구하는 목적 X는 사람마다 그리고 때마다 다른 것일 수 있기 때문입니다. 그리하여 우리가 임의로 설정하는 주관적 목적은 어떤 경우에도 무조건적이고 절대적인 도덕적 명령의 근거일 수 없습니다.

그러나 칸트는 우리가 상황에 따라 다르게 설정할 수 있는 주관적이고 상대적인 목적이 아니라 그 자체로서 우리의 모든 행위의 목적이 되는 절대적 목적이 있다면 그것이야말로 도덕적 명령의 참된 실질적 근거일 수 있다고 말합니다.

"그러나 그 존재 자체가 절대적 가치를 가지고 있는 것, 그 자체에 있어서 하나의 목적으로 일정한 법칙의 근거가 될 수 있는 것이 있다고 가정해보자. 그렇다면 그런 것 안에, 그리고 그런 것 안에만, 가능한 정언적(=무조건적) 명령법, 즉 실천철학의 근거가 있을 것이다."[11]

그러나 과연 무엇이 "그 존재 자체가 절대적 가치를 가지고 있는 것"일 수 있겠습니까? 이 물음에 대하여 칸트는 오직 "이성적 존재자의 인격"이 그런 것이라고 대답합니다.

"비록 어떤 존재자가 자신의 현존에 있어서 우리의 의지가 아니라 자연에 의존한다 하더라도, 만약 그것이 이성 없는 존재자일 경우에는 오직 수단으로서 상대적인 가치만을 가질 뿐이요, 그런 까닭에 물건이라 불린다. 이에 반해 이성적 존재자들은 인격이라 불린다. 왜냐하면 그들의 본성이 그들을 이미 목적 그 자체로서, 즉 한갓 수단으로서 사용되어서는 안 될 어떤 것으로서 두드러지게 하며, 따라서 그런 한에서 〈타인으로부터 그들에게 가해질 수 있는〉 모든 자의(恣意)를 제한하기 때문이며 또한 존경의 대상이 되기 때문이다. 그리하여 이것은 자신의 실존[=존재]이 우리의 행위의 결과로서 우리에 대해서 가치를 갖는, 한갓 주관적인 목적이 아니라 객관적인 목적이다. 즉 그것[=인격]은 자신의 현존 그 자체가 목적이다. 게다가 다른 어떤 목적도 그 자리를 뺏은 뒤 인격을 한갓 수단으로 전락시킬 수 없다. 왜냐하면 이런 것이 없을 때에는 어디서도 절대적 가치가 발견되지 않을 것이기 때문이다. 그러나 모든 가치가 제약된 것이며 따라서 우연적인 것이라면, 이성을 위하여 도무지 어떠한 최상의 실천적 원리도 발견될 수 없을 것이다."[12]

여기서 칸트는 이성적 존재자, 다시 말해 인격적 존재자를 제외하고는 다른 모든 것은 수단적인 가치만을 갖는 까닭에 물건이라 불리지만 인간과 같은 이성적 존재자는 그의 존재 그 자체가 목적이라고 주장합니다. 이 말을 소박하게 표현하자면 인간의 인격은 우주의 궁극목적이라고도 말할 수 있겠습니다. 모든 사람은 하나의 세계입니다. 그리고 모든 사람은 자기 세계의 주인입니다. 비록 우리가 영원한 우주의 역사 속에서 한순간과도 같은 짧은 시간만을 이 세계에 머무르는 손님에 지나지 않는다 하더라도, 우리들 각자는 자기의 의식과 사유 속에서 무한한 우주를 다시 자신의 내부로 불러들이는 존재이기 때문입니다. 그리하여 우리들 모두의 의식은 그 속에서 하나의 세계가 열리는 근원적 지평입니다. 그리고 그런 한에서 우리들 이성적 사유의 주체는 모두 하나의 세계의 주인이요, 다른 것과 대체할 수 없는 궁극목적으로 이해되는 것입니다.

칸트는 이러한 통찰로부터 도덕성의 두번째 근본원리를 이끌어 냅니다. 그것은 도덕의 실질적 원리라 부를 수 있는 것으로서, 모든 도덕적 의지와 행위의 궁극목적에 관한 언명입니다.

> "너는 너 자신의 인격에서건 다른 어떤 사람의 인격에서건 인간성을 언제나 동시에 목적으로 대하고, 결코 한갓 수단으로 사용하지 않도록 행위하라."[13]

이 말은 결국 우리의 의지와 행위가 인간성의 참된 실현을 지향할 때 선해진다는 것을 뜻합니다. 이때 우리의 의지와 행위는 상대적 목적이 아니라 절대적 목적을 지향하는 것이며, 이를 통해 우리의 의지와 행위는 목적 없는 맹목적 충동으로 전락하지 않고 정당한 합목적성을 획득하게 되는 것입니다.

그런데 여기서 칸트가 모든 도덕적 의지의 궁극목적으로서 인간성이나 인격성을 말할 때, 이것은 다른 무엇보다 도덕적 주체로서의 인간의 인격성을 뜻하는 말입니다. 다시 말해 우리가 목적 그 자체로서 상정해야 할 인간성이란 욕망의 주체로서의 인간의 본성을 뜻하는 것이 아니라 다시 도덕의 주체로서 이해된 인간성을 뜻하는 것입니다. 따라서 인간의 선한 의지가 궁극목적으로 삼아야 할 것이 오로지 인간성이라고 말할 때, 그것은 생물학적인 종(種)으로서 이해된 인간도 아니고 욕망이나 인식의 주체로서 이해된 인간도 아니며 오로지 인간의 도덕적 소질, 인간의 도덕성 그 자체이며 보다 엄밀하게 말하자면 인간 속에 깃들이는 선한 의지 그 자체인 것입니다. 따라서 우리의 선한 의지가 지향해야 할 궁극목적은 단순하게 표현하자면 인간 속에 깃들인 선한 의지 자신입니다. 이런 의미에서 선한 의지는 다른 것의 수단으로서 선한 것이 아니라 여전히 그 자체로서 제한 없는 절대적 가치를 가진다고 말할 수 있겠습니다.

생태주의와 칸트

우리가 사는 세상에서 사람들은 자기의 이익을 위해 다른 사람을 수단으로 삼기를 서슴지 않습니다. 더욱이 요즘처럼 오로지 경쟁에서의 승리가 사회적 미덕으로 고취되는 시대에 인간을 목적으로 대하라는 요구는 아득히 먼 딴 세계에서 들려오는 이해하기 어려운 암호처럼 느껴지기까지 합니다.

그러나 이와는 달리 오늘날 인류가 직면한 환경파괴와 생태위기 앞에서 서양철학이나 종교에서 두드러져 보이는 인간중심주의가 의문의 대상이 되고 그 중에서도 인간을 다른 모든 물건과 구별하여 목적 그 자체로서 이해한 칸트의 윤리학이 많은 사람들에 의해 비판의 표적이 되기도 합니다. 왜냐하면 칸트는 인간을 목적으로 본 반면, 인간 이외의 모든 자연적 존재에 대해서는 수단적 가치밖에 인정하지 않았기 때문입니다. 이렇게 함으로써 칸트는 인간이 자연을 도구로 삼아 착취하는 것을 철학적으로 정당화해주었다고 말할 수 있습니다.

인간이 자기의 탐욕을 채우기 위해 자연을 무차별하게 파괴함으로써 인간 자신의 생존의 기반까지 위태로워진 오늘날, 인간만이 목적이고 자연은 한갓 수단에 지나지 않는다는 칸트의 자연인식이 비판받는 것은 너무도 당연한 일입니다. 하지만 윤리학의 문맥에서 칸 트가 말하려 했던 것은 자연을 도구화하라는 가르침이 아니라, 인간을 목적으로 대하라는 가르침이었다는 것 또한 의심의 여지가 없는 일입니다. 그리고 이처럼 인간을 한갓 수단이 아니라 목적으로 여기라는 가르침이 문제라면, 이런 가르침이 생태주의와 굳이 모순되어야 할 이유는 없을 것입니다.

생명의 존귀함을 일깨우는 것은 중요한 일입니다. 그리고 지금은 어떤 보편적인 생명존중 사상의 확립이 요구되는 시대입니다. 그러나 우리가 잊어서는 안 될 것이 하나 있습니다. 그것은 우리가 가장 먼저 돌보아야 할 생명은 인간이라는 사실입니다. 환경을 염려하고 멸종되어가는 생물종들을 염려하는 것도 중요한 일이기는 합니다. 그러나 그런 운동이 지금 이 시간 부당하게 고통받고 죽어가는 사람들에 대한 관심과 같이 가지 않을 때, 그런 생명사상은 가련한 정신의 허영에 지나지 않습니다. 지금도 우리 나라에는 몇 번이나 정권이 바뀌어도 양심의 문제가 덫이 되어 계속 옥에 갇혀 있는 사람들이 있습니다. 이들은 병에 시달려도 제대로 치료받지도 못한 채 자신의 생명을 다만 흐르는 시간에 맡겨두고 있을 뿐입니다. 우리가 이런 사람들의 생명에 대해 아무런 관심을 갖지 않은 채 개나 소의 생명을 염려한다면, 이것은 하나의 웃음거리에 지나지 않을 것입니다.

따지고 보면 서양사람들이 동물의 생명을 염려할 수 있게 된 것은 인간의 생명에 대한 존중, 즉 인권의식이 그 사회에서 보편화되고 어느 정도 제도화되었기 때문에 가능한 일이기도 했습니다. 그러니까 서양의 경우에 생명사상은 인권운동이 어느 정도 완결되고 난 뒤에 가능했던 것입니다. 이런 것을 생각해볼 때 우리의 경우 동료 인간의 생명에 대한 진정한 외경심이 보편화되지 않은 상태에서 생명사상이 구호처럼 말해지고 있는 것은 아닌지 한번쯤은 되돌아보아야 할 것입니다.

더 나아가 인간 또한 자연의 일부입니다. 본질적으로 인간에게 어울리는 것은 자연에게도 어울립니다. 문제는 인간에게 어울리지 않는 것들이 산업과 자본의 논리에 따라 숭배된다는 데 있습니다. 생태주의적 사유는 여기에서 출발해야 합니다. 인간을 자연의 대립물로 놓고 양자택일을 강요하는 것은 결코 바람직한 태도일 수 없습니다. 인간을 도덕적 행위의 궁극목적으로 삼는 것과, 총체적 의미의 자연과 생명의 보존을 도덕의 궁극목적으로 삼는 것이 반드시 모순되어야 할 필요는 없는 것입니다.

목적들의 나라와 도덕적 인간의 자율

칸트가 꿈꾸었던 세상은 인격이 목적으로 대접받는 나라였습니다. 이 세상에서 인간은 너무도 쉽게 수단화되고 도구화됩니다. 그리고 인간이 이 세계에서 언제나 타인과의 관계 속에서 존재하는 까닭에 우리 모두는 일정한 부분에서 무엇인가를 위한 수단일 수밖에 없는 것 또한 사실입니다. 자동차 공장의 작업대 앞에 앉은 노동자는 어떻든 생산을 위한 수단인 것입니다. 그러나 칸트는 인간이 다른 것과의 관계에서 수단으로 다루어질 수 있다 하더라도 그 자체로서 고찰될 때에는 목적 그 자체임을 잊지 말 것을 우리에게 깨우치고 있습니다. 이것을 표현하기 위해 그는 인간이 "단순히 수단으로서가 아니라 언제나 '동시에' 목적 자체로서" 다루어져야 한다고 말하는 것입니다. 그리하여 우리가 추구해야 할 도덕적 세계는 인간이 언제나 동시에 목적으로서 대접받는 세계입니다. 한갓 수단에 지나지 않는 인간, 그리하여 물건으로 전락한 인간이 아니라 언제나 동시에 목적으로 대접받는 인간들의 공동체, 자기든 남이든 인격을 일방적 도구로 사용하는 것이 아니라 동시에 목적으로서 그리고 존경의 대상으로서 섬기는 사람들의 공동

체, 이것을 가리켜 칸트는 '목적들의 나라'(Reich der Zwecke)
라고 불렀습니다.

'목적들의 나라'는 칸트가 꿈꾸었던 이상적 도덕이 실현된 사회
입니다. 이 나라에서 모든 사람은 나라의 구성원인 동시에 우두머리
입니다. 그들 각자가 보편적 법칙의 지배 아래 있는 한에서 그들은
모두 목적들의 나라의 백성이요 구성원입니다. 그러나 그들 모두가
자기 자신 속에서 도덕적 법칙을 자율적으로 입법하는 한에서, 그들
은 이 나라의 주권자요 임금인 것입니다.

> "이성적 존재자가 목적들의 나라 속에서 보편적으로 입법하되
> 또한 이 법칙에 스스로 복종하는 경우에, 그는 한 구성원으로서
> 그 나라에 속한다. 〈그러나〉 만약 그가 입법자로서 다른 어떤 존
> 재자의 의지에도 복종하지 않는다면, 그는 우두머리로서 그 나라
> 에 속하는 것이다."[14]

여기서 칸트는 도덕적 인간의 이중적 성격을 말하고 있습니다. 내
가 보편적 법칙의 구속 아래 있는 한에서, 나는 도덕적 세계의 신민
(臣民)입니다. 그러나 도덕적 법칙은 어떤 경우에도 나 아닌 다른
사람에 의해 나에게 타율적으로 부과될 수는 없습니다. 나는 오직
내가 스스로 정립하는 행위의 준칙을 보편적 법칙으로 만들고 그 법
칙에 따라 행위함으로써만 의무에 합치하는 행위를 할 수 있습니다.
따라서 내가 복종하는 법칙이란 바로 내가 나 자신에게 부여한 법칙
인 것입니다.

자기가 정립한 법칙에 자기 자신이 복종하는 것, 바로 이것이 칸
트가 말하는 도덕적 인간의 자율(Autonomie)입니다. 목적들의
나라에서는 모든 구성원이 동시에 주권자로서 자기 자신을 위하여
보편적 법칙을 수립하되, 그 모든 구성원의 모든 법칙들은 서로 충

돌하지 않고 완벽한 조화 속에서 하나의 체계적 통일을 이룹니다.

주

1) 『도덕철학서론』, 196쪽.

2) 같은 책, 195쪽.

3) 같은 책, 196쪽.

4) 같은 책, 195쪽.

5) 같은 책, 197쪽.

6) 같은 책, 196쪽.

7) 같은 책, 198쪽.

8) 같은 책, 198쪽 아래.

9) 같은 책, 215쪽.

10) 같은 책, 221쪽.

11) 같은 곳.

12) 같은 책, 222쪽.

13) 같은 곳.

14) 같은 책, 227쪽.

K A N T

도덕적 절망과 종교적 희망

칸트

"자유의지와 도덕법칙 아래 있는 의지는 동일한 것이다."

●칸트

도덕과 자유

왜 우리는 선하게 살아야 하는가

지금까지 우리는 중요한 서양 철학자들의 윤리학설을 살펴보았습니다. 그리고 이를 통해 우리는 무엇이 그 자체로서 좋은 것이며 바람직한 것인지 그리고 우리의 성품에 관해서 볼 때 덕이란 무엇이며 또 어떤 행위가 선한 것인지를 살펴보았습니다. 돌이켜 보면 우리에게 선이란 무엇인가라는 반성과 성찰이 필요한 까닭은 무엇이 악하고 무엇이 선한 것인지가 언제나 분명한 것은 아니기 때문입니다. 특히 삶에서 윤리적 반성이 두드러지게 결여되어 있는 우리 사회에서는, 사람들이 너무도 쉽게 아무런 죄의식 없이 악을 행하는 것을 볼 수 있습니다. 학생들은 아무런 죄책감 없이 시험시간에 부정행위를 하고, 법조인들은 떡값이다 전별금이다 하여 뇌물을 주고받으면서도 그것이 불의한 일이라는 생각을 하지 않습니다. 그래서 어떤 공직자가 뇌물을 받은 것이 발각되어 처벌을 받게 되면 양심의 가책을 느끼기보다는 왜 재수없게 나만 걸려들었을까 하고 불만을 느끼는 곳이 우리 사회입니다. 이처럼 너나 할 것없이 불의와 부패에 중독되어 살다 보니 우리의 양심도 따라 무뎌지고 선·악의 판단기준도 모호해져서 부정축재로 고발을 당하거나 옥살이를 하고 나온 정치가나 공직자들이 무슨 대단한 양심수라도 되는 양 도리어 더 큰소리를 치는 곳이 우리 사회이기도 합니다.

선이란 무엇인가라는 윤리적 물음은 이렇게 무뎌질 대로 무뎌진 우리의 양심을 되밝히기 위해 우리가 되물어야 할 물음입니다. 우리는 하고 싶은 일만 하면서 살 수는 없습니다. 우리의 삶에서는 하기 싫은 일이라도 해야만 할 일이 있고, 또 하고 싶은 일이라 하더라도 해서는 안 되는 일도 있습니다. 이런 것을 통틀어 당위라고 부르는데 윤리학은 바로 그런 당위에 대한 체계적인 반성을 수행하는 학문입니다. 윤리학은 우리가 무엇을 해야 하며 또 무엇을 하지 말아야 하는가를 분명히 하려 합니다. 이를 통해 윤리학은 우리가 선하게 살기 위하여 어떤 길을 걸어야 할 것인지에 대해 길잡이 구실을 하려 하는 것입니다.

그러나 윤리학이 인간의 삶을 위하여 이러한 실천적 지침의 구실을 온전히 다할 수 있기 위해서는 아직도 대답되어야 할 매우 중요한 물음이 한 가지 남아 있습니다. 그것은 선이 무엇이든 또는 악이 무엇이든지 간에, 왜 우리는 선하게 살아야 하며 악을 행해서는 안 되는가 하는 물음입니다. 윤리학이 선과 악을 분명히 규정하여 구별해 보여주는 것은 선하게 살려는 의지를 가지고 있는 사람에게는 큰 도움이 될 수 있을 것입니다. 그러나 처음부터 선에 대해 아무런 관심도 없는 사람의 경우에는 어떻겠습니까? 세상에는 오직 권력이나 이익 그리고 쾌락에만 관심을 가질 뿐 애당초 선에 대해서는 아무런 관심도 갖지 않고 사는 사람들이 무수히 많이 있습니다. 이런 사람들에게는 선이란 무엇인가라는 물음은 그저 쓸모없고 무의미한 물음에 지나지 않습니다. 그들에게 선이란 삶에서 장식품에 지나지 않습니다. 그리하여 이들에겐 어떻게 하면 선하게 사느냐 하는 것이 아니라 어떻게 하면 선하게 사는 것처럼 남들에게 보일 수 있느냐 하는 것이 문제일 뿐입니다. 이런 사람들에게 선이란 무엇인가라는 물음은 무의미합니다. 도리어 이들에겐 왜 우리가 굳이 선하게 살기 위해 애를 써야 하는가 하는 것부터가 문제라면 문제인 것입니다.

그런데 이 물음은 단지 선·악에 대해 무관심한 사람에게만 해당되는 물음은 아닙니다. 따지고 보면 이것은 인간의 도덕적 능력의 본질을 해명하기 위해서는 결코 도외시할 수 없는, 아주 중요하고 근원적인 물음입니다. 선하게 사는 것은 어려운 일입니다. 무엇보다도 선이 무엇인지 분명하게 판단을 내리는 일이 그렇게 쉬운 일은 아니기 때문입니다. 그러나 선이 무엇인지를 안다고 해서 선을 행하는 것이 쉬워지는 것은 아닙니다. 많은 경우 선한 일은 우리의 자연적 욕망과 대립합니다. 선한 일은 반드시 해야 하는 일이기는 하지만, 많은 경우 그것은 하고 싶지는 않은 일인 것입니다. 하고 싶지 않은 일을 하는 것은 어렵습니다. 그리고 이것이 선하게 사는 것이 어려운 또 다른 이유입니다.

그렇다면 왜 우리는 하고 싶지 않음에도 불구하고 선을 행해야만 하는 것인가요? 왜 우리는 때마다 자신의 욕망과 충동에 따라 살면 안 되는 것인가요? 제1장에서 이미 한 번 이야기한 적이 있습니다만, 우리는 약육강식(弱肉强食)과 적자생존(適者生存)이 자연의 이치라고 생각합니다. 그렇다면 인간의 경우라 해서 그와 달라야 할 이유가 어디 있는 것입니까? 사자가 토끼를 잡아먹고 사는 것이 당연하고 자연스런 일이듯이, 강한 나라가 약한 나라를 착취하는 일이나 권력자가 민중을 억압하는 것이 굳이 비난받아야 할 이유가 무엇이겠습니까? 어차피 무한한 우주의 역사 속에서 특별할 것도 없는 존재인 인간의 삶에서 어떤 필연성이 우리로 하여금 약육강식과 적자생존이라는 자연의 보편적 법칙을 거스르게 만드는 것입니까?

막시밀리안 콜베

제2차 세계대전 때 나치 독일군이 폴란드에 설치했던 강제 수용소들 가운데서도 가장 악명 높았던 아우슈비츠 강제

수용소에서 있었던 일입니다. 수백만 명의 사람들이 인간 이하의 생존환경 속에서 학대받고 학살되었던 이 죽음의 수용소에서 1941년 7월 하순 어느 날 갇힌 자들 중 한 사람이 이중 삼중으로 둘러쳐진 철조망을 넘어 탈주하는 사건이 있었습니다. 밤이 지나고 아침 점호 시간이 될 때까지 탈주자는 잡혀오지 않았습니다. 그는 이 지옥에서 탈출하는 데 성공했던 것입니다.

그러나 아우슈비츠에 남아 있는 사람들에게 도망자가 잡히지 않았다는 소식은 또 다른 재앙의 통고와도 같았습니다. 수용소장은 만약 도망자가 생긴다면 그가 속해 있던 감방 사람들 가운데 10명을 선발하여 아사형(餓死刑)에 처할 것이라고 이미 경고를 했었기 때문입니다. 아사형이란 사람을 밀폐된 사형 집행실에 가두고 굶겨 죽이는 형벌을 뜻합니다. 빵 한 조각은 물론이고 물 한 방울 얻어마실 수 없는 감방에서 사람들은 인간이 느낄 수 있는 가장 강렬한 두 가지 고통에 의해 고문받으며 죽어갑니다. 그 고통이란 한편에서는 육체가 느낄 수 있는 고통 가운데에서 가장 무서운 고통인 목마름이며, 다른 한편에서는 정신이 느끼는 고통 가운데서 가장 큰 고통인 죽음의 공포입니다. 그 무서운 고통을 또렷한 정신으로 감내해야 하는 갇힌 자들은 천천히 짐승으로 변해갑니다. 그리고 열흘 또는 보름 동안을 그치지 않는 고통으로 몸부림치며 죽어가는 것입니다. 죽음을 두려워하지 않는 용기를 가진 레지스탕스의 전사들이라 할지라도 이 형벌만은 두려워했습니다. 그러나 이미 내려진 악마의 결심을 바꿀 수 있는 사람은 아무도 없었습니다.

아침 점호가 끝난 뒤 다른 모든 사람들이 해산되었으나, 탈주자가 생긴 14호 감방 사람들은 그 자리에 그대로 남았습니다. 불타는 여름 햇살 아래서 그들은 피가 얼어붙는 공포에 떨어야 했습니다. 그들 가운데 10명이 선택될 것입니다. 그리고 그들은 다시는 그 햇빛을 보지 못할 것입니다. 작열하는 태양 아래 침묵의 시간이 흐를 때 여기저기서 병약한 포로들이 쓰러지는 소리가 정적을 깨뜨렸습니다. 뒤이어 쓰러진 사람 위로 욕설과 함께 몽둥이와 군홧발이 어지럽게 날아들었습니다. 그렇게 몽둥이로도 바로 세워지지 않는 포로들은 대열에서 끌려나와 연병장 한구석에 아무렇게나 던져졌습니다. 시간이 감에 따라 한 사람 두 사람씩 그 수효는 늘어갔습니다. 그러나 어쩌면 그것이 더 나은 죽음인지도 몰랐습니다.

오후 3시, 30분의 휴식이 주어지고 수프를 먹는 것이 허락되었습니다. 선택될 10명을 위해서는 이것이 마지막 식사였습니다. 짧은 휴식시간이 끝난 후 그들은 다시 차려자세로 저녁 점호를 기다려야 했습니다. 북유럽의 긴긴 여름해가 저녁노을 속에 기울어가기 시작할 때, 저녁 점호가 열리고 모든 포로들은 다시 연병장에 모였습니다. 수용소장은 각 감방별로 보고를 받으며 천천히 움직였습니다. 그의 발걸음이 14호 감방 포로들 앞에 멈추었을 때, 시간이 정지하는 듯한 긴장이 모두의 숨을 멎게 했습니다.

"도망친 놈이 안 잡혔다. 너희 중 10명이 저 아사감방에서 죽어야 한다. 이 다음번에는 20명이다."

그는 한줄 한줄 돌며 열 사람을 골라냈습니다.

"너, 그리고 너!"

그렇게 수용소장이 10명을 채워가고 있을 때, 그가 지목한 사람들 가운데 하나가 대열에서 뛰어나오며 울부짖기 시작했습니다.

"나는 안 돼, 나는 죽을 수 없어. 내가 죽으면 나의 처자식은 어떻게 살란 말이냐!"

그러나 반항은 부질없는 짓이었습니다.

"신발을 벗어!"

명령은 계속되었습니다.

"좌로 돌아!"

그때였습니다. 몸서리치는 긴장 속에 얼어붙을 대로 얼어붙은 포로들의 대열을 뚫고 천천히 앞으로 걸어나오는 사람이 있었습니다. 그가 수용소장 앞에 섰을 때, 예상할 수 없었던 포로의 용기 앞에 당황한 수용소장은 권총을 빼들고 한 발 물러섰습니다.

"거기 서라. 이 폴란드의 돼지새끼!"

그러나 그 포로는 수용소장을 똑바로 응시하며 한 발 더 다가섰습니다.

"저 사형수 중의 한 사람 대신 내가 죽겠소."

"왜?"

"나는 처자식도 없고 병들어 아무 데도 쓸모없는 사람이오."

"도대체 누구 대신 죽겠다는 건가?"

그러자 그 사람은 조금 전 울부짖으며 끌려나왔던 젊은 포로, 프란치스코 가조프니체크 중사를 가리켰습니다. 수용소장의 등에 식은땀이 흘렀습니다. 도대체 이 사람은 누구인가? 억누를 수 없는 호기심과 알 수 없는 두려움을 애써 억누르며 수용소장이 물었습니다.

"너는 누구냐?"

포로는 짤막하나 엄숙하게 대답했습니다.

"카톨릭 사제요."

온통 핏빛으로 붉게 물든 저녁노을이 신부의 머리를 성스러운 후광처럼 비출 때, 가련한 수용소장은 이미 사로잡힌 포로에 지나지 않았습니다. 얼마 동안일까, 꿈처럼 비현실적인 시간이 흐른 뒤에 수용소장은 신음하듯 입을 열었습니다.

"좋다. 함께 가라!"

그리고 그는 아우슈비츠의 아사감방에서 자기와 아무런 상관도 없는 사람을 위해 대신 죽었습니다. 그의 이름은 막시밀리안 콜베(Maximilian Kolbe, 1894~1941)였습니다.[1]

선한 의지의 자유

우리는 세상에 일어나는 모든 일에는 원인이 있다고 알고 있습니다. 원인이란 어떤 일을 필연적으로 생겨나게 한 힘과 작용을 뜻합니다. 자연은 원인과 결과의 관계를 지배하는 불변의 법칙에 따라 운행합니다. 따라서 자연에서 일어나는 모든 일에는 왜 그래야만 했는가, 왜 그럴 수밖에 없었는가 하는 원인이 있게 마련입니다. 그리하여 우리는 저 선량한 막시밀리안 콜베의 죽음에 대해서도 왜 그래야만 했는가라고 묻지 않을 수 없는 것입니다.

그러나 만약 자연 중에서 일어나는 모든 일에 필연적 원인이 있다면, 그리하여 일어나는 모든 일은 어떤 회피할 수 없는 원인의 작용과 힘에 의해 떠밀려 일어나는 것이라면, 도대체 콜베 신부는 어떤 필연적인 원인에 의해 떠밀려 자기와 아무런 상관도 없는 낯선 타인을 위해 자기의 생명을 버려야만 했을까요? 우리가 이렇게 물을 때, 우리는 왜라는 물음이 도덕의 문제에 관한 한, 얼마나 부적절하고 어울리지 않는 물음인지를 금세 깨닫게 됩니다. 인간의 선한 의지는 선한 의지 아닌 다른 어떤 것에 의해 강제적으로 떠밀려 생겨나는 것이 아닙니다. 그때 나치의 광기 앞에서 몸서리치며 떨고 있었던 모든 다른 포로들의 마음속에 자연이 남을 위해 대신 죽을 수밖에 없도록 어떤 특별한 강제력을 행사하지 않았던 것과 마찬가지로, 콜베 신부의 의지에 대해서 역시 자연은 남을 위해 대신 죽으라는 강제를 행사할 수 있는 힘이 없습니다. 어떤 물리적 법칙이, 어떤 생물학적 법칙이 그의 희생의 필연성을 우리에게 설명해줄 수 있겠습니까? 그의 죽음은 자연의 관점에서 볼 때에는 아무런 필연적 원인도 없이 일어난 일이며, 그런 한에서 도무지 불합리하고 이해할 수 없는 일에 지나지 않는 것입니다.

돌이켜 보면 사람의 일 가운데 도덕성만큼 타율적 강제와 대립되는 것도 없습니다. 그리하여 선한 의지는 자연적 강제의 지배를 거부할 뿐만 아니라 마지막에는 도덕적 강제의 지배조차도 초월하는 것입니다. 설령 콜베 신부가 가조프니체크 중사를 위해 대신 죽지 않았다고 가정한다 하더라도, 누가 그것 때문에 콜베 신부를 부도덕하다고 비난할 수 있겠습니까? 어떤 자연법칙이 그를 죽음으로 내몬 것이 아니듯이, 어떤 도덕법칙도 그에게 남을 위해 대신 죽어야만 한다고 명령하지 않는 것입니다.

선이란 그런 것입니다. 그것은 어떤 강제에 의해 어쩔 수 없이 발생하는 것이 아닙니다. 선은 어떤 타자적 원인에 의해 떠밀려 생겨나는 것이 아닙니다. 그럼에도 불구하고 우리가 군이 선의 원인을 말하려 한다면, 선의 원인은 선 자신이라고 말할 수 있을 뿐입니다. 그것은 이른바 자기원인(causa sui)인 것입니다.

칸트는 선한 의지의 이러한 자발성(自發性)을 표현하기 위해 그것을 자유의지(freier Wille)라고 불렀습니다. 우리가 행하는 모든 선은 우리 자신의 자유로운 의지의 소산입니다. 그리하여 왜 선하게 살아야 하는가라는 물음은 어리석고 부질없는 물음입니다. 선의 본질적인 면에서 보았을 때에는 아무것도 그리고 누구도 나에게 선하게 살아야 한다고 강요하지 않습니다. 따라서 선하게 살아야만 할 필연적인 이유, 악을 행해서는 안 될 객관적 이유 같은 것은 애당초 존재하지 않는 것입니다. 어디서 시작해서 어디를 향해 가는지 알 수 없는 무한한 우주의 역사 속에서 인간은 아무런 특별한 존재도 아닙니다. 게다가 복제 양이나 복제 송아지처럼 복제 인간의 출현이 현실로 다가온 오늘날, 자연 속에서 인간의 존재를 두고 특별한 지위를 부여하려 하는 것은 더욱 어리석은 일처럼 보입니다. 원숭이나 개의 존재가 약육강식의 법칙, 적자생존의 법칙에 의해 지배되듯, 인간의 삶 역시 그와 달라야 할 아무런 이유도 없습니다. 따라서 1980년 권력을 차지하기 위해 광주 시민들에게 총부리를 겨누었던 사람들이나, 1930년 남경에서 비무장한 시민들을 누가누가

빨리 더 많이 죽일 수 있는지를 내기하던 일본 군인들이나 또는 수백만의 유대인을 까닭없이 학살했던 히틀러나, 아무런 목적도 의미도 없이 왔다가는 영겁의 시간 속에서 볼 때 비난받아야 할 이유 또한 아무것도 없는 것인지도 모릅니다. 사자에게 잡아먹히는 토끼가 불쌍하다 하여 사자를 부도덕하다 비난할 수 없듯이, 강한 자가 자기의 이익을 위해 약한 자를 학대한다 한들 누가 무슨 이유로 그들을 만류하거나 비난할 수 있겠습니까? 선을 반드시 행해야 할 이유, 악을 반드시 행하지 말아야 할 이유, 그런 이유는 없습니다.

그럼에도 불구하고 인간의 역사 속에는 막시밀리안 콜베 같은 사람이 있어 왔고 또한 앞으로도 있을 것입니다. 해수욕장에서 물에 빠진 어린이를 구해내고 자기는 탈진해 숨져가는 고등학생이 있을 것이고 불이 난 집 안에 갇혀 있는 치매 걸린 늙은 시어머니를 구해내기 위해 화상을 무릅쓰고 불길 속으로 뛰어드는 가난한 초로(初老)의 아낙네가 있을 것입니다. 그리고 그런 한번의 영웅적 행위가 아니라 하더라도, 하늘을 우러러 한점 부끄럼 없기를 바라는 마음에 잎새에 이는 바람에도 괴로워하는 젊은이들이 있을 것입니다. 아무런 까닭도 없이……. 그들에게 왜라고 묻는 것은 어리석은 일입니다. 선은 아무런 까닭도 없이 우리를 사로잡습니다. 이런 의미에서 선한 의지는 자유로운 의지인 것입니다.

자유로운 결단과 타율적 강요 |

도덕처럼 타율이나 강제와 어울리지 않는 것은 없습니다. 도덕은 인간의 근원적 자유의 표현입니다. 시간과 공간 속에서 존재하는 자연적 세계의 시민으로서 인간은 다른 모든 존재자들과 마찬가지로 자연법칙의 지배 아래 있습니다. 자연법칙은 예외를 허락하지 않습니다. 그리고 이 법칙 앞에서 인간은 오직 순종하고 복종할 수 있을 뿐입니다.

그러나 놀랍게도 인간의 도덕적 의지는 분명히 이 세계에서 일어나는 사건임에도 불구하고 시간과 공간 또는 그 속의 물질 어디에도 뿌리를 두고 있지 않습니다. 선한 의지는 피할 수 없는 자연법칙에 따른 강제에 의해 발생하는 것이 아니라, 궁극적으로는 인간의 자유로운 결단에 따라 발생하는 것입니다. 참된 의미에서 선한 의지는 외적 원인에 의해 어쩔 수 없이 강제되어 선을 욕구하는 것도 아니고, 다른 어떤 이익을 바라고 선을 욕구하는 것도 아닙니다. 선한 의지는 오직 선을 위해 선을 욕구하는 것입니다. 그러나 선이란 수소나 산소처럼 자연에 속하는 원소가 아닙니다. 선한 의지는 자연 속에 깃들이기는 하나 자연에서 온 것은 아닙니다. 그리하여 선한 의지는 자유로운 의지로서, 필연적 인과관계의 사슬에 얽매여 있는 자연적 사물들에게는 동화될 수 없는 영원한 이방인인 것입니다.

이처럼 선한 의지가 본질적으로 자유로운 의지라는 것을 표현하기 위해 칸트는 "자유로운 의지와 도덕법칙 아래 있는 의지는 같은 것"이라고 말합니다.[2] 선한 의지는 도덕법칙 아래 있습니다. 그것은 도덕법칙을 따르는 의지입니다. 그러나 선한 의지가 도덕법칙을 따른다는 것은 태양계가 만유인력의 법칙을 따르는 것과 같지 않습니다. 태양계는 피할 수 없는 강제에 의해 합법칙적으로 운동합니다. 그러나 의지가 도덕법칙을 따르는 것은 그런 종류의 강제 때문이 아닙니다. 만약 태양계가 만유인력의 법칙을 지키지 않는다면 태양계 자체가 파괴되고 말 것입니다. 그런 한에서 태양계가 존재하는 한 그것은 만유인력의 법칙의 지배 아래 있을 수밖에 없습니다. 그러나 도덕법칙과 우리의 의지의 관계는 그와 같지 않습니다. 우리의 의지는 도덕법칙을 따를 수도 있고 따르지 않을 수도 있습니다. 그리고 우리가 도덕법칙을 따르느냐 따르지 않느냐를 결정하는 것은 법칙이 아니라 우리의 의지입니다. 어떤 일이 아무리 마땅한 일이라 하더라도 의지가 원하지 않으면 그만입니다. 그러므로 의지가 도덕법칙을 따르는 것은 어떤 강제 때문이 아니라 의지의 자발적 결단에 의한 것입니다.

선한 의지가 도덕법칙을 따르는 것은 오직 도덕법칙에 대한 존경심 때문입니다. 그런데 여기서 선한 의지가 따로 있고 법칙에 대한 존경심이 따로 있는 것은 아닙니다. 도덕법칙에 대한 존경, 다시 말해 선에 대한 존경심 그 자체가 곧 선한 의지인 것입니다. 따라서 선한 의지가 도덕법칙에 대한 존경심 때문에 생긴다는 것은 어떤 타율적인 인과성을 표현하는 말이 아닙니다. 그것은 그냥 같은 것을 다른 말로 표현한 것과도 같습니다. 그러니까 선한 의지란 우리 내면의 자유로운 결단에 의해 발생하는 것입니다.

이와 마찬가지로 의지가 도덕법칙을 따른다는 것은 자동차 운전자가 처벌이 두려워 교통법규를 지키는 것이나, 학생이 처벌이 두려워 교칙을 지키는 것과도 다릅니다. 어떤 학생이 아무리 교칙을 잘 지킨다 하더라도, 그것이 도덕적 법칙에 대한 자발적인 존경심에서 비롯된 것이 아니라 단지 처벌에 대한 두려움에서 비롯된 것이라면, 그의 품행이 아무리 모범적이라 하더라도 그것은 아무런 도덕적 가치도 가질 수 없습니다. 도덕은 공포나 비굴함과 같은 핏줄에서 태어난 것이 아닙니다. 그 모든 것들은 노예에게 어울리는 것이지만, 참된 도덕과 참된 선은 오직 자유로운 정신에게만 깃들이는 것이기 때문입니다.

그러나 우리 사회에서 도덕은 언제나 자유로운 결단으로 이해되기보다는 외적 권위에 대한 순종과 예의로 이해되어왔습니다. 우리는 어릴 적부터 가정이나 학교에서 자유인의 긍지를 배우고 도덕적 법칙에 대한 거짓 없는 존경과 선에 대한 내면적 동경을 키우기보다는, 타율적 권위 앞에서 순종하는 것이 생존을 위해 가장 영리한 선택이라는 처세술을 영악하게 터득할 뿐입니다. 이런 사회 속에서 진정한 도덕이 뿌리내리는 것은 참으로 어려운 일입니다. 노예는 주인이 회초리를 들고 감시할 때에는 비굴하게 굽신거리며 법과 규범을 지키는 시늉을 하지만 감시의 눈이 없는 곳에서는 규범 없는 무질서 상태에 빠져들게 됩니다. 그들에게 도덕적 규범이란 남의 눈이나 남의 강요 때문에 어쩔 수 없이 따라야 하는 타율적인 강제에 지나지 않습니다. 그런 까닭에, 타율적 강제가 없어지는 순간 그들은 아무런 양심의 가책 없이 도덕적 법칙을 외면하는 것입니다.

돌이켜 보면 우리 사회는 도덕적 문제에 관해서 볼 때 매우 심각한 악순환에 빠져 있습니다. 우리 사회에서 도덕은 인간의 존귀한 자유의 표현이라기보다는 밖에서 주어지는 타율적인 강제의 체계에 지나지 않습니다. 우리는 어릴 적부터 너무도 많은 것을 아무런 까닭도 모른 채 하지 말아야 한다고 강요받으며, 동시에 너무도 많은 것을 까닭없이 해야 한다고 강요받습니다. 그도 그럴 것이 우리 사회에서 도덕이나 당위적 규범의 근본관심은 인간의 자유의 실현에 있는 것이 아니라, 언제나 가정이나 사회 또는 국가의 통합과 획일적 질서 유지를 핑계삼아 개인의 자유를 억압하는 데 있었기 때문입니다. 그리하여 도저히 도덕적 가치를 가질 수 없는 명령들이 당위적 규범의 형태를 띠고 개인에게 강요됩니다.

"5) 옷과 몸에는 액세서리 사용을 금한다." "7) 머리는 단발머리나 긴머리로 한다." "9) 머리핀과 머리띠, 고무줄은 장식이 없는 감색, 검정색, 진한 밤색만을 사용한다." "11) 스타킹을 신을 때, 검정 스타킹에는 검정색 양말을, 살색 스타킹에는 흰 양말을 받쳐 신는다(살색 스타킹은 학생용 스타킹만 신는다)."

이것은 서울에 있는 어느 여자중학교에서 학생들의 복장을 규정하기 위해 만든 규칙의 일부를 옮겨본 것입니다. 복장에 대한 열한 개의 규칙 아래는 결론처럼 이런 말이 적혀 있습니다. "바른 용의와 복장은 몸과 마음가짐을 바르게 한다.” 참으로 편견과 위선으로 가득 찬 말이 아닐 수 없습니다. 이런 터무니없는 편견과 위선 아래서 멀쩡한 학생들이 단지 액세서리를 몸에 걸쳤다는 이유 때문에 마음가짐이 비뚤어진 사람으로 매도됩니다. 이런 사회에서 당위적 규범이나 도덕적 법칙들은 자발적인 존경의 대상이 아니라 역겨운 혐오의 대상이 될 수밖에 없습니다. 그리고 이런 경우에는 당위적 규범이나 윤리를 따르는 것이 아니라, 그것들을 거부하고 거스르는 것이 인간의 자유의 표현이 될 것입니다. 이야기가 이 지경에 이르게 되면 모든 것이 뒤죽박죽이 되어 도덕도 인간의 자유도 정체를 알 수 없는 괴물이 되고 마는 것입니다.

이런 혼란은 비단 청소년들의 삶 속에서만 일어나는 것이 아닙니다. 그렇게 도덕 아닌 도덕에 길들여져 성장한 어른들이라 해서 사정이 달라질 까닭이 없습니다. 연극 공연장에서 여배우가 심하게 몸을 노출시켰다 해서 검찰이 배우나 연출자를 입건한다는 둥 구속한다는 둥 법석을 떠는 나라가 지구상에서 우리 나라를 제외하면 몇 나라나 되겠습니까? 또는 영화에서도 그저 배우들의 노출이 지나치면 앞뒤 문맥 가릴 것 없이 가위질을 하는 나라 또한 한국을 제외하면 몇 나라 되지 않을 것입니다. 그러나 세상에 어떤 나라가 우리처럼 이발소에서 매춘을 할 수 있으며 시골 다방에서 커피를 주문하면서 매춘을 할 수 있겠습니까? 눈에 보이는 곳에서는 모든 것이 금지되고 눈에 보이지 않는 곳에서는 모든 것이 허용되는 사회가 우리 사회입니다. 이런 곳에서 도덕은 위선과 같은 말이 되어버립니다. 남이 보는 곳에서는 온갖 근엄한 표정을 지어 보이면서, 남의 눈이 보이지 않는 곳에서는 온갖 추한 일이 벌어지는 사회, 그러면서도 아무런 수치를 모르는 사람들, 그것이 우리 사회요 우리들인 것입니다.

이런 사회에서는 대개 당위적 규범이나 윤리적 법칙들이 아무런 존경심도 불러일으키지 못하는 불합리하고 부조리한 것들투성이입니다. 그도 그럴 것이 이런 사회에서 윤리적 법칙이라 통용되는 규범들은 태반이 한낱 강제를 위한 강제요 규제를 위한 규제이기 때문입니다. 그러나 법칙과 규범이 불합리하고 우스꽝스러운 것일 경우에 개인은 당연히 그것에 대해 존경심을 느끼기는커녕 참을 수 없는 혐오감만 갖게 됩니다. 그리고 사회가 강요하는 당위적 규범이나 법칙에 대해 아무런 존경심도 느끼지 않으니까, 사람들은 어떠한 양심의 가책도 없이 법칙과 규범을 어기게 됩니다. 이렇게 당위적 규범이 웃음거리와 냉소의 대상이 되며, 법칙과 규범을 어기는 것이 아무런 거리낌이 없는 사회에서는 참된 도덕과 사이비 도덕이 명확히 구별되지 않고, 그 결과 참된 도덕적 법칙까지도 사이비 도덕과 함께 냉소의 대상으로 전락하고 맙니다. 그래서 사람들은 일삼아 규범을 어기게 되고, 사람들이 규범을 지키지 않으니까 그런 사람들을 통제하기 위해 규범은 더욱 경직되고 강압적이 되는 것이 이런 사회의 도덕적 악순환입니다.

예를 들어 운전자가 교통법규를 지키는 것은 당연하고도 마땅한 일입니다. 그것은 누가 보든 보지 않든 지켜야 할 규칙이라 할 수 있습니다. 그런데 사람들이 사회가 강요하는 규칙을 어기는 데서 자유를 느끼는 우리 사회에서 운전자는 경찰이 보이면 법규를 지키고 보이지 않으면 지키지 않습니다. 그러면서 경찰의 함정 단속만 원망합니다. 단속을 하든 말든 스스로 법을 지켜야 하고 또 법을 지키면 단속받을 일도 없는 것을 두고, 스스로 규칙을 지키지 않는 것은 부끄러워하지 않으면서 함정 단속만 원망하는 사람들이 우리입니다. 물론 운전자에게만 책임이 있는 것은 아닙니다. 단속하는 경찰은 안전을 위해 운전자를 계도하기보다는 단속건수를 채우기 위해 도리어 운전자가 법규를 위반하는 것을 숨어서 기다립니다. 그리고 그런 경찰이 얄미운 운전자는 이제는 확신을 가지고 교통법규를 위반합니다. 이것이 입만 열면 선진국을 노래하는 우리들의 슬픈 자화상인 것입니다.

　이 모든 일이 도덕에 대한 근본적 오해에서 비롯되었습니다. 도덕은 외적 강제에 대한 비굴한 복종이 아닙니다. 물론 선한 의지는 도덕적 법칙의 구속 아래 있습니다. 그런 한에서 선한 의지가 타율적 강제 아래 있는 것처럼 보이고, 또한 도덕의 본질이 타율적 강제에 존립하는 것처럼 보입니다. 그러나 그것은 겉보기에 그럴 뿐입니다. 선한 의지가 도덕적 법칙을 지키는 것은 어떤 외적인 강제나 처벌에 대한 두려움 때문이 아닙니다. 선한 의지는 오직 도덕법칙에 대한 거짓 없는 존경심 때문에 자유로운 결단에 따라 스스로 보편적 도덕법칙을 자기의 행위원칙(준칙)으로 삼는 것이기 때문입니다. 그리고 이렇게 도덕이 자유로운 의지의 발로일 때에만, 그것이 참된 도덕일 수 있는 것입니다.

사이비 도덕에 대한 투쟁

　이런 의미에서 지금 우리에게 절실히 필요한 것은 참된 도덕을 살리기 위해 사이비 도덕을 타파하는 일입니다. 참된 도덕은 인간의 자유의 표현이지만, 사이비 도덕은 자유를 억압하는 타율적 강제에 지나지 않습니다. 여기서 어떤 당위적 규범이 참된 도덕인지 아니면 사이비 도덕인지를 알려면, 우리는 자기 자신에게 주어진 규범에 대해 거짓 없는 존경을 느낄 수 있는지 없는지를 물어보기만 하면 됩니다. 만약 우리가 어떤 규범에 대해 참을 수 없는 혐오감만을 느낄 뿐 어떠한 자발적 존경심도 느낄 수 없다면, 우리는 이제 그런 종류의 타율적 규범을 용기 있게 거부하는 것을 배우지 않으면 안 됩니다. 아닌 것을 아니라고 부정할 수 있는 용기를 가진 사람만이 마땅히 긍정해야 할 것을 주저없이 긍정하는 결단의 힘을 보여줄 수 있습니다. 그리고 저항해야 할 것에 대해 저항하는 용기를 가진 사람만이 존경을 바치고 복종해야 할 것에 대해 흔들림 없이 순종할 수 있는 것입니다.

생각하면 20세기 후반에 서양 사람들은 60년대의 학생운동을 통해 기존의 도덕에 대해 심각한 의문을 던졌으며 중국인들은 문화혁명을 통해 기존의 규범에 대해 과격한 비판을 수행하였습니다. 우리는 그런 남의 역사를 보면서 기껏해야 소득 없는 혼란과 무질서를 먼저 떠올리지만, 사실 역사는 많은 부작용에도 불구하고 그런 종류의 자기비판을 통해 새로워지는 것입니다. 그러나 우리는 20세기 격동하는 역사의 소용돌이 속에서 나라를 잃고, 또 해방이 된 뒤에는 조국이 분단되는 엄청난 비극을 겪으며 살아왔으면서도 역사의 흐름에 타율적으로 자기를 내맡길 뿐, 한 번도 기존의 가치와 도덕규범을 변화된 현실 속에서 주체적으로 철저히 비판해보지 못했습니다. 그리하여 그 엄청난 역사의 단절과 굴곡을 겪었음에도 불구하고 우리는 우리의 전통적 윤리도덕 가운데서 무엇이 여전히 보존되어야 할 규범이며 무엇이 철저히 타도되어야 할 사이비 도덕인지 치열하게 되묻지 않은 채, 막연히 '미풍양속'에 의지해 새 나라를 이루려 했으며, 21세기가 눈앞에 닥친 오늘에도 역시 우리가 추구해야 할 참된 도덕과 선은 무엇이며, 우리가 벗어던져야 할 사이비 도덕의 굴레는 무엇인지에 대한 진지한 반성 없이 Y2K문제만 해결하면 새시대는 저절로 오기라도 한다는 듯이 치명적인 정신의 게으름에서 헤어날 줄 모르고 잠들어 있는 것입니다.

그러나 인간의 역사에서 이런 종류의 무임승차는 허용되었던 적이 없습니다. 어떤 시대든 역사를 이끌어가는 주체는 스스로 자기 삶의 주인이 되려 애썼던 자유인들이었습니다. 그리고 인간의 자유는 우리가 무엇을 해야 하며 무엇을 하지 말아야 할 것인지를 타인의 강요에 의해서가 아니라 스스로의 자유로운 판단에 따라 결단하고 의욕할 때 비로소 가능해지는 것입니다. 이런 의미에서 한 겨레의 자유와 주체성은 고착된 관습과 미풍양속에 대해 그리고 모든 자명한 규범에 대해 과연 그 모든 것들이 내가 거짓 없는 존경을 바칠수 있는 가치를 갖는 규범인지 아닌지를 근본에서 스스로 되물어보는 정신의 용기와 활달함을 통해 표현되고 또 실현된다 하겠습니다.

우리는 오랫동안 관습적으로 주어지는 미풍양속에 대한 순종을 최고의 미덕으로 알고 살아왔습니다. 그러나 순종은 노예를 위한 덕목은 될 수 있어도 자유인을 위한 덕목은 될 수 없습니다. 참된 선과 참된 도덕에 대하여 진정으로 복종할 수 있기 위해서는 사이비 도덕에 대한 비굴한 순종을 거부할 수 있는 용기가 필요합니다. 돌이켜보면 우리는 자유를 외적인 억압으로부터의 해방으로만 이해해왔습니다. 동학 농민전쟁으로부터 최근의 광주항쟁에 이르기까지 우리는 정치적 자유를 위해서라면 죽음도 두려워하지 않는 영웅적인 용기를 보여주었던 민족입니다. 그러나 자유를 언제나 법적·정치적 차원에서만 이해할 뿐, 양심과 의지의 차원에서 자유를 추구하는 데게을렀던 까닭에 우리의 정치적 투쟁과 혁명은 때마다 미완성으로 끝날 수밖에 없었습니다. 그것은 우리가 눈에 보이는 억압의 사슬을 피흘려 끊어낸 뒤에도, 안타깝게도 눈에 보이지 않는 타율적 규범의 사슬에 여전히 사로잡혀 있었기 때문입니다. 우리는 눈에 보이는 억압의 사슬에 대해서만 분노했을 뿐, 눈에 보이지 않는 타율적 강제의 사슬이 얼마나 우리를 부자유스럽게 하는지에 대해서는 생각조차 해본 일이 없었던 것입니다.

이제 그 오랜 세월 동안 피흘려 얻은 자유의 불씨를 다시 꺼지지 않게 하고, 참된 자유인으로서 이 땅에 살기 위하여 눈에 보이지 않는 모든 사슬을 용기 있게 끊어내야 할 때입니다. 이를 위해 우리는 종교의 이름으로, 또는 전통과 미풍양속의 이름으로, 또는 법률과 규칙의 이름으로 우리의 자유로운 의지를 억압하고 제한하려 하는 모든 종류의 사이비 도덕에 대하여 정직하게 되묻지 않으면 안 됩니다. 과연 그 모든 규범들에 대하여 내가 진심으로 거짓 없는 존경을 바칠 수 있겠는가? 그렇지 않다면, 이제 우리는 그 모든 사이비 윤리 도덕에 대해 아니라고 말해야 합니다. 우리의 20세기는 눈에 보이는 사슬을 끊어내기 위한 투쟁으로 시작되었습니다. 우리의 21세기는 눈에 보이지 않는 부자유의 사슬을 끊어내기 위한 정신의 투쟁으로 시작되어야 합니다. 모든 자유는 의지와 양심의 자유에 뿌리박고 있지 않을 때에는 뿌리 뽑혀 허공에 있는 것과 같고, 뿌리 뽑혀 어디서도 양분을 얻지 못하는 자유는 곧 다시 말라죽을 수밖에 없기 때문입니다.[3]

도덕적 절망과 종교

도덕의 존엄성과 허무 |

　참된 도덕은 인간 의지의 근원적 자유의 표현입니다. 그리고 도덕이 인간의 근원적 자유에 뿌리박고 있는 한에서, 도덕의 원천은 자연적 세계 속에 있는 것일 수 없습니다. 모든 일어나는 사건들이 필연적인 법칙에 따라 원인과 결과의 연쇄 속에서 피할 수 없이 강제되어 일어나는 자연적 세계 속에서, 인간의 도덕적 의지는 실로 이해할 수 없는 이물질이며 놀라운 신비입니다. 자연적 세계 속에 존재하는 모든 것은 자연의 규칙에 일방적으로 종속되어 있습니다. 인간 역시 자연적 세계 속의 한 구성원으로서 자연법칙의 지배에 순종하지 않으면 안 됩니다. 그러나 인간이 도덕법칙을 따를 때, 이 법칙 아래 있는 인간은 더 이상 자연적 세계의 백성에 속하지 않습니다. 왜냐하면 도덕법칙은 자유의 법칙으로서 자연의 법칙을 초월하는 것이기 때문입니다. 그리하여 우리가 숨을 쉬고 밥을 먹는 유기체로서 이 땅 위에 존재할 때 우리는 자연의 일부요 자연적 세계의 백성이지만, 우리가 선을 의욕하고 도덕법칙의 지배 아래 있을 때, 우리는 더 이상 필연적 강제와 본능에 의해 지배되는 자연계의 신민(臣民)이 아니라, 오로지 자유의 법칙에 따라 움직이는 어떤 초월적 세계의 시민인 것입니다.

사람들은 인간의 존엄성에 대해 말합니다. 그러나 어떤 의미에서 인간은 존엄한 존재입니까? 만약 인간에게 본능과 자연적 강제를 초월하는 도덕적 능력이 없었다면, 인간은 자연 속에서 다만 지능지수가 특별히 높은 생물학적 종(種)에 지나지 않았을 것입니다. 그러나 인간은 자기 속에 깃들이는 도덕적 능력으로 인해 무한히 높이 자연을 초월할 수 있습니다. 그리고 인간의 존엄성과 인간의 숭고함은 오로지 도덕적 결단을 통해 이처럼 자연을 초월하는 능력에서 비롯되는 것입니다.

그러나 도덕적 능력 속에서 표현되는 인간의 자유는 한편에서는 인간 정신의 숭고함과 존귀함을 말하는 것이지만, 다른 한편에서 그것은 동시에 도덕적 의지가 처해 있는 어떤 근원적인 허무를 말하는 것이기도 합니다. 한마디로 말해 참된 자유는 언제나 허무와 동전의 앞뒷면처럼 뗄 수 없이 결합되어 있는 것입니다. 인간의 도덕적 자유에 드리워져 있는 허무의 그림자는 구체적으로 두 가지 방식으로 말해질 수 있습니다. 한편에서 그것은 자기 아닌 다른 것에 의해 근거지어지지 않습니다. 선의 근거는 다시 선 자신일 수밖에 없습니다. 우리는 선 때문에 선을 행해야 하며, 선을 위하여 선을 행해야 합니다. 그렇지 않다면 우리의 선한 의지는 불순한 동기에 의해 인도되는 의지이며, 그런 경우에는 참된 의미에서 선한 의지일 수도 없을 것입니다. 참된 선의 경우에는 선의 원인도 선이요, 선의 목적도 선입니다. 따라서 진정한 선에 대해서는 왜라는 물음이 불가능합니다.

우리가 어떤 것에 대해 왜라고 물을 때——즉 그것의 근거를 물을 때——우리는 주어진 어떤 것 밖에서 왜에 대한 대답을 구합니다. 왜 광주항쟁이 일어났는가? 이 물음에 대해 '왜냐하면 광주항쟁이 일어났기 때문이다'라고 대답할 수는 없습니다. 광주항쟁의 원인은 광주항쟁 밖에 있어야 하는 것입니다. 그러나 선의 경우에는 이런 외적 원인이 있을 수 없습니다. 인간을 선하게 만드는 원인도 선이고 선이 지향하고 추구하는 것도 선뿐입니다. 그것은 자기 밖에서 자기의 원인도 자기의 지향하는 목적도 갖지 않습니다. 이런 의미에서 그것은 무근거합니다. 도덕은 자기 아닌 무엇 때문에 있는 것도 아니고, 자기 아닌 무엇을 위해 있는 것도 아닙니다. 그리하여 그것은 아무런 외적 근거도 없이 거기 그냥 있을 뿐입니다. 도덕은 오로지 도덕 자신 때문에 있고, 도덕 자신을 위해 있습니다. 그러니까 그것은 자기가 자기의 원인이요 자기가 자기의 목적입니다. 그것이 자기 원인이며 자기목적이라는 데 도덕의 신성함이 있는 것입니다.

그러나 모든 것을 타자적 근거를 통해 이해하는 우리에게 도덕의 자기원인적 성격과 자기목적적 성격은 나쁜 의미에서 도덕의 무근거성으로 나타납니다. 이러한 도덕의 무근거성은 문자 그대로 도덕이 자기 아닌 어떤 토대에 의해 지탱되지 못하고 절대적 허공에 떠 있다는 것을 뜻합니다. 그리고 도덕이 어떤 확고한 지반에 의해 지탱되지 못하고 허공에 떠 있다고 느낄 때, 우리는 도덕을 허무한 것이라 느끼게 되는 것입니다.

그러나 도덕에 드리운 허무의 그림자는 이것이 전부가 아닙니다. 다른 한편 도덕이 자연을 초월한다는 사실이 우리로 하여금 도덕을 허무한 것으로 느끼게 만듭니다. 선이 선을 낳습니다. 선의 원인도 선이고 선의 목적도 선입니다. 그러나 선의 뿌리는 자연 속에 있지 않습니다. 그리하여 분명히 우리의 이승의 삶 속에서 선이 실현되고 있음에도 불구하고 선은 자연을 초월합니다. 그리고 이러한 선의 초월성 속에 선의 존귀함도 있는 것입니다. 그러나 선이 자연적 세계를 초월한다는 것은 동시에 그것이 자연적 세계 속에서 무기력하다는 것을 뜻하는 것이기도 합니다.

예를 들어 예수는 인간이 도달할 수 있는 선의 극한을 보여주었습니다. 그러나 현실 역사 속에서 그의 선은 무엇이었습니까? 그것은 아무것도 아니었습니다. 그는 선의 완성자였습니다. 그러나 그는 현실의 패배자였습니다. 그리하여 그는 오직 죽음을 통해서만, 다시 말해 이 세계에서 추방됨을 통해서만 선을 완성할 수 있었던 것입니다. 굳이 예수의 예를 들지 않는다 하더라도, 얼마나 자주 우리의 선한 의지는 현실 역사와 불화를 겪습니까? 그리고 얼마나 자주 우리의 선한 의지는 현실에 의해 배반당합니까? 그러나 그것은 조금도 이상한 일이 아닙니다. 애당초 선은 자연적 세계에 속한 것이 아니었기 때문입니다. 한편에서 이것은 선의 비할 나위 없는 고귀함을 뜻하는 것이지만, 다른 한편에서 그것은 선의 무능력을 뜻하는 것이기도 합니다. 선은 이 세계에 뿌리를 두고 있는 것이 아니기 때문에 그것은 이 세계의 질서 속에서는—언제나 그런 것은 아니라 할지라도—무능력한 것일 수밖에 없습니다. 그리고 우리가 이것을 깨달을 때 우리는 허무에 빠지는 것입니다.

도덕과 허무

예수의 생애는 사람이 도덕적으로 산다 해서 그의 삶이 행복하게 되는 것은 아님을 보여주는 전형적인 실례입니다. 우리가 아무리 선하게 산다 하더라도, 그것이 우리에게 행복을 보장해주지는 않습니다. 그리하여 참으로 착하고 선량한 사람이 때로는 바로 그 선량함 때문에 도리어 불행한 삶을 사는 것을 우리는 주변에서 어렵지 않게 볼 수 있습니다. 이런 일은 사회가 타락하고 부도덕한 사회일수록 더욱더 흔한 일인데, 심한 경우에는 한 사람의 선과 의로움이 자기 자신을 불행하게 만드는 것은 물론이고, 자기 자손의 삶까지 불행하게 만드는 경우도 있습니다. 예를 들어 우리 나라에서 일제시대 때 독립운동한 집안은 3대가 망하고 친일했던 집안은 3대가 흥한다는 말이 있습니다. 생각하면 젊은 시절 일본 천황에게— 맙소사! 황제도 모자라 천황(天皇)이라니, 상당히 멋있는 이름이지

요?─충성을 맹세하고 일본군 장교로 독립군 토벌에 기여했던 박
정희 같은 일본 제국주의의 앞잡이가 해방된 조국에서 대통령이 되
는 나라이니, 친일하면 3대가 흥하고 독립운동하면 3대가 망한다는
말이 조금도 이상할 것은 없습니다. 게다가 그런 종류의 인간을 대
통령으로 선출하고 또 지금까지도 대를 이어 숭배하는 사람들이 바
로 우리들 자신이니, 선과 악 그리고 의로움과 불의함에 대해 이토
록 왜곡된 가치관을 가지고 사는 사람들이 모여사는 사회가 어떻게
건강할 수 있겠습니까?

　이처럼 선하고 의로운 사람들이 도리어 불행해지는 곳에서 도덕
적 허무주의가 독버섯처럼 자라나는 것은 정해진 이치입니다. 나는
오래 전 나의 학창시절 『대화』라는 월간지에서─그때는 박정희가
저답게 일본 사람 흉내내어 유신이다 뭐다 하며 법석을 떨던 때였는
데, 이 월간지는 나온 지 일년도 못 되어 폐간되었습니다─한쪽 팔
이 없는 30대 중반의 창녀가 어린 딸에게 우유를 먹이는 사진을 보
았던 적이 있습니다. 그 창녀는 그때로부터 16년 전 4 · 19 때 여고
생으로 데모에 참여하여 경찰이 쏜 총에 팔을 잃었던 여인이었습니
다. 카메라 앞에서 얼굴을 정면으로 보이지 않기 위해 모로 앉은 그
여인의 모습은 선과 정의가 처절하게 능욕받고 멸시받는 우리 사회
의 자화상이었습니다. 그리고 어쩌면 그 사진은 보는 이에게 '선하
게 살지 말라! 정의의 길을 따르지 말라! 그 모두 헛되고 부질없는
일이다!'라고 말하고 있는 듯하였습니다. 선과 정의가 헛되고 부질
없는 일이라는 것, 이것이 도덕적 허무주의입니다. 그리고 선한 의
지가 그렇게 자주 조롱과 멸시에 내맡겨지는 우리 사회에서 도덕적
허무주의는 많게든 적게든 우리들 모두의 마음을 지배하는 굳건한
세계관일 것입니다.

　어떤 경우이든 자기 자신의 행복을 위해 선을 추구하는 것은 도
덕적 가치를 얻을 수 없습니다. 선은 결코 행복이나 이익을 위한 수

단이 될 수 없기 때문입니다. 하지만 그렇다고 해서 선한 사람이 불행하게 사는 것이 도덕적으로 마땅하고 정당한 일이라고 말할 수는 없습니다. 만약 어떤 사람이 자기의 이익과 행복을 위해 선을 추구한다면, 그때 그의 선은 그 자체로서 위선적이고 가식적인 것이요, 처음부터 어떤 도덕적 가치도 가질 수 없을 것입니다. 그러나 어떤 사람이 그의 내면적 마음가짐에 있어서 어떠한 이기심도 없이 오로지 순수한 양심의 소리에 이끌려 선을 실천했음에도 불구하고 그가 행복한 삶을 살기는커녕 도리어 그의 양심으로 인해 박해와 멸시를 받는다면, 우리는 누구도 이런 상황이 도덕적으로 정당한 상태라고 생각할 수 없을 것입니다. 다시 말해 이런 경우 우리는 선이 주관적으로는 완전할지 모르나 객관적으로는 불충분하고 불완전하다고 느낄 수밖에 없는 것입니다. 한마디로 말해 내가 나의 행복을 위해 선을 추구한다면, 이는 위선이요 악덕이지만, 내가 모든 선량한 사람이 그의 선량함에 비례하여 행복하게 살기를 바란다면, 이는 너무도 정당한 도덕적 요구인 것입니다.

그러나 현실은 이러한 우리의 정당한 도덕적 요구에 따라 주지 않습니다. 그리하여 예수처럼 지극한 선을 실천한 사람이라도 십자가에 매달려 죽을 수 있는 것이 우리가 사는 이 세상인 것입니다. 칸트는 이처럼 도덕적 선의 주관적 실천과 객관적 완성을 구별하기 위하여 앞의 것을 '최상의 선'(das oberste Gut)이라 부르고 뒤의 것을 '최고의 선'(das höchste Gut)이라 불렀습니다.[4] 최상의 선은 선의 주관적 실천의 최고 단계를 뜻합니다. 이에 반해 최고의 선은 앞에서 말했듯이 주관적 선의 정도에 비례하여 행복이 결합되어 있는 상태, 또는 순수한 덕과 행복의 결합을 뜻합니다.

그런데 우리가 사는 이 세계에서 도덕적 선은 행복의 필연적 원인일 수 없습니다. 그렇기는커녕 우리의 선은 너무도 자주 우리를 불행하게 만드는 것입니다. 그리하여 인간 세계에서 최고의 선은 원칙적으로 꿈과 이념으로만 남아 있을 뿐입니다. 그 까닭은 우리가 앞에서 이야기했던 것처럼 도덕적 선이 자연적 세계 내에 그 뿌리를 두고 있지 않은 어떤 이물질과도 같은 것이기 때문입니다. 선이 자연적 세계 내에서 이물질과 같은 것이며, 그 자체로서 자연적 세계를 무한히 초월하는 신비한 능력이라는 것은 한편에서는 선의 비할 나위 없는 존귀함을 뜻하는 것이지만, 다른 한편에서는 그것은 자연적 세계 내에서 선의 무기력함을 뜻하는 것이기도 합니다.

선을 열망하는 영혼은 이 세계 속에서 완전한 선이 실현되기를 바랍니다. 그리하여 모든 불의가 사라진 땅에서 선한 사람들이 슬픔 없이 살기를 바라는 것은 모든 선량한 사람들의 간절한 소망일 것입니다. 그러나 선이 우리가 사는 자연적 세계와는 본질적으로 이질적인 것이어서, 우리가 주관적으로 선하게 살기 위해 아무리 애를 써도 그 선이 객관적으로는 여전히 불완전하고 불충분한 것으로 머무를 수밖에 없다면, 다시 말해 나에게서나 남에게서나 선의 주관적 실천과 객관적인 삶의 행복이 일치하지 않는다면, 우리는 어떻게 해야 하겠습니까?

여기서 문제는 내가 선을 실천함으로써 얼마나 행복해질 수 있느냐 하는 것이 아닙니다. 선한 의지란 보편적 선의 실현을 위해서 자기 자신의 행복을 기꺼이 스스로 제한하고 희생하려는 마음씨에 존립하는 것이기 때문입니다. 그러나 이렇게 자기를 돌보지 않고 오로지 이 세계에서 보편적 선이 온전히 실현되고 또 완성되기를 열망하는 선한 영혼에게, 자연적 세계 내에서 최고선은 끝내 실현될 수 없는 이념에 지나지 않는다는 말은 마치 사형선고와 같은 절망과 좌절을 뜻하는 말일 것입니다. 만약 최고선이 이 세계에서 온전히 실현될 수 없다면, 그리하여 우리가 모든 선한 사람이 그 선에 합당하게 행복하게 사는 것을 보는 것이 원칙적으로 불가능한 일이라면, 언제까지 땅 위에서 죄없는 사람들이 박해받아야 하며, 선량한 사람들이 그들의 선량함 때문에 고통과 불행 가운데 있어야 한단 말입니까? 우리가 어떤 일을 하든, 우리는 언제나 우리가 추구하는 일이 실현 가능하다는 전제 아래 어떤 일을 하게 마련입니다. 그리하여 어떤 사람이라도 처음부터 불가능한 일인 줄 알면서 어떤 일에 시간과 정력을 쏟아부으려 하지는 않을 것입니다. 그러나 만약 선한 의지가 궁극적으로 지향하는 최고선을 실현하는 것이 원칙적으로 불가능하다면, 그때도 우리는 자기를 돌보지 않고 선을 추구할 수 있겠습니까? 아마도 이것은 불가능한 일은 아니라 하더라도, 결코 그렇게 쉬운 일은 아닐 것입니다.

우리가 이 세계에서 선한 의지가 얼마나 무기력한가를 느낄 때, 우리들은 도덕적 좌절과 절망을 경험합니다. 그리고 도덕적 절망이 치유할 수 없을 정도로 깊어지면, 그것은 도덕적 퇴폐와 허무주의를 낳습니다. 내가 선하게 살기 위해 애써보았자 나 자신만 피곤할 뿐 딱히 세상이 달라질 것도 없다는 생각이 우리를 도덕적 허무주의로 이끄는 것입니다. 이렇게 도덕에 대한 냉소와 무관심이 사회에 만연하면, 그런 사회에서 도덕적 관심과 열정은 점점 더 낯설고 이질적인 것이 되며, 그 결과 그 사회 자체가 실제로 점점 더 깊은 도덕적 타락의 수렁 속으로 빠져드는 것입니다.

도덕에 대한 무관심과 허무주의가 낳는 이러한 악순환을 방지하기 위해 철학자들은 사람들에게 여러 가지 방식으로 희망을 말하려 했습니다. 그것은 우리가 선하게 사는 것이 결코 헛된 일이 아니며, 최고선의 이상 또한 한갓 꿈속에서만이 아니라 우리가 사는 현실 속에서 실현될 수 있다는 희망을 뜻합니다. 이런 희망을 말했던 철학자들 가운데 대표적인 사람이 20세기 공산주의 운동의 창시자였던 마르크스(Karl Marx)였는데, 그는 역사가 참된 완성을 향해 진보한다는 것을 '과학적으로' 증명할 수 있다고 주장했었습니다. 쉽게 말해 그는 사람들이 꿈꾸는 낙원으로서의 공산주의적 사회가 역사 속에서 실현되는 것이 역사의 발전법칙에 따라 필연적으로 결정된 일이라고 주장했던 것입니다. 그는 이런 주장을 통해 사람들이 흔들리지 않는 확신을 가지고 공산주의 건설을 위한 혁명의 대열에 동참하도록 독려했습니다.

그러나 칸트는 이 세계를 보다 선하고 정의롭게 만들려는 우리의 모든 도덕적 노력에 대하여 어떠한 현실적 결과도 약속하려 하지 않았습니다. 그의 견해에 따르면 이 세계 내에서 인간의 의지적 결단에 의해 일어나는 일들의 현실적 실현가능성과 불가능성 여부는 의지의 도덕적 마음씨가 어떠하냐에 달려 있는 것이 아니라 단지 자연법칙에 대한 인식과, 자연법칙을 자신의 의도를 위해 이용할 수 있는 물리적 능력에 달려 있는 것이기 때문에, 우리가 아무리 도덕적 법칙을 정확히 지킨다 하더라도 세계 내에서 최고선의 실현에 합당한 행복과 덕의 결합을 기대할 수는 없다는 것입니다.[5] 물론 여기서 칸트의 의도는 이 세계 내에서 최고선을 실현하는 것, 쉽게 말해 땅위의 세계에 하늘나라를 건설하는 것이 절대로 불가능하다는 것을 적극적으로 증명하려는 것은 아니었습니다. 그러나 그는 도덕의 원리와 행복의 원리, 도덕의 원리와 자연적 인과성의 원리의 이질성을 분명히 함으로써, 우리의 도덕적 행위가 땅 위에서 반드시 결실을 볼 수 있다는 희망이 결코 보장된 희망이 아니라는 것을 말하려 했던 것입니다.

이 점에서 칸트는 비극적 세계관의 소유자였습니다. 그는 우리에게 추수에 대한 희망 없이 씨뿌릴 것을 요구합니다. 또는 희망 없이 사랑할 것을, 그리고 보상에 대한 기대 없이 의무를 다할 것을 요구합니다. 한편에서 이것은 그가 선의 순수성을 지키고 싶어했기 때문입니다. 선은 그것이 오직 선 그 자체로부터 선 그 자체를 위해 발생할 때 순수한 것일 수 있습니다. 칸트는 이런 선의 순수성을 지키기 위해 선한 의지로부터 모든 불순한 동기와 희망을 제거하려 하였습니다.

그러나 다른 한편 칸트의 이러한 비극적 세계관은 우리로 하여금 아무것에 대해서도 희망을 갖지 않게 함으로써, 또한 아무것에 대해서도 절망하거나 좌절하지 않게 하려는 철학자의 지혜로운 배려이기도 합니다. 어떤 일이든 기대가 크면 실망도 크게 마련입니다. 80년대 우리 사회를 휩쓸었던 역사적 진보에 대한 열망은 90년대 현실 사회주의 국가들의 붕괴와 더불어 썰물처럼 밀려나고 말았습니다. 그리하여 한때는 타협을 모르는 혁명가 행세를 하던 사람들이 어느 날 갑자기 집권당의 국회의원이 되어 있는 것을 우리는 이른바 문민정부 시대 이래 심심치 않게 보아왔습니다. 그러나 그보다 더욱 슬픈 일은 그런 몇몇 사람들의 행태가 아니라, 80년대 우리 사회를 휩쓸었던 진보에 대한 지나친 기대가 좌절당하면서 그에 대한 반작용으로 90년대에 우리 사회에 나타난 도덕적 상대주의와 허무주의를 보는 일입니다.

한때 내일 모레 이 땅에 천년왕국이 도래하기라도 할 것처럼 사람들이 희망에 차 있었을 때에는 모두가 다 혁명가인 것 같더니, 어느새 그 많던 혁명가와 애국지사들 다 어디로 갔는지 찾을 길 없고, 지금은 세상을 지배하는 야수적 자본주의의 논리 앞에서 모든 참된 진보에 대한 열정이 냉소에 붙여질 뿐입니다. 그러나 세상에 대하여 맹목적인 기대에 사로잡히지도 않고, 또한 그 때문에 세상일에 대해 돌이킬 수 없이 절망할 필요도 없는 칸트주의자의 눈에는 사람들이 거짓 선지자들의 선전에 속아 내일 모레 당장 지상낙원이 이루어질 것처럼 열광하는 것도 딱한 일이지만, 그들의 헛된 기대가 실현되지 않았다 해서 정의와 선을 향한 동경과 열정 그 자체를 포기하는 것은 더욱 안타까운 일입니다. 그렇게 외적 조건에 따라 좌우되는 선한 의지라면, 그것은 참된 의미에서 선한 의지일 수 없습니다. 그러나 현실상황이 어떻든 오직 선 때문에 그리고 오로지 선을 위하여 흔들림 없이 선을 행할 수 있기 위해 우리는 처음부터 현실세계에 대해 절망하는 법을, 기대하지 않는 법을 배우지 않으면 안 됩니다. 다시 말해 참으로 선하게 살기 위해 우리는 추수에 대한 희망 없이 선의 씨앗을 뿌리는 법을, 희망 없이 인간을 사랑하는 법을 그리고 보상에 대한 기대 없이 세계에 대한 우리의 의무를 다하는 법을 배우지 않으면 안 됩니다. 그리고 마지막으로 우리는 그런 비극적 세계관 속에서도 언제나 기뻐하는 법을 배우지 않으면 안 됩니다.

도덕과 종교

칸트는 그렇게 우리에게 현실에 대한 절망을 가르칩니다. 그러나 이것은 그가 우리를 퇴폐로 이끌기 위해서가 아닙니다. 참된 자유는 언제나 허무의 심연 위에서만 운동할 수 있습니다. 그리하여 칸트는 우리에게 이 세계에서 외부 상황에 의해 흔들리지 않고 참으로 선하게 살기 위해 현실에 대한 기대를 제한할 것을 권유하는 것입니다.

그러나 현실에 대해 무엇인가를 기대하는 것과 현실에 대해 무엇인가를 바라는 것은 별개의 문제입니다. 우리가 현실에 대해 아무것도 객관적으로 기대하지 않는다 하더라도, 그 때문에 우리가 현실에 대해 아무것도 주관적으로 바라지 않는 것은 아닙니다. 그리하여 사랑하는 남편을 잃은 아내는 세상을 떠난 남편이 다시 돌아오리라고 기대하지는 않겠지만, 그럼에도 불구하고 그를 다시 만날 수 있기를 간절히 바라는 것입니다. 우리의 도덕적 소망도 이와 같습니다. 우리가 현실에서 최고선이 실현될 수 있으리라는 객관적 기대를 갖지 않는다 해서, 단지 그 때문에 우리가 최고선의 실현을 주관적으로도 아예 포기하고 바라지 않게 되는 것은 아닙니다. 그리하여 우리가 플라톤에게서 이미 보았듯이 모든 이상주의의 뿌리는 현실에 대한 깊은 절망입니다. 우리는 어둠에 대해 절망하기 때문에 빛을 갈망합니다. 그러나 마찬가지로 우리는 빛을 갈망하기 때문에 어둠에 절망하는 것입니다. 그리하여 현실에 대한 참된 절망은 우리를 도덕적 퇴폐로 이끄는 것이 아니라 도리어 우리를 선을 향한 더욱 간절한 열망으로 이끕니다.

그러나 빛을 향한 그런 간절한 열망에도 불구하고, 우리가 끝끝내 다 걷어낼 수 없는 이 세계의 어둠 앞에서 우리는 다시 좌절하고 절망합니다. 현실에 드리운 어둠의 완강함에 대하여, 그리고 우리들 자신의 악덕과 허약함에 대하여. 그러나 나와 세계에 대한 그 모든 절망에도 불구하고 선을 향한 우리의 열망이 식는 것은 아닙니다. 도리어 절망이 깊으면 깊을수록 선을 향한 우리의 동경은 더욱 간절해지는 것입니다. 그러나 현실에 대한 절망 속에서 우리가 품는 동경은 현실에 뿌리내리지 못하는 동경입니다. 그것은 어쩔 수 없이 현실을 초월하는 꿈입니다. 우리의 선한 의지가 지향하는 궁극적인 이상은 언제나 현실 너머에 있기 때문입니다.

칸트에 따르면 이처럼 우리의 정신이 완전한 선을 열망하여 현실의 한계를 뛰어넘어 피안의 세계로 들어갈 때, 그때 정신은 종교의 세계에 들어서게 됩니다. 그리고 이렇게 해서 발생하는 종교만이 참된 종교일 수 있습니다. 참된 종교든 사이비 종교든, 모든 종교는 어떤 초월적 대상 또는 피안의 세계를 지향합니다. 그것은 현실이 끝나는 곳에서 종교가 시작되기 때문입니다. 그러나 대개의 경우에는 우리가 현실의 한계를 뛰어넘어 피안의 세계로 초월하게 되는 것은 완전한 선을 실현하려는 우리의 도덕적 열망 때문은 아닙니다. 도리어 독실한 신앙심을 가졌다는 사람들의 행태를 유심히 관찰해보면, 우리는 그들이 현실을 떠나 피안의 세계로 초월하는 까닭이 이기적 욕망 때문이라는 것을 어렵지 않게 확인할 수 있습니다. 즉 대다수의 사람들은 이 세계 내에서는 모두 충족되지 않는 개인적 욕망을 완성하기 위해 피안의 세계를 갈망합니다. 우리는 자기보존이라는 본능적 욕구를 절대적으로 충족시키기 위해서 하늘나라에서의 영생을 바라고, 이 땅에서 겪은 불행을 보상받기 위해 하늘나라에서의 행복을 바랍니다. 그리고 거기서 한걸음 더 나아가 땅 위의 적들에 대한 우리의 복수심을 충족시키기 위해 우리는 천당 밑에 지옥을 만들기까지 하는 것입니다. 우리는 이 모든 우리의 탐욕스런 환상을 현실화시켜줄 수 있는 보증인으로서 절대자 또는 전지전능한 신을 상정합니다. 그리하여 이런 종류의 신앙에 있어서 신이란 우리의 모든 이기적 욕망의 최종적 지향점인 셈입니다. 우리가 숭배하는 신은 우리 자신의 욕망입니다. 그러니까 우리가 신을 숭배할 때, 우리는 우리의 욕망을 숭배하는 것이며, 이것이야말로 종교의 이름으로 행해지는 우상숭배인 것입니다.

그러나 이처럼 인간의 이기심에서 출발한 신앙이 아무리 순수하고 거룩한 외관을 띠고 나타난다 하더라도 그것은 미신일 뿐 참된 종교일 수 없습니다. 그런 종류의 신앙은 우리가 사는 현실을 신성하게 만드는 힘을 가질 수 없습니다. 왜냐하면 그런 종교는 현실의 욕망을 피안의 세계에 투사한 것에 지나지 않기 때문에, 현실을 성스럽게 하기는커녕 정반대로 모든 성스러운 것들을 현실의 논리 속에서 더럽힐 뿐이기 때문입니다.

이에 반해 참된 종교는 우리가 욕망의 다리를 건너 피안의 세계로 향하는 것이 아니라, 선을 향한 열망에 이끌려 현실을 초월할 때, 비로소 우리의 마음속에 깃들이는 것입니다. 우리가 채워지지 않는 욕망 때문이 아니라 이루어질 수 없는 선 때문에 현실에 절망할 때, 현실에 대한 절망은 우리로 하여금 현실을 뛰어넘어 피안의 세계를 지향하게 합니다. 그러나 똑같은 피안의 세계라 하더라도 이때 우리가 동경하는 피안의 세계는 욕망이 충족된 세계가 아니라 보편적 선이 실현된 세계입니다. 그리고 이때 우리가 숭배하는 신은 우리의 욕망의 총체가 아니라 절대적으로 선한 의지이며 완전한 선의 주체인 것입니다. 그러니까 우리는 선에 대한 열망에 이끌려 신을 갈망하게 되며, 거꾸로 우리가 신을 숭배하는 것은 곧 선을 숭배하는 것과 같은 것입니다.

칸트적 입장에 따르면 오직 이것만이 참된 종교일 수 있습니다. 선을 추구하는 사람은 마지막에는 신을 추구하지 않을 수 없습니다. 우리가 사는 자연적 세계와 그 속에 있는 모든 유한한 존재자들은 선에 대한 우리의 열망을 충족시켜주지 못합니다. 그런 까닭에 선한 영혼은 유한한 세계를 뛰어넘어 존재의 절대적 완성을 추구하기에 이르는데, 이처럼 선에 대한 간절한 열망이 우리를 현실에 절망하게 할 때, 그 절망의 끝에서 우리가 만나는 신이야말로 참된 의미의 절대자일 수 있는 것입니다.

주

1) 마리아 비노프스카 지음, 김동소 옮김, 『막시밀리안 콜베』, 성 바오로 출판사, 1993년, 193쪽 아래.

2) 『도덕철학서론』, 238쪽.

3) 이런 의미에서 지금 양심수들에게 강요하는 준법서약서 같은 것은 다음 세기에는 없어져야 합니다. 인간이 이 세계에 홀로 사는 존재가 아닌 한, 인간의 외적 행위에 대한 사회적 제한은 피할 수 없는 일일 것입니다. 그러나 어떤 경우에도 인간의 양심을 구속하려 하는 시도는 정당성을 얻을 수 없습니다. 사면, 복권되어 사회에 나온 사람들이 만약 실정법을 어긴다면 다시 그들을 법에 따라 처벌하면 그만입니다. 그러나 누구도 남의 생각과 신념을 검열하거나, 바꾸라고 강요할 권리는 없습니다.

4) 『실천이성비판』, 122쪽.

5) 같은 책, 125쪽 아래.

그리고 남은 말들

　이제 우리의 이야기를 끝낼 때가 되었습니다. 서양 윤리학은 선한 삶을 살기 위해 우리가 가져야 할 세 가지 관심을 이야기합니다. 그에 따르면 우리가 선한 사람이 되기 위해서는 무엇보다도 자기에 대한 관심을 가져야만 합니다. 이때 자기에 대한 관심이란 자기에 대한 이기적 애착을 뜻하는 것이 아니라 자기에 대한 참된 긍지(superbia)를 뜻합니다. 긍지란 '위에 있음'의 의식입니다. 그러나 여기서 위에 있다는 것은 권력이나 재산 등, 세속적인 기준으로 본 상하관계에서 위에 있다는 것을 뜻하는 것이 아닙니다. 여기서 위에 있음이란 내가 정신적 의미에서 모든 비열하고 천박한 것들을 뛰어넘어 있음을 뜻합니다. 그리하여 긍지란 내가 정신의 크기와 숭고에 대하여 느끼는 만족감이며, 또한 그러면 그럴수록 더욱더 높은 정신적 이상을 향해 상승하려는 열망을 뜻합니다. 이런 한에서 긍지는 모든 고귀한 열정의 모태인 것입니다.

　그러나 긍지만으로 우리가 선해지는 것은 아닙니다. 우리가 선한 사람이 되기 위해 반드시 가져야 할 두번째 관심은 타인에 대한 관심, 정확히 말하자면 타인의 고통에 대한 관심입니다. 이것이 없을 때, 우리의 긍지는 내용 없는 공허한 자부심에 지나지 않게 되며, 우리의 모든 열정 또한 한낱 정신의 허영으로 전락하고 마는 것입니다. 따라서 선하게 살기 위해 우리는 이웃의 아픔을 같이 아파하고, 이웃의 슬픔을 같이 슬퍼하는 연민과 동정심을 갖지 않으면 안 됩니다. 그리하여 자기 자신에 대한 관심이 동시에 타인의 고통에 대한 관심과 하나될 때, 비로소 우리는 선한 사람이 될 수 있는 것입니다.

그러나 자기에 대한 관심과 타인의 고통에 대한 관심 역시 선의 필요조건이기는 하되 충분조건은 아닙니다. 참으로 선하게 살기 위해 우리가 가져야 할 세번째 관심은 모든 나와 모든 너에 대한 관심, 즉 우리 모두에 대한 관심입니다. 칸트적으로 표현하자면, 이것은 보편에 대한 관심, 또는 보편적 법칙에 대한 관심이라 말할 수 있겠습니다. 우리가 너에 대한 관심 없이 나 자신에 대한 관심만 갖고 산다면, 그때 우리는 자기중심적이고 이기적인 인간이 되기 십상입니다. 그러나 마찬가지로 우리가 보편에 대한 고려 없이 너에 대해서만 관심을 가진다면, 이때 우리의 의지는 편협한 당파성에 빠지기 쉽습니다. 이런 함정에 빠지지 않기 위해서는 우리는 너에 대해 따뜻한 관심을 갖되, 언제나 우리 모두에 대한 관심을 잃지 말아야 할 것입니다.

결론적으로 말하자면 우리가 자기 자신에 대한 긍지, 타인의 고통에 대한 동정과 연민 그리고 보편적 법칙에 대한 존경심을 고루 가질 때, 우리의 의지는 선한 의지가 될 수 있을 것입니다. 생각하면 선한 사람이 되기는 매우 어렵습니다. 예수 같은 사람조차 어떤 사람이 그에게 찾아와 "선한 선생님이여 내가 무엇을 하여야 영생을 얻으리이까" 하고 물었을 때, "어찌하여 너는 나를 선하다 하느냐. 하나님 한 분 외에는 선한 이가 없느니라"고 대답했습니다. 이 말은 오직 하늘에 있는 하나님만이 참된 의미에서 선한 존재이며, 예수조차도 육체의 감옥에 갇혀 있는 한, 온전한 의미에서 선한 사람은 아니라는 말이었을 것입니다. 예수와 같은 성인조차 자기를 선한 사람이라 내세우지 않았다면, 우리들 가운데 어떤 사람이 감히 스스로 선하다 자부할 수 있겠습니까? 그리하여 우리가 악덕에 빠지지 않기 위해 염려해야 할 마지막 일은 아마도 이런 것들일 것입니다.

선을 추구하되, 내가 추구하는 선에 도취하여 나 자신의 악덕을 잊어버리지 말 것.

내가 행한 크고 작은 악을 늘 기억하여 겸손과 부끄러움을 잃지 말 것.

그리하여 선 때문에 도리어 악덕에 빠지지 않도록, 늘 깨어 있을 것.

말뜻풀이

■ **관념론**(觀念論, idealism)

관념론이란 눈에 보이는 물리적 사물이나 물질보다 정신적인 것이 참된 것이라고 생각하는 철학적 입장을 가리키는 말이다. 예를 들어 인간을 이해할 때 관념론적 인간이해는 인간의 육체가 아니라 정신이 인간의 본체라고 생각한다. 육체란 정신이 걸치고 있는 옷에 지나지 않는다고 생각하는 것이다. 세계 전체를 이해할 때도 마찬가지이다. 관념론은 물질적 자연을 절대적인 의미에서 스스로 있는 것이라고 보기보다는 어떤 정신적인 본체에 의존하고 있는 것이라 생각한다.

요컨대 관념론이란 물질보다 언제나 정신을 더 우위에 두는 철학적 사고방식을 일컫는 말이라 할 수 있다. 대개 우리는 서양문명을 가리켜 물질문명이라 부르는 데 익숙해져 있으나, 이것은 우스꽝스런 오해에 지나지 않는다. 서양문명은 예수로 대표되는 헤브라이즘의 입장에서 보든, 플라톤으로 대표되는 헬레니즘의 입장에서 보든 처음부터 관념론적이었다. 즉 그들에겐 언제나 물질보다는 정신이 먼저였던 것이다.

■ **경험론**(經驗論, empiricism)

경험론이란 인간의 인식의 발생을 설명하는 이론으로서, 우리의 마음속에서 일어나는 모든 지식, 아니 모든 생각의 내용이 감각적 경험에서 유래했다고 생각하는 철학적 입장을 뜻한다. 소박하게 말하자면 우리가 이성을 통해 생각하는 모든 것은 언젠가 우리가 먼저 감각을 통해 보고 느낀 것이라는 말이다. 이런 입장에 따르면 인간의 정신은 감각이 주어지기 전에는 아무것도 씌어 있지 않은 백지 또는 빈 칠판(tabula rasa)과도 같다. 오직 감각자료들(sense-data)이 백지와도 같은 우리 마음속에 주어지면, 그것들이 우리 마음에 남긴 인상(impression)들로부터 관념(idea)들이 생겨나고 관념들이 서로 결합하여 복합적이고 추상적인 지식의 체계를 형성하게 된다는 것이다.

■ 질료와 형상(matter and form)

아리스토텔레스의 형이상학에서 유래한 말이다. 아리스토텔레스는 존재하는 모든 것들은 그것이 존재하기 위해서 두 가지 요소를 동시에 갖추고 있어야 한다고 생각했는데 그것이 질료와 형상이다.

질료(質料)란 문자 그대로 각 사물의 재료를 뜻한다. 예를 들어 어떤 대리석 조각작품이 있다면 그것의 질료는 대리석이며, 어떤 청동 조각상이 있다면 그것의 질료는 청동이다.

이에 반해 형상(形相)이란 각 사물의 윤곽이나 꼴을 뜻한다. 그러나 형상이 언제나 좁은 의미의 외적 형태를 가리키는 것만은 아니다. 보다 본질적인 의미에서 형상이란 어떤 것을 바로 그것되게 하는 것, 즉 어떤 사물의 본질을 뜻한다. 예를 들어 인간의 경우 인간의 형상은 이성이다. 왜냐하면 오직 이성만이 인간을 인간이 되게 하는 본질적인 요소이기 때문이다.

아리스토텔레스는 형상만으로 존재하는 것도 없고 질료만으로 존재하는 것도 없으며, 어떤 것이 존재하기 위해서는 반드시 질료와 형상이 결합해야 한다고 주장하였다.

■ 이데아론

이데아론이란 플라톤의 형이상학을 가리키는 말이다. 플라톤은 세계를 눈에 보이는 물질적 사물들의 세계 즉 자연적 세계와, 보이지 않는 초자연적 세계 즉 이데아(idea)의 세계로 구별한다. 그리고 그는 눈으로 볼 수 없는 이데아의 세계를 감각적인 대상의 세계보다 우위에 두고 이데아 세계만이 참되고 본래적인 세계라고 주장하였다. 그에 반해 우리가 살고 있는 자연적 세계는 이데아의 세계의 그림자에 지나지 않는 것으로서, 그림자가 실물에 의존해서만 존재할 수 있는 것처럼, 자연적 세계 역시 초자연적인 정신적 세계인 이데아의 세계에 의존해서만 존재할 수 있다고 주장하였다. 그리고 실물에 비해 그림자가 불완전하고 가변적인 것이듯이 자연적 세계는 이데아의 세계에 비해 불완전하고 가변적인 세계이며 그에 반해 이데아의 세계야말로 완전하고 영원하며 불변하는 참된 세계라고 생각하였다.

■이데아(idea)·이념(理念, idea)·이상(理想, ideal)

이데아라는 말 그 자체는 형상(form)과 같은 말로서, 처음에는 같은 종류의 여러 사물들을 가리키는 보편적 이름에서 유래한 말이다. 예를 들어 한국인이든 일본인이든 중국인이든 또는 남자든 여자든 어린이든 어른이든 모두가 사람이라는 같은 이름으로 불릴 수 있다. 플라톤은 이렇게 서로 다른 사람들이 모두 '사람'이라는 같은 이름으로 불리는 것은 그들 모두가 동일한 사람의 형상 즉 '사람됨'을 나누어 가지고 있기 때문에 가능한 일이라고 생각하였다. 비단 사람뿐만 아니라 모든 존재하는 것들은 이처럼 그것을 그것되게 하는 어떤 보편적 형상에 참여함으로써 그것으로 존재할 수 있다. 이처럼 어떤 것을 바로 그것되게 하는 사물의 본질을 가리켜 플라톤은 이데아라고 불렀다. 플라톤은 이데아를 또한 어떤 사물의 완전한 원형(原形)이라 보았으며, 그렇게 모든 사물의 본질적 원형이 되는 이데아가 어떤 정신적 실체로서 스스로 존재하고 있다고 생각하였다. 이데아란 이처럼 사물의 정신적 본질 또는 원형을 가리키는 이름이다.

이념이나 이상이란 어원적으로는 이데아와 같은 말로서, 주로 이데아의 완전성과 비현실성을 특히 강조하려 할 때 쓸 수 있는 말이다. 즉 이념이란 불완전한 현실의 반대말로서 우리가 오직 정신적으로 사유할 수 있을 뿐인 어떤 완전한 존재를 뜻하는 것이라 할 수 있다.

■선의 이데아

플라톤은 같은 종류에 속하는 여러 개별자들이 보편자인 이데아에 의해 근거지어진다고 생각했던 것처럼 같은 종류의 여러 이데아들 역시 보다 상위의 보편자에 의해 근거지어진다고 생각하였다. 이리하여 이데아의 세계에도 보다 하위의 이데아와 보다 상위의 이데아 사이에 위계질서가 성립되는데 플라톤은 모든 이데아의 세계에서 가장 상위의 이데아는 '선(좋음)의 이데아'라고 생각하였다. 이 말은 존재의 궁극적 근거, 쉽게 말해 신 또는 절대자가 다름 아닌 선 그 자체라는 것을 뜻한다.

찾아보기

김상봉 철학이야기

호모 에티쿠스
윤리적 인간의 탄생

지은이 김상봉
펴낸이 김언호

펴낸곳 (주)도서출판 한길사
등록 1976년 12월 24일 제74호
주소 413-120 경기도 파주시 광인사길 37
홈페이지 www.hangilsa.co.kr
전자우편 hangilsa@hangilsa.co.kr
전화 031-955-2000~3 **팩스** 031-955-2005

CTP 출력 및 인쇄 예림 **제본** 예림

제1판 제1쇄 1999년 8월 30일
제1판 제32쇄 2023년 11월 8일

ⓒ김상봉 1999

값 20,000원
ISBN 978-89-356-5202-0 03100